这样激励，人们就会追随你

没有不上进的员工，只有不懂激励的领导

南勇◎著

湖南文艺出版社 HUNAN LITERATURE AND ART PUBLISHING HOUSE 博集天卷 CS·BOOKY

图书在版编目（CIP）数据

这样激励，人们就会追随你 / 南勇著. —长沙：湖南文艺出版社，2017.5
ISBN 978-7-5404-8055-4

Ⅰ.①这… Ⅱ.①南… Ⅲ.①企业管理—人事管理—激励 Ⅳ.①F272.923

中国版本图书馆CIP数据核字（2017）第075988号

上架建议：经营管理

ZHEYANG JILI，RENMEN JIU HUI ZHUISUI NI
这样激励，人们就会追随你

作　　者：南　勇
出 版 人：曾赛丰
责任编辑：薛　健　刘诗哲
监　　制：于向勇　秦　青
策划编辑：康晓硕
营销编辑：刘晓晨　罗　昕　刘文昕
封面设计：仙境设计
版式设计：李　洁
出版发行：湖南文艺出版社
　　　　　（长沙市雨花区东二环一段508号　邮编：410014）
网　　址：www.hnwy.net
印　　刷：北京天宇万达印刷有限公司
经　　销：新华书店
开　　本：700mm×995mm　1/16
字　　数：278千字
印　　张：17.5
版　　次：2017年5月第1版
印　　次：2017年5月第1次印刷
书　　号：ISBN 978-7-5404-8055-4
定　　价：39.80元

质量监督电话：010-59096394
团购电话：010-59320018

我们知道，团队领导的使命有两个：其一，为团队成员指明前行的方向；其二，让团队成员朝着这个方向向前走。第一个使命需要唤醒团队成员的理性，第二个使命则需要激发团队成员的感性。显然，唤醒理性需要高质量的沟通，而激发感性则需要高水平的激励。

为了实现团队的奋斗目标，沟通与激励，两者相辅相成，缺一不可：无论你的团队成员多么激情万丈，如果没有一个正确的方向做指引，也只能将整个团队带入歧途，在一条不归路上泥足深陷；反之，无论你的团队有多么正确而明确的前进方向，如果你的团队成员像霜打过的茄子怠慢消极、萎靡不振，你的团队都只能在原地踏步，对着大把美好的前途望洋兴叹。

对大多数团队领导而言，与沟通问题相比，如何解决激励问题也许是一个更为急迫、更为棘手的难题。每一个人都在问相同的问题：为什么我的团队成员都理解目标的真意、明白目标的重要，却难见追求和实现目标的激情？

是因为钱？可我给的钱并不少啊！工资、奖金、各种补助，乱七八糟加在一起，许多团队成员挣得比我这当领导的人还多！

是因为工作条件？可我提供的条件并不差啊！管吃管住管玩，星级写字楼、高级白领待遇，他们还想图点儿什么？

是因为领导不可心？可我已经做到仁至义尽了啊！总不能像爹妈那样惯着，像保姆那样伺候着吧？

是因为同事关系不和睦？可我觉得大家的关系挺和谐啊！哪一天不是相

安无事、天下太平？

是因为感觉没前途？可我提供的培训和晋升机会并不少啊！一年四季各种培训班不断，只要有本事，人人都有出人头地的机会，这一点谁不心知肚明？！

…………

尽管自己已经做到了极致，但一个个恼人的问题依旧不断袭来，让我们的团队领导困扰不已。最后只能得出一个结论：看来人性就是有犯贱的一面，过不得好日子。天天锦衣玉食地伺候着就会浑身难受，非得重新回到"解放前"，过几天一无所有、吃糠咽菜的日子，才能懂得什么叫珍惜，什么叫"激情燃烧的岁月"。

坦白说，当我们的团队领导意识到这点的时候，他们已经有些入门了，基本上找到了激励的秘诀。这个秘诀很简单，就是两个字：人性。

没错，人性很复杂，但绝非不可琢磨，更非不可掌握。只要你能摸透人性的规律，掌握驾驭人性的技巧，人就能心甘情愿地为你当牛做马，像打了鸡血一样为你冲锋陷阵；反之，如果你不能很好地掌控人性，那即便你把人当关公一样供着，对方也不会领情，甚至会恩将仇报，反过头来难为你、欺负你乃至背叛你。

总之，人既是热血动物，也是冷血动物。人既能变成斗鸡，也可变成毒蛇。这角色之间的转换，全在团队领导的一念之间。

本书将会带你走进一个与激励有关的人性世界，让你在插科打诨、妙趣横生的案例分析和入木三分、犀利透彻的理念阐述之中找寻到一些给自己的团队成员打鸡血的灵感，把他们全部打造成充满血性的斗鸡。

这 样 激 励 ，人 们 就 会 追 随 你

目 录
Contents

目 录
Contents

这 样 激 励 ， 人 们 就 会 追 随 你

这 样 激 励 ， 人 们 就 会 追 随 你

第一章

激励的本质：

"要我干"，还是"我要干"？

九〇后的外甥小米最近刚被提升为部门经理，老板让他做一套靠谱的考核方案。初次尝到做领导滋味的小伙子异常兴奋，熬了几个通宵鼓捣出一份杰作来，兴冲冲地跑到我家让我这个"专家"老舅给他参谋参谋。

我粗略翻了一下。看得出来他是用了心，从网络上搜罗了不少表格、条例之类的东西，进行了一番精心的整理和修饰，弄出来的东西似模似样，洋洋洒洒好几大篇，贴到哪家公司的墙壁上都不算露怯。

在我翻阅的时候，小米一直用他略带得意和紧张的眼睛看着我，那意思显然是希望我能给他的"领导处女作"点个赞。

看着小伙子急切的表情，我当然不希望扫他的兴。但身为老舅，我又希望自己的小外甥能在好不容易跨进的企业管理道路上走得更顺点儿，所以决定与其进行一次有些深度的对话。

我问："你觉得老板让你弄这套考核方案的目的是什么？"

他答："嗨，考察我的能力呗！"

"什么能力？"

"激励员工的能力。"

"那你知道什么是激励吗？"

"这还不简单，就是让员工能玩了命地跟你干！"

"那你觉得你弄的这些东西能有这个效果吗？"

"这……应该……能有效果吧？网上说一般的团队领导都会这样做……"这一回也许我的问题太突兀，小伙子没了刚才那股麻利劲儿，表现得有些迟疑。

我依然不依不饶，话锋的犀利度不减："你也是做过基层员工的主儿，你觉得那时候你们经理定的那些考核制度真的'激励'到你们了吗，是否能让你们玩了命地给他干？”

小伙子挠了挠头，似乎脑子有点儿乱。沉吟了半晌，他才勉强回答道：“也谈不上玩命，就是一种‘该干啥干啥’的感觉……其实也不止我一人这样，大家都这样。怎么说呢？就是一种过日子的感觉，每天照常上下班，月底照常拿钱……”

“那你觉得这种状态是一种‘被激励到’的状态吗？”我依然不依不饶。

这回小伙子彻底沉默，低头陷入沉思。又过了一会儿，他似乎打定了主意，抬起头来用斩钉截铁的语气对我说：“我觉得这算不上激励。不过激励这玩意儿就跟吃兴奋剂似的，只能偶尔为之，不能天天吃。日子还得天天过啊，你不能天天指着激励过日子吧，难不成没有激励还不过日子了？”

我笑了：“没错，你说到重点了。其实绝大多数时候，我们自以为是的所谓‘激励’，根本就与‘激励’二字无关，完全就是‘照常过日子’的状态。可现在的问题是我们不愿意承认这一点，依然一厢情愿地做着自以为是‘激励’的事。这种心态本身才是一个大问题，会让我们明明做了冤大头却浑然不知，让人卖了还上赶着给人点钱。”

小米不解地问：“就算激励没有做到位，怎么就能成冤大头了呢？”

我解释道：“举个最简单的例子，你知道‘奖金’是怎么回事吗？”

小米纳闷了：“你当我弱智啊？奖金谁不知道，每个中国人哪个月不得指着奖金活着，光靠那点儿基本工资还不得活活饿死？”

我笑着调侃道：“看来你还真不知道奖金是怎么回事。让我来给你扫扫盲啊，**所谓‘奖金’，就是指为某个人的特殊贡献或额外贡献买单的钱。**也就是说，光完成本分不行，你必须为公司多干一点别的什么事，才值得公司‘奖’你点儿什么东西，这才是‘奖金’的真意；如果只是完成了你那点儿本分，那么你就只能拿基本工资，不能拿奖金。按照你的说法，奖金这玩意儿月月有，而且数额八九不离十，那还称得上‘奖’吗？说白了不就是基本工资吗？只不过换了一个名称，好听点儿而已。”

“您说得好像也有点儿道理。其实平日里大家对奖金不奖金的也没啥兴趣。说到底就是一名目，只要月底一分钱不少拿就成，好像也没谁会特别把这个当成一个事去考虑。”小伙子若有所思地自言自语道。

"这就是问题，"我摆出严肃的表情，"既然是奖励，就应该让大家有感觉；如果大家都没有感觉，这种奖励还有什么意思？不就是一纯形式，是典型的'挂羊头卖狗肉'吗？"

"说得也是……不过，即便只是一形式，有这个形式还是比没这个形式强啊！你想啊，起码'奖金'这个词听着还比较入耳些……再说了，如果你取消'奖金'这个名目，把所有的收入都叫'基本工资'，那即便'基本工资'增加了，大家还会有'钱少了'的感觉，还会跟你要求'奖金'这块，这不是偷鸡不成蚀把米吗？"对于我的"反传统"观点，小伙子似乎欲迎还拒。

我解释道："你说得没错，这确实是个问题。所以说'奖金'这玩意儿在我们这里其实已然成了一个鸡肋，有它没什么用、没它没什么好，所以也只能这样将就着，一天一天地过。可如果你真想当一个有出息的好领导，也许这块倒能成为你的一个突破口。"

小伙子显得有些迷茫："突破口，什么突破口？"

我尽量避免说教的语气，耐心地向他解释："是这样。通过刚才'奖金'这例子，咱们首先确认了一件事，就是说现如今许多所谓的'激励'，都是形式大于内容，压根儿就没起到什么作用，没弄到点子上，没弄到根上。所以，如果你能彻底把'激励'这壶水烧开了，那在你们公司还不一马平川、前途无量？"

小伙子好像明白了我的意图，认真地问道："那您说，这'激励'到底是怎么回事呢？"

"简单，几个字而已——这就是'要我干'还是'我要干'的区别。"我肯定地说。

"那什么是'要我干'，什么又是'我要干'呢？"

"'要我干'，顾名思义，就是'必须得让人逼着，我才能干'；而'我要干'则不同，就是'没人逼我，我也要干'。这里面的区别可大了去了，后者的生产力至少是前者的十倍、百倍。做到了后者，才叫'真的会玩激励'；只做到前者，充其量只能算一个'合格的屠夫'而已。"

"什么叫'合格的屠夫'？"

"就是说善于拿着刀子架别人脖子上，逼着别人给自己干活的人呗！"

小伙子乐了："您这比喻挺形象！我怎么觉得这种人挺常见，好像我们老板就是！在他手底下做事脖子上似乎总有一把刀子搁着，稍不留神就会被拉一下似的。"

"呵呵，何止啊，就咱这地界，九成九的老板都是屠夫，没几个真正懂激励是个啥玩意儿的！"我也笑着打趣道。

两人乐了一会儿，都有一种挺解气的感觉。

"不过，"小米似乎想起了什么，又接着反问，"能做到把刀子架人脖子上，让人分分钟胆战心惊，不得不乖乖地给自己干活，不也是一种很牛的激励手法吗？"

"你说得没错，"我收起了笑容，继续说道，"能做到屠夫这种境界的主儿，也算一高人，是吃管理这碗饭的料。不过，这种管理手腕不能叫'激励'，只能叫'胁迫'。当然，你也可以把'胁迫'当成一种激励，不过这属于被动的激励，不是主动的激励，前者的生产力要远远小于后者。"

为了尽快让他弄明白我话里的真意，我又赶忙给他举了一个例子："你比如说，假设你现在是一小学生，面对一次非常重要的考试。在下面哪种情况下，你会玩了命地复习功课，无论如何也要考出一个好成绩？第一，如果考不好，你妈会拿扫帚狠狠揍你一顿；第二，如果你能考好，你们老师会奖励你一张大奖状；第三，你们班有一个公认的学霸，回回考试都得第一名，而且为人特别嚣张，让你看不顺眼，你铆足了劲儿非要和他掰掰手腕子，非得超过他一次，好好出口恶气。你会选哪个？"

他想了想，认真地回答道："我觉得这几种情况都能给我刺激，让我好好学、好好考。"

"那一定让你选一个呢？"

"嗯，第三种吧，学霸那个。"

"这就对了，"我欣慰地道，"不只你会这么选，估计所有正常人都会这么选。之所以会这么选，因为只有第三个是不折不扣的'激励'，第一个和第二个多多少少都有点儿'胁迫'的影子。"

"扫帚那个是'胁迫'我能理解，可为什么'奖状'那个也是'胁迫'呢？这我就有点儿弄不明白了。"

"是这样，"我耐心地解释道，"老师为什么会给你奖状？就是因为学习和考试之类的事都是你不喜欢的事。既然不喜欢，就不可能有动力，所以为了给你动力，才会用'奖状'来诱惑你。因为'奖状'是你喜欢的事，用你的喜欢置换你的不喜欢，从本质上来讲其实也有一点儿'胁迫'的意思，只不过不明显而已。这玩意儿就跟考好了你妈会奖励你一盒巧克力，并放任你狂吃一顿一样，说白了都是一种置换，也算某种'软胁迫'吧！"

小米似懂非懂地点了点头。

我继续："所以说，拿扫帚打，是硬胁迫；发奖状，是软胁迫；只有和学霸较劲那个，才算货真价实的激励。按照我前面的说法，第一种算典型的'要我干'；第二种算一半'要我干'，一半'我要干'；只有第三种，才是不折不扣的'我要干'。我刚才已经说过了，'我要干'的生产力要十倍、百倍于'要我干'，所以这三种办法效果最好的就是第三种，第二种次之，第一种最差。这一点从你刚才的回答中也能证明。你自己也承认学霸那个情况是最能刺激到你的，不是吗？"

"是这样。"小伙子肯定地点了点头。

"所以说，如果你想玩激励，就要达到第三种效果，即'我要干'。要想方设法地戳到你的员工的麻筋上，让他们心甘情愿、义无反顾地为你做事，这才是正道、王道。当然，做到这点不容易，作为一个现实问题，有的时候'要我干'的招儿也得使，但这方面的因素要尽量少，越少越好，否则这些招儿很容易成为鸡肋，让你的员工变得麻木不仁。还拿刚才那个例子来说，'奖状'和'巧克力'这些玩意儿对付小孩子好使，对付大孩子可能就费点儿劲；一次两次可能还好使，十次八次可能就不灵了。现如今许多公司的管理和考核制度为什么形同虚设？就是这个道理。因为这些东西的本质就是'奖状'和'巧克力'，甚至有的时候还掺杂了不少'扫帚'的成分，这些招儿除了'软胁迫'就是'硬胁迫'，里外里都没有多少'激励'的影子，能好使才叫见了活鬼了。"

顿了一下，我继续说道："至于说纯粹的硬胁迫，也就是扫帚和屠夫之类的招儿，不是说完全没用，可千万不能上瘾，使起来没完。因为这些招儿都是典型的强人所难，和人的正常状态拧着劲儿，怎么可能让人为你玩了命地效忠呢？一回两回还行，时间长了你的人非得揭竿而起、造你的反不行。即便人家不造反，你也落不着好。谁也不是傻子，人家会想出一大堆损招对付你，比如说你在的时候一个样，不在的时候另一个样；或者表面装出一副特使劲儿、特努力的样子，其实底下没少悠着劲儿，只不过不让你看出来而已。你这就等于自己让自己陷入了人民战争的海洋，即便长800个心眼儿都不够使，里外里没有好下场。"

"您说得有点儿道理。我们公司就这样。老板一来，大家就跟见到煞星似的，立马装得人模狗样的；可老板一走，立刻大撒把、放鸭子。"小米附和道，"不过，我觉得这玩意儿似乎哪里都一样，并没有什么特别的感觉……"

"呵呵，你可能有点儿误解我的意思了。见到领导有点儿紧张感不是什么坏事，说明领导有威严。不过这和偷懒是两码事，对领导有敬畏感，愿意给领导留个好印象不等于溜奸耍滑，消极怠工啊！"我赶忙澄清。

"是、是，我们公司的情况就有点儿那个意思，也就是您说的，偷懒、耍滑……"尽管有些难为情，小米还是勇敢地承认了身为一名普通员工的心理状态。

"这就是问题。所以说，做团队领导的人，一定要好好对待'要我干'和'我要干'这个话题，尽量多研究研究，多琢磨出一些真正好使的招儿来，这才能让自己的团队成员心悦诚服，让自己的团队长治久安。"

"您这么说我还真是有点儿开窍的感觉。不过，这'我要干'怎么才能做到呢？我又不是别人肚子里的蛔虫，我怎么知道什么事情是他们'我要干'的，而什么事情是我'剃头挑子一头热'，是强加给他们的'要我干'呢？"

既然小米点出了问题的核心，我也只能直言相告："这个东西没有一个固定的套路。我也只能给你一些灵感和思路。第一，**你要多学学换位思考和逆向思考的本事**。很多事情当你做基层员工的时候深恶痛绝，可一旦角色改变，自个儿成领导了，就会不自觉地对自己的员工做相同的事，而完全不顾对方的感受。这就叫'多年的媳妇熬成婆''己所不欲，硬施于人'，当然不会有好结果。所以，当你想让员工接受一个东西，你首先要想想如果你是员工，这个东西你是否能接受，这样的思维方式一旦养成，就应该能戳中员工的麻筋，让他们尽量多地找到'我要干'的动机了。其实，只要你用用心，这样的动机并不难找到。还拿刚才那个例子说事，比如说你们班里没有什么学霸，你是否就找不到'我要干'的动机了？不尽然。也许你考好了，会得到班里最可爱的那个女孩子的青睐，这个动机岂不更强大？搞团队工作也一样，与'干不好就罚你钱'或'干好了就发你钱'相比，'干好了能更好地养家，让老婆孩子以你为荣'岂不更强大？只要你是个有心人，这些招儿并不难想，而且往往能收到事半功倍、四两拨千斤的神奇功效。"

小伙子认真地点了点头，然后趁我喘口气的时候在旁边插话道："您说得有道理，很有启发。我也发现了这个现象。自打我当上经理之后，发现和部门里的员工相处不如以前自然了。大家好像见到我都有点儿别扭，躲躲闪闪的，让我很不舒服。估摸着这里面就有您刚才说的那个理由——当上官之后做派、想法什么的都不一样了。以前特讨厌的经理做的一些事，现在好像自己身不由己地也在做，难怪会和大家疏远……"

我纠正道："官和民还是有所区别的。当了官之后毕竟地位变了，会和大家有点儿疏离的感觉也不算什么异常，甚至可能是个好事。因为你在大家心目中的立场和分量不一样了，有当官的威严了，而这种威严其实是有利于你做事的，总比没有威严，大家还跟你没大没小、不清不楚的强。因为一旦那样你就很难进行正常的管理工作了。所以，有的时候太过亲密未必是好事，适当拉开一点儿距离反而好办事。俗话说'距离产生美'，其实距离也能产生震慑力和执行力。所谓'事在人为'，地位变了，人的心态也得做出一定的调整，这都是很正常的事。"

看小伙子听得挺认真，我也越说越来精神："所以，其实有的时候即便己所不欲，'硬'施于人也未必是坏事。就像小的时候你妈天天催你完成家庭作业让你很头疼，可有一天你自己有了孩子，你也得做这件事。难道不是吗？"

顿了一下，我接着说："但是，**威严和威信是两码事。不是说有了威严就自然会有威信。因为前者是身份给的，后者是你自己争取来的。**只要你的地位和立场摆在那儿，你就能在很大程度上拥有威严。有了威严，就能有基本的震慑力和执行力，让别人都听你的话，按你的意思办；可是话又说回来，即便你再有威严，大家再怎么怵你，再怎么听你的话，如果内心深处对你还是不服气，甚至对你深恶痛绝，就不可能对你掏心掏肺、为你两肋插刀，毫无保留地执行你的意志。所以这样的人往往会成为安徒生童话里那个光屁股的皇帝，看着好像身边一大堆人前呼后拥、阿谀奉承、唯其马首是瞻，其实就是一光杆司令，让人当猴耍而已。所以，**有了威严还不够，还要通过自己的智慧和努力去争取威信。这才是长治久安、事半功倍的办法。**"

小米接道："我懂了。所以'要我干'是通过威严办到的事，'我要干'是通过威信办到的事。做团队领导的人不能老靠头上的乌纱帽去威胁人，还得通过灵活的头脑去激励人。"

"没错，是这个道理。看来我们小米脑子就是好使，一点就透，有点儿入门的意思了。"我心里颇有成就感，嘴上夸的却是对方。

被夸的小米也是兴致勃勃："哪里哪里，还是老舅开导得好。这样，您先别急着下结论，我再给您说说心得，让您看看我是不是真的入门了。刚才在您举那几个例子的时候，我脑子里也闪过不少灵感，说出来给您听听。你比如说，我们每个人每天都得上班，可如果只是因为不上班挣钱就会饿死，勉勉强强去上班，这就叫'软胁迫'，属于那种'不去不行，去了也没什么意思'的鸡肋状态；但如果你干的工作是你自己特喜欢的工作，或者你们公司新来了一个超级靓女，让你一眼就看上了，那你每天就会跟打了鸡血似的，哭着喊着抢着去上班，这种情况就是'激励'。所以，作为团队领导的人，如果只拿钱去刺激自己的员工是靠不住的，必须得为员工找到那些只属于他们自己的由头和兴奋点，才能给他们打上鸡血，让他们为你玩命！"

我笑了："说得很好。行啊，小米，现在已然能举一反三了，有点儿你老舅的风采！不过，为每个员工都找到只属于他自己的由头不是一件容易的事。毕竟人和人不同，每个人的兴奋点也没在一个地方，所以，尽管做领导的人要像孙悟空那样，学会钻进人的肚皮里想问题和解决问题，可是如果人的肚皮太厚，拿着金箍棒一通狂捅也钻不进去的时候，你就得想点儿别的辙。这个时候'软胁迫'的招儿，比如说大红奖状和金钱刺激之类的招儿你还得使。这就是我想跟你强调的第二个重点。不过，就像我在前面提到过的那样，由于这些招儿很容易失去新鲜感、彻底沦为鸡肋，所以你一定得勤动脑、多想辙，不停地给你的招儿变换花样、多出一点儿幺蛾子，让你的员工永葆新鲜感，那股兴奋劲儿永远消停不下来，这才能确保你的激励效果不变质，让你的屁股在官椅上坐得更稳、更长久。"

小米挠了挠头，眼里露出几分畏惧的神色："嘀，看来这领导还真不好当，整个儿一脑力劳动者啊！"

"那是。你以为当了官了，就剩发号施令了，所以是个特清闲的活儿吗？知道你老舅为什么刚过40头发全白了吗？告诉你，就是因为脑细胞全耗死了！说白了领导就是管人的活儿，这管人可比管事麻烦多了！"

"可不是，我这当经理才没两天，前两天起床刷牙洗脸的时候居然发现自己的头上也长了一根白头发！"小米俏皮地接过我的话茬，为自己找了一个台阶下。

"行了行了，你就别起哄了。你那撑死叫少白头，和你老舅怎么比啊！"调侃了一句小外甥，我准备为自己今天的"管理课"收官了，"尽管我刚才说了一大堆'硬胁迫'的不是，但其实迫不得已的时候这招儿也得使，而且闹不好还会收到奇效。这里的关键在于两点。**一个是一定要师出有名。**也就是说必须是你的团队成员有错在先，而且错得很严重、很离谱儿，你已经对他们一忍再忍、忍无可忍，才可以使这招儿。这样一来，由于他们自己理亏，便很难激起逆反心理，相对容易做到心悦诚服。**另一个是一定要偶尔为之，不能太过频繁。**因为即便你师出有名，总是扮演屠夫的角色也会令人生厌，激起团队成员的逆反心理，逼着他们破罐破摔，和你死磕到底，那样就得不偿失了。所以，就算你有理，得理不饶人也是个天大的毛病，千万不能染上。一般来说员工最怕、最恨的就是这种领导，更别提那些完全不讲理、一心当屠夫的主儿了。"

和小米磨了半天嘴皮子，我感到有些口渴，便起身从冰箱里顺出两瓶可乐，递给小米一瓶，自己也猛灌了一口，然后继续说道："总之，你要想方设法把自己鼓捣进善人堆里。越是善人，偶尔客串一把屠夫效果就越明显。打个比方，假设你犯了错，挨了领导一通训，那么是让你讨厌的恶领导训一通心灵震撼大，还是让你喜欢的好领导训一顿心灵震撼大？这是秃子头上的虱子——明摆着的事。因为前者只能让你麻木，而后者则会让你内疚。不要小看麻木和内疚这两个词的区别，在行动上对你产生的改变力量可以说有本质上的不同。"

"那当然，肯定是这样。不过迄今为止挨领导的训我的感觉从来都是麻木，基本上还没有内疚过呢！"小米攥着那瓶可乐，**诚实地说**。

　　"所以啊，你要从自己开始改变，做一个能让员工发自内心地感到内疚的领导，那你就算彻底出师了。"

　　小米使劲地点了点头。

　　但愿他真正听明白了。

这样激励，人们就会追随你

第二章

激励的陷阱：

"没有最好，只有更好"吗？

问你一个问题：听说过"没有最好，只有更好"这句话吗？

相信答案一定是肯定的。没错，对职场中人来说，这句话简直可以用"耳熟能详"来形容，因为每一个团队领导都会把这句话挂在嘴边，天天用来激励自己的团队成员。不夸张地说，只要你好歹有几年职场经验，恐怕耳朵都已经都磨出老茧来了。

好的，下一个问题：你是否发自内心地认同这句话？

这个问题恐怕要好好想一想。一般来说，你会本能地觉得自己"认同"这句话，觉得这是一件理所当然的事情。可是好好想一想，又会发现不知道哪里有些别扭，似乎有点儿"违心"的感觉。

这一次，不妨相信你的直觉。一个显而易见的事实是，尽管每个人都在说这句话，也从不质疑这句话的"真理"属性，但真正发自内心地信服这句话的人实属凤毛麟角，因此大多数人也绝无可能在实践中真正落实好这句话的精神内涵。

这是一个有趣的悖论。从结论上讲，"没有最好，只有更好"是现如今团队激励机制的一个基本理念，也是所有与团队激励有关的政策内容唯一追求的终极目标。质疑这一点，就等于伤筋动骨，从根本上否定现如今团队激励体制中的绝大部分内容。可事实就是事实，你不能总是欺骗自己。残酷的事实就是，现如今绝大部分团队的激励机制都是无效或至少大体上是无效的，这个事实本身基本上已经可以把我们现存激励机制中的绝大部分内容判以极刑了。而这就意味着，长久以来饱受我们膜拜之苦的"没有最好，只有更好"的团队激励理念，恐怕不那么靠谱儿。

我自己就是这一悖论的见证者。

这些年来，我曾经在许多大小公司中任过职。小到十几个人的街道企业，大到上万人规模的集团公司乃至跨国公司，几乎每一家公司的老板、部门经理甚至领班、班组长都会将"没有最好，只有更好"这句话当作自己的口头禅，甚至干脆将其作为企业文化的精髓书写成大字标语贴在墙壁上。可极具讽刺意味的是，这些企业中的绝大多数，其管理水准都可以用一个狂草版的"烂"字来形容：几乎没有一个员工被这句"真理"真正激励到。它得到的，更多的是反感、厌倦或不屑一顾。

尤为讽刺的是，这句著名"真理"往往会和另一句著名"真理"——"今天不努力工作，明天努力找工作"摆在一起，成为许多团队领导的"两大激励法宝"。遗憾的是，两大"真理"双剑合璧的效果，往往更烂、更令人不堪——这两样"法宝"，基本上很少能够激励到人、给人打上热腾腾的鸡血，让其成为冲锋陷阵的猛将；恐怕更多的效果是让人感到一个劲儿地牙碜、后脊梁骨直发凉，将其变成麻木不仁的冷血僵尸。

员工用他们的双脚为这一结论做了最好的注解。无论走到哪里，超高的员工流失率都很能说明问题——不好意思，不是我不想"努力工作"，但我现在宁愿"努力找工作"。

所以，要用一个词形容这两件"激励法宝"，与其用"名声显赫"，不如用"臭名昭著"，恐怕后者更贴切一些。

相信我的经历与感觉，绝不会是孤立事件。甭管你的立场如何，是一个管理者抑或一个被管理者，如果你有足够的勇气，就应该承认在这一方面我们之间有足够多的共鸣。

既然如此，那么为什么我们的团队领导还会对这些管理糟粕如此热衷、如获至宝甚至明知效果不彰、副作用不小还要如此执迷不悟呢？

让我们一起来分析一下这里面的原因。

1."骄傲"是一剂毒药吗？

我们的一些团队领导者之所以会对许多一再被事实证明无效的管理糟粕如此执迷不悟，总的来说有如下几个原因。

其一，**谬误的继承效果。**

不要以为只有真理才会被永续继承下去，有的时候谬误的继承效应也绝对不能小觑。为什么我们经常会说对于传统要"取其精华，去其糟粕"？就是说明传统里面不只有精华，还掺杂着大量糟粕。而且重点在于，传统中的糟粕的含量甚至往往还要远胜精华的含量，这就是为什么常常会有人把从传统中撷取精华的过程比喻成"淘金"。

管理也一样。既然前辈总结下了这些经验，那么自然就有其一定的道理——相信这样的心态，每一个团队管理者都或多或少拥有过。所谓"实践出真知"，前辈们的结论也是通过实践得来的，当然就不能怀疑。而且重点在于，既然前辈实践过，也"证明"（事实未必如此，也许这只是我们的一厢情愿而已）过这一真理，那么我们自己在实践中即便无法证明其正确性，也不会对它的"真理"属性产生任何怀疑。我们只会对自己说"也许是我自己没有做好"，然后硬着头皮继续实践；再然后，我们会将实践中取得的哪怕最微不足道的成绩归结为前辈留给我们的遗产的正确性，并本能地将其作为把这一实践进行到底的最有力论据；与此同时，却对这一实践带给我们的大量惨痛教训视而不见。这就是谬论之所以也能够被永续继承的心理学成因。

颇具讽刺意味的是，当我们还没有成为团队领导的时候，对这些前辈留给我们的负资产其实还是抱有健康的怀疑心理的，因为我们毕竟不能欺骗自己的直觉，明明没有被这些披着真理外衣的糟粕激励到，却还要硬装出一副"很受用"的感觉；但是，极其吊诡的是，当我们的地位摇身一变，成为团队领导之后，我们的直觉似乎瞬间发生巨大变化，真理与糟粕的角色在我们心中互换位置，后者成为绝对的主宰，而前者则沦为绝对的附庸；抑或成为团队领导之后，我们不再相信自己的直觉，只相信前辈留给我们的遗产，这种本能的继承心理也是促使悲剧一再发生、永不落幕的重要原因。

所以说，换位思考、相信直觉（普通人的直觉），也许是每一个团队领导乃至每一个职场中人终生的课题。

其二，**管理的利便性。**

对于前辈遗产无条件地继承，还有一个追求管理利便性的原因。显然，独自思考是一件麻烦的事。"拿来就用"是许多团队领导下意识的行为准则。

这真是一件令人遗憾的事情。身为管理者，却对管理工作不感兴趣，总想着"短平快""一刀切"。对许多团队领导来说，"管理"这件事就像是栽树，而"利益"就像是苹果——每一个人都想直接摘苹果，却讨厌乃至拒绝栽树。他们幻想着有一天奇迹会发生，只要在纸上画出一棵树来就能直接结出诱人的大苹果。而这毕竟只能是幻想，残酷的现实是：不栽树就没有苹果吃；不好好栽树，就只能吃到烂苹果。这才是颠扑不破的真理和自然规律，那些行为就叫和自然规律叫板，"没有好果子吃"。

总之，过度追求管理的利便性，其实就是一种不劳而获的懒人思维和行为方式，对团队领导，一位以管理为职业的职场中人来说，这是一种不折不扣的渎职行为，也是一个巨大的耻辱。

所以，管理来不得半点儿懒惰，必须要全身全心地投入才行。

从另一个角度来说，我们的团队领导有时也未免太过死性，过于重视利益的存在，而严重忽视了管理的妙处。其实管理真的是一件非常有趣的事情，如果你能够沉浸其中，一定会觉得妙不可言、欲罢不能。

你大可以把管理本身当成一种职业（而这也确实是你神圣的职业），同时全面忽视利益的存在。放心，**当你真的能够尽情享受管理带给你的快乐时，利益一定会悄无声息地自己跑到你的身边，想赶都赶不走。**

古今中外所有出类拔萃的团队领袖，几乎无一例外都是管理这门手艺的超级粉丝，懂得享受管理这门艺术带给他们的快乐与刺激。他们中间没有一个人眼里只盯着最终的成功，从而将管理视为碍事的鸡肋，总是试图追求"短平快""一刀切"的"傻瓜式"管理方式。

就拿诸葛亮来说，他的"个性化管理能力"已经达到了登峰造极的程度。他从不会用一两个口号式的管理方法驾驭自己的将领，而是对每一个人的个性特征了如指掌。对不同的人，就得用不同的招，有的时候也许会是截然相反的招儿。但每一次出手，都极少会发生失误，因为每一个将领都能圆满完成任务，达成诸葛亮的战略和战术目的。

所以，不得不说诸葛亮是一个十分会享受过程的领袖。正是他对过程的痴迷，才促成了他对过程的精深研究；正是因为对过程的精深研究，他才能随心所欲地驾驭过程；正是由于他能随心所欲地驾驭过程，结果从来不是他需要担心的事情——这也许就是为什么我们见到的诸葛亮，永远具有"泰山崩于前而色不变"的定力，永远拥有"一切了然于胸、尽在掌握"的神通。他能做到这些，不是因为他是一个神仙或者妖怪，而仅仅是因为他把过程做到最好，并坚信结果是过程的必然产物。

其三，**对骄傲自满的惧怕。**

这是一个重点，需要好好谈一下。强调"没有最好，只有更好"的激励理念，还有一个重要理由，就是对骄傲自满的惧怕。

许多团队领导都倾向于认为，中国人经得起挫折的考验，但经不起成绩的考验，容易犯小富即安的毛病，有点儿成绩就翘尾巴、骄傲自满，从而丧失进一步努力的动力。所以，一定要斩断他们自以为"最好"的心理动机，让他们知道"天外有天、人外有人"的道理，永远不要满足，永远要锁定更高的目标。

坦白说，这种观点在逻辑上似乎行得通，却致命地忽略了中国人人性中最基本的一些要素。说中国人"经得起挫折，却经不起成绩"，这一点就大有商榷的余地。

不客气地说，这是一句典型的"对人不对己"的话，说给别人听永远正确，说给自己听则永远错误。任何一个中国人，只要他拥有起码的诚实，都会觉得这句话不靠谱儿，因为每一个人的真实状态都会是：经得起成绩，却经不起挫折。

长期以来，我们接受了一种过于荒谬的理念，即"外国人是被夸大的，中国人是被骂大的"，意思就是说，"外国人是在成绩中成长的，而中国人则是在挫折中成长的，例如著名的'棍棒底下出孝子'的说法，就是这一理念的鲜活证明"。这一谬论是如此地深入人心，以致使我们"久而不闻其臭"，一厢情愿地认为这是东西方文化差异所带来的必然结果。这实在是一种令人痛心疾首的局面。

那么，事实的真相是什么呢？只能有一个：无论是中国人还是外国人，也无论大家各自拥有什么样的文化背景，**只要你是人，有起码的人性，就必然会喜欢成绩、厌恶挫折**。因为成绩以及与成绩有关的所有人类情绪，包括骄傲的情绪，都能令人更加兴奋、更为振奋，促使他们去追求以及拥有更大的成绩；而挫折以及所有与挫折有关的人类情绪，比如说强烈的挫败感，都只能令人愈发沮丧，从而丧失追求以及拥有更大成绩的动机。

特别是针对我们中国人而言，这一点体现得尤为明显。与许多人的想法正相反，和外国人相比，其实我们中国人更加经不起挫折的打击，更需要成绩的刺激与激励。这一点，与我们中国人心重、好面子的内向型性格特征具有极大的关联：性格外向的外国人在遇到挫折打击的时候，极容易找到各种发泄渠道与发泄方法，也乐于进行种种淋漓尽致的情绪发泄，所以比较容易从挫折中走出来，找回曾经的自信；而性格内向的中国人则不然，一旦遭到挫折打击，往往极难找到发泄的渠道与发泄方式，也极其羞于进行充分的情绪发泄，所以从挫折中重新站立起来对我们中国人而言反而是一件极其艰难的事情，负面情绪的修补成本更高，修补周期也更长。

颇为讽刺的是，恰恰是对"挫折"二字推崇备至的我们，其实对于挫折的态度一点儿都不宽容，相反还十分严厉与苛刻。在我们这里，挫折向来被视为一件丢人现眼的事情，是人身上的一个巨大污点。一旦我们中的某个人遭遇挫折的打击，我们将很难看到宽容的笑容、温暖的话语和热情的鼓励（即便我们看到了这些，往往也是象征性的虚情假意或者仅仅是走过场一般的例行公事），更可能遇到的，是鄙夷的目光、不屑的讥讽、高举的棍棒以及无情的贬低与残酷的抛弃；外国人则刚好相反，他们对于挫折的态度要远比我们更为宽容。在他们那里，挫折不但不是一件丢人现眼的事情，相反还是人生中的一枚勋章。因为只有经历足够多的挫折，你才会有迈向成熟和成功的资格。所以，当他们中的某个人遇到挫折的时候，他们将会得到宽容的目光、温暖的话语和真诚的鼓励。

总之，内在性格与外在环境的相互作用，让中国人与外国人之间有了本质的不同：外国人适应面更广一些，基本上可以同时被成绩和挫折两种因素激励；而我们中国人则不同，我们的适应面反而更为单一，基本上只能被成绩激励。

换句话说，与所有人想象的正相反，挫折对我们中国人而言更多地意味着毁灭而不是成就。所以，"中国人是被骂大的""挫折更有利于成就中国人"完全是滑天下之大稽、荒天下之大谬的白痴理念。

千万不要拿"棍棒底下出孝子"的理念也成就了不少中国人的案例来反驳我的观点。因为我们的眼睛也许只看到了"棍棒"成就的少数中国人，却偏偏忽视了"棍棒"毁掉的大多数中国人。"一将功成万骨枯"的理念是自私而邪恶的，用少数个例为所有人下结论更加不公平。

"愈挫愈奋""愈挫愈勇"的理念很好，但毕竟是一种理想状态。能做到"愈挫愈勇"的人不是没有，但永远是极少数；在现实世界里，绝大多数人都是"愈挫愈软""愈挫愈尿"。作为一种管理理念，任何一个团队领导都应该透彻地理解这一点。不要忘了，既然你肩负着整个团队的重责，那么"一个都不能少"的世界观是你必须坚守的底线。"兵强强一个，将强强一窝"，一两个精兵强将不会带来真正的强大，只有让你的"一窝人"都强大起来，你才能拥有一个真正强大的团队，成为一个真正强大的领导者。

2. "谦虚"不是万灵丹

从另一个角度来讲，对骄傲的惧怕，与对谦虚的推崇有关。

我们之所以如此推崇谦虚，恰恰是因为我们对骄傲的误解根深蒂固。千百年来，我们一直一厢情愿地认为，一个人一旦骄傲起来，就会满足于现状、止步不前。相反，一个人只有永怀谦虚的心，才会真实地认识到自己的不足，永远保持前进的动力。不得不说，这样的理念真是一个令人哭笑不得的误解。都说"人的欲望是无止境的"，这种欲望既体现在物质上（比如说享受金钱的快感），也体现在精神上（比如说享受骄傲和有面子的快感），既然如此，骄傲应该只能使人更加奋进，促使人去追求更多、更大的享受与快感，怎么反而会让人止步不前呢？所以，如果一定要为那些骄傲自满的人下一个结论的话，他们的自满绝不是因为太过骄傲，而恰恰是因为不够骄傲所致。如果他们能对骄傲更为贪婪一些的话，他们一定会奋勇直前，而绝不会止步不前。换句话说，骄傲自满的人也许最大的问题反而是"谦虚"：他们觉得自己得到的已经太多，显得过于张扬了，所以必须低调一些，给别人也留一些机会。

从这个意义上讲，也许恰恰是谦虚阻碍了人的斗志，让人变得"处处留一手""能当第一也尽量做第二"——当每一个人都这么想，也这么做的时候，团队的整体生产力怎能不大打折扣？！

所谓"出头的椽子先烂""枪打出头鸟"的古训，也许从一个侧面为这一点提供了绝佳的注解。

那位说了：你这种说法是对谦虚的严重误解！谦虚并不是让人留一手，而是让人认识到自身的差距，不至于取得一点点成绩就翘尾巴，觉得自己已然天下无敌，没有继续奋斗下去的目标和动力了。所以说归根结底谦虚是给人鼓劲儿的兴奋剂，怎么让你一说好像反倒成了让人泄劲儿的迷魂汤呢？

这个问题很经典，值得好好回答一下。

我认为，这种观点依然是对"谦虚"和"骄傲"这两个概念的巨大误解，理由有三。

第一，骄傲的人是否就会本能地认为自己已然天下无敌，没有奋斗的目标了呢？

显然不是。这种观点过于先入为主、过于想当然了。事实上，除非那种缺心眼缺到姥姥家的主儿，真正取得一点儿成绩就觉得自己天下无敌、没有继续奋斗必要的人永远是极少数。就像我在前面所说的那样，只要欲望依然是人类顽固的本性，是人类不断进化的源泉，人类就不会那么容易止步不前。即便发生了这样的事，也是由于骄傲得不够，而不是过于骄傲使然。

第二，"差距"以及"认识差距"到底是好事还是坏事？

这个问题恐怕要一分为二地看。

就好像爬山，如果你从一开始就直接瞄准那高耸入云的山顶的话，这种对差距的认知只能令你胆怯，反而有可能使你止步不前、提前放弃；但是如果你的视野不放在山顶，而是放在一个又一个爬山途中的小凉亭上的话，这种差距认知就会令你动力百倍。当然，前提是每爬上一个半山腰上的小凉亭你都要结结实实地为自己的"卓越表现"骄傲一把。而这种骄傲的情绪，将是你征服剩下的小凉亭乃至最终的山顶绝佳的动力。

所以，"差距"这个东西既可能是好事一桩，也可能是坏事一件。对"差距"以及"认知差距"的重要性一定要客观看待，切不可想当然、一刀切。

第三，厚积薄发与薄积厚发的关系。

不可否认，在某些情况下，谦虚也许确实能成为一种美德。但与所有人的认知相反，这种逻辑的正确性只能体现在一个人取得相当程度的成绩之后，而不是之前。换句话说，在取得相当程度的成绩之前，**骄傲是唯一的正解，而谦虚则往往有很大的害处。**

谦虚不是是个人就有资格享用的待遇，只有那些获得相当程度成就的人，才有资格谈"谦虚"。细细想来，这原是一个极为简单的逻辑：**你必须已经拥有，并且是大量拥有某种有价值的东西，你才有资格说谦虚、玩低调；如果你一无所有，或拥有的东西不够多，你又从何谈谦虚，如何玩低调？**

事实胜于雄辩。在现实世界中，我们可以发现，往往那些"虚怀若谷"的人，都是已经拥有了极多有价值东西的人；而那些骄傲而高调的主儿，则往往是拥有的东西相对贫乏的人。

显然，这不仅是情操与素养的差距，更多的恐怕是"拥有"的差距：拥有得越多，就越容易，也越应该谦虚；反之，拥有得越少，则越不容易，也越不应该谦虚。

当然，这种"拥有"，指的绝不仅仅是物质，还包括知识、技能、地位、历练与经验。

许多名人大家都会说这样一句话：知道得越多，才明白原来自己知道得是这样少。

这句话也经常会被人们拿来教育小孩子，让他们明白谦虚的可贵。可我却认为这样的教育逻辑简直是荒谬至极。

没错，在一个人成为名人大家之后，往往都会心生"学海无涯、艺无止境"的感慨，不过他们之所以能发出这样的感慨，**前提恰恰是因为他们已经成了名人大家，可以做到登高望远，看到别人看不到的风景。**这个风景除了名人大家之外没人看得见，因此也就不具有可比性和普遍性。更何况，即便他们做到这一点，也不意味着他们彻底做到了谦虚。越是名人大家，其实心里反而越盛着满满的骄傲，只不过因为对手的稀缺，没有被充分触发而已。

举个例子。比如说有一个拳击高手，他从不欺负小孩子。这种表现固然是悲天悯人的武德情怀使然，恐怕也是对自身实力绝对自信的产物——他知道对方不是自己的对手，在任何情况下自己都有战胜对方的绝对把握。也就是说，他之所以不会向一个小孩子发起挑战，是因为在他的潜意识里挑战已经发生，而且胜负已见分晓。但是，即便这位拳坛高手可以在不如自己的人面前轻易做到虚怀若谷和绝对的低调，可如果碰到一个拳技不亚于自己，甚至比自己还强的对手时恐怕就不容易做到如此淡定自如了。更大的可能也许是：**他的骄傲本能会让他跃跃欲试，无论如何也要挑战之、战胜之，然后再一次在手下败将面前怡然自得地恢复虚怀若谷和低调的本色，充分地享受人生的满足感和成就感。**

但是，对一个小孩子而言，情况也许就不一样了。他可能非常爱打架，整天惹是生非，因为他必须通过这种行为找到自己的定位、确立自己的自信。然后，当他认为自己在一定程度上找到了这些东西的时候，他也许会摇身一变，从一个令人头痛的坏小子变成一位爱打抱不平的小侠士。

所以，你对一个小孩子说"你一定要谦虚啊！千万不要骄傲！"是毫无意义的，因为他一无所有，正需要大量的骄傲来给自己鼓劲，让自己一往无前；同理，如果你对一个学富五车、才高八斗的泰斗级人物说这句话，也没有任何意义，因为人家自己就明白这个道理，用不着你来说教。

经常听到某个领域的大家级人物发出这样的感慨：我年轻时太不懂事，过分骄傲了。要是那个时候能再谦虚一点儿，也许今天的成就就不止这样了。

尽管我愿意相信这句话确实是肺腑之言，可还是忍不住想冒犯一句：这样的说法纯粹是得了便宜卖乖，站着说话不腰疼。

原因很简单：如果没有年轻时的骄傲乃至骄狂，这些名人大家今日就绝无可能取得这般成就，只会更差，甚至是毫无成就。所以，这样的发言如果仅仅是对自己人生的一种总结未尝不可，但如果是对后来者的一种教诲，则很有可能是误人子弟了。

总而言之，**谦虚不是免费的，它需要许多积累、许多资本和资格，所谓"厚积薄发"，就是这个道理；**同理，如果没有什么积累和资本，我们只能选择骄傲，通过骄傲提供的强大动能，在尽量短的时间内为自己争取尽量多的资本，是为"薄积厚发"。

一字之差，千里之遥，个中奥妙，值得大家三思再三思。

不过，必须指出的是，**从本质上讲骄傲是一种内在的精神气质而不是外在的嚣张气焰。** 搞混这一点是致命的。因为嚣张的气焰和骄傲的精神常常是格格不入的，气焰越嚣张的人，其内心世界往往越充溢着不可遏制的恐惧与自卑，而嚣张的气焰往往是这种不可救药的自卑情结的遮羞布。因此，如果一个人总是表现得十分嚣张，那十有八九不是因为他过于骄傲，而恰恰是因为他不够骄傲甚至不敢骄傲，对自己过于缺乏信心。当然，自信爆棚导致气焰嚣张的人也不是没有。一方面，他们敢于骄傲，也乐于骄傲，十分善于把骄傲的情绪转化成前进的不竭动力；可另一方面，这些人嚣张的气焰也常常会给自己埋下无数祸根，让自己的前行之路走得跌跌撞撞、险象环生。

之所以会这样，是由于这种炫耀式的情绪具有极大的侵略性、侮辱性与破坏性，极易招致周遭环境的反感与抵制，从而大幅增加人们做事的阻力、提高人们做事的成本。这就等于一方面骑上一匹快马，另一方面又用绳索勒住马蹄，实在是作茧自缚的愚蠢之举。

所以，**如果你想做一个聪明人，那就不要自己作践自己，你完全可以这样做：用谦虚的外衣包裹骄傲的内心。** 说白了就是—— 心里头是大爷，表面上却可以装孙子。

不要觉得这么干虚伪，这叫"低调做人，高调做事"，是人生的最高境界。现在的问题是，绝大多数人都明白这个道理，但真正做到这一点的还真没几个。这可是一种修为，值得你拿出一辈子的时间去深刻体会。

许多人也许会这样反驳：中华民族是一个最能适应挫折的民族，过去几千年，尤其是过去一两百年间，中国人可谓历经挫折，不照样挺了过来，站在民族彻底复兴的门槛前了吗？

如果你这么说，说明你还是不太了解中国的历史和文化。众所周知，成就感的产物是优越感，优越感的产物是自信，而挫折感的产物则只能是自卑。在千百年的历史长河中，中国人曾不缺成就感和优越感，一直到清朝末年，我们都在以"老大帝国"自居，天真地认为自己的马车要比西方人的火车先进得多。直到外国人用枪炮彻底敲碎了我们的优越感，我们才猛醒过来，意识到世界已经发生翻天覆地的变化。今非昔比，曾经的蛮夷之邦已经是文明的代表，而曾经的老大帝国则成了腐朽没落的象征。这一下，我们的心理状态发生了180度的逆转，从绝对的优越变成了绝对的自卑。而且这种自卑的心理一旦萌芽，便一发不可收拾，足足持续了一百来年。一直到今天，恐怕都难说这种浓浓的自卑情结已然从国人的灵魂中被彻底剔除，否则，就难以解释为什么有的人如此没有文化自信，如此无条件地认为外国的月亮总是比较圆。

许多人都认为拿破仑的"睡狮论"（中国是一头雄狮，只不过现在已经睡着，当它醒来时将震惊世界）是给足了中国人面子，说明西方人在心底深处还是对中国有敬畏感的。对于这一观点我基本上认同，但是想做一个小小的补充。我觉得，像拿破仑这样富有远见的有识之士肯定能做到对一头熟睡的狮子心生必要的敬畏，可对绝大多数西方人来说却未必如此。原因很简单，对高素质的有识之士而言，狮子即便处于熟睡中也依然是一头狮子，他们对这一事物的本质有着极其清醒的认识，所以心生敬畏是理所当然的；但对绝大多数普通人而言，情况则完全相反。别说一只狮子，就算是一头恐龙，如果它已经熟睡，或者更准确地说是气息奄奄、昏迷不醒，那么这头狮子或恐龙在他们心目中便与一只病猫无异，完全不值得敬畏了。所谓"虎落平阳被犬欺"，就是这个道理——无论你有多厉害，既然现在你已经摔断了腿、磕掉了牙，那么不好意思，在我眼里你就是一团肉、一顿美餐而已。所以，西方人在中国人面前的优越感一直都是非常真实、非常顽固的。对于我们，他们并不是揣着敬畏装横，而是发自内心地真横。在他们心目中，你就是一个弱者，甭管你以前多么辉煌，现在就是他们的手下败将，这一点绝不会因为你以前的强大而产生丝毫的改变。

总之，我们这个世界是现实的，只有现在进行时的实力能够有货真价实的发言权，其他的一切都是浮云。不明白这一点，就是自欺欺人。

因此，要想打破这种根深蒂固的自卑感，只有凭实力。从这个意义上讲，如果说过去的一两百年我们没实力的时候自卑一点儿还情有可原的话，今天已然实力在握的中国人依然自卑，就有些说不过去了。时过境迁、今非昔比，今天的中国人已经完全可以把腰板挺起来，大大方方地告诉全世界：我很牛，我很骄傲，我有强大的优越感！

没什么不好意思的。这个世界从来都是凭实力说话，既然我们已经有了实力，就绝对有资格牛起来。

对团队管理而言，这种心理状态上的改变就意味着，骄傲不是外国人独有的权利，谦虚也不是专门给中国人定下的义务。中国人同样有资格骄傲，外国人也同样有义务谦虚。中国人与外国人有同样的资格享受"被夸大"的待遇，也与外国人有同样的理由对"被骂大"的宿命论嗤之以鼻。

所以，不要惧怕骄傲自满，不必将其视为一种洪水猛兽，唯恐避之不及。恰恰相反，**我们要大胆拥抱骄傲自满的心理状态，因为对自己满意，绝不代表着裹足不前，只能代表自我感觉良好，而这种良好的自我感觉对人的生产力而言绝对有百利而无一害。**至少要比自我感觉很差，总是觉得自己技不如人的认怂心理强得多。当然，小富即安、不思进取的人不是没有，不过，我们必须要明白一点，那就是小富即安的心理成因不是骄傲，恰恰是自卑。正是由于中国人不相信自己能取得更大的成绩，不相信自己有"大富"的机会，所以总是本能地想将一些小小不言的果实牢牢地保住，不愿冒更大的风险去追求什么大富，以免这来之不易的小富得而复失。从这个意义上讲，其实骄傲的人才更有可能得到"大富"，而谦虚的人则反而有可能止步于"小富"。不要跟我讲许多成大功的人都是虚怀若谷的主儿，因为这很有可能仅仅是一种表面现象，甚至有可能是一种不折不扣的假象——天知道他们虚怀若谷的外表之下，内心到底狂到了什么样！

当然，狂过头不好，会适得其反。这一点毋庸置疑，但也没有必要过分担心。所谓矫枉过正，刚刚从自卑状态中解脱出来，初尝骄傲甜头的中国人难免会有一些过激的表现，只要这种表现在可控范围之内，便没有什么大不了的。等哪天过足了瘾，让骄傲和优越感成为一种心理常态的时候，我们自然会冷静下来，坦然面对新发生的一切，就跟曾经的外国人一样。更何况，中华文化的传统就像一只金箍，始终在脑袋上扣着。就算我们和孙悟空一样神通广大，也终究逃不过紧箍咒的束缚。所以，对现在的我们而言，与其担心"骄傲过头，物极必反"，不如去思考如何才能将国人骄傲的潜力更多地释放出来，这才是正经。

总之，中国人的潜力从来就不比外国人差，可现在的问题是，拥有几千年文明的我们却在太长的时间里对"骄傲"这一概念抱持着极大的误解，自己将自己的潜力深锁了起来；与此同时，文明时日尚短的西方人却没有这个枷锁，侥幸逃过一劫。他们通过尽情地骄傲，在极短的时间内将自己的潜力释放出来，并发挥到极致。

如果一定要说外国的月亮比较圆，那么显然这个"月亮"指的应该是"骄傲"。

举一个极为经典的例子。

为什么中国没有乔布斯？

相信对于这个话题，你一定不会感到陌生。一直到今天，这都是令无数专家和平民极为热衷甚至极为痴迷的谈资。有的人心目中的答案是这样的：因为中国没有合适的环境。

近距离观察这个答案，似乎挑不出什么破绽，但是，只要你稍微拉开一些距离，从远处观察这个答案，你就会恍然大悟，发现一个天大的秘密。没错，这个答案从头到脚都充满了自卑和认怂的酸臭味道，几乎把别人捧上了天，而把自己贬下了地。所以，这一臭气熏天的答案本身恰恰给出了乔帮主（乔布斯）一万年也不可能诞生在中国这一假设最为雄辩的理由：因为我们没有自信，我们已经自己吓破了自己的胆。"乔布斯"这三个字对我们而言就是天边的月亮，既可望而不可即，又神圣不可侵犯。"做中国的乔布斯"这种大逆不道的事情对我们而言是万万不能的，因为这种行为简直是对神灵的冒犯、对偶像的亵渎！

想想看，只要国人这种自卑情结不从根本上改变，即便中国的政治、经济等各方面都远远超过美国，乔帮主的在天之灵又怎么能够痛下决心，将自己的来生托付给中国呢？

那位说了：既然你认为环境不重要，那么什么才是乔布斯成功最大的秘诀呢？

简单。两个字：骄傲。或者一个字：狂！

乔布斯的骄狂，可谓举世皆知。用我们中国人的话讲，他属于那种典型的"狂得没边儿了"的主儿。他之所以能成为一个旷世奇才，"骄狂"二字绝对是一个决定性要因。这一点，连他自己的身边人都不否认。所以，如果一定要说那些具有美国特色的社会元素比我们更优越，这个优越性也只能体现在这一点上，亦即美国要素对于人性中骄狂的一面极为宽容。所以乔布斯这种人不但不会被视为异端，相反却会被捧为英雄。

3. "没有最好，只有更好"批判

通过前面的分析，我们已经明白：对"最好"的坚决排斥以及对"更好"的无条件追求，这一心理现象之所以在现代团队管理实践中如此普遍，是由团队领导盲目继承传统、过分追求管理的利便性以及从骨子里对团队成员的骄傲自满存在着一种无以名状的恐惧感所造成的。

所以，我们可以肯定地说："没有最好，只有更好"是一个谬论。遵循这样的谬论去从事管理工作，不但起不到任何激励作用，相反只能让我们的团队成员更消极、更沮丧，最终导致团队整体战斗力的严重涣散。事实上，在我们身边已经有无数鲜活的案例证明了这一点，不容我们视而不见。

但是，也许有人依然不服气，他们会这样说：强调"更好"有什么错？奥运会不也强调"更高、更快、更强"吗，不照样激励了全世界的人？因为贪婪，所以永不满足，好了还想更好、富了还想更富，所以人的动力才会源源不竭，激励人永远向前。这不就是你自己一再鼓吹的进化论思维吗？现在为什么又要矢口否认呢？

对于这样的质疑，我的回答是：我否认的不是"更好"本身，而是"只有"这两个字。也就是说，肯定"更好"没有错，错就错在否定"最好"。无论你是否能够接受，从结论上讲**"更好"与"最好"是绝对无法切割的，因为后者是前者的必经阶段**，也是前者之所以能够成立的一个基本前提。原因很简单。何为"更"？没有一个具体的比较对象，这个"更"字便无从而来，而这个比较对象只能是"最"。因此，寄希望于跨越"最"的阶段，直达"更"的境界是一厢情愿的想当然，完全没有可操作性。

我们不妨做一下换位思考：如果你自己是一位团队成员，对于团队领导"没有最好，只有更好"的要求，你会做何反应，会有目标清晰、方法明确、信心坚定的感觉吗？如果你的答案是肯定的，那么你的感知能力肯定出了重大问题，因为任何一个正常人都会在这样的要求面前彻底抓瞎，不知道领导到底想要什么。再说得刻薄一点儿，这样的要求根本就是无理取闹，是一句不折不扣的废话。

"没有最好，只有更好"这一理念最大的问题点在于，它试图追求一种"无限激励"的效果，但却适得其反，基本上等同于"没有激励"。这就好像赛跑，"最好"是落脚点，"更好"是终点线。如果你硬生生地否认"最好"，只愿意承认"更好"，那就是强行剥夺参赛者的落脚点，希望他能在一种半悬空的状态中直接"飞"过终点线。毫无疑问，你将不可能达成目的。因为你的做法只能让那位参赛者不知所措、原地徘徊；反之，你只有承认"最好"的合理性，让他把脚踏踏实实地踩在地上，他才有可能顺利地跑过终点。

所以，正确的激励理念应该是"既有最好，也有更好"，或者是"先做到最好，再做到更好"。只有这样，人才能找到自己的落脚点和清晰的前进路线，并由此产生强大的安全感和百倍的信心，剩下的事情就是全力冲刺了。

"奥运Style"遵循的就是这样一种模式。

我们知道，对奥运会而言，"最好"就是金牌，"更好"就是破纪录。而后者，就是奥林匹克"更高、更快、更强"理念的真实写照。

诚然，破纪录是一件令人兴奋的事，这一点地球人都承认。可现在的问题是，是否有人会因为没有打破纪录而怀疑一枚金牌的含金量呢？或者换一种说法，是否有人会因为某位运动员"仅仅"收获了一枚金牌却没有打破纪录而觉得这个人不够牛呢？

答案显然是否定的。如果一定要说奥运会上金牌与破纪录哪一个更重要、更有价值，相信九成九的运动员和观众都会选择前者。请注意，这一选择并不是对后者的否定。这就跟锦上添花的道理一样，承认"锦"并不代表否定"花"，但如果一定要在"锦"与"花"之间选一个，那毫无疑问绝大多数人都会本能地选择"锦"。

仅此而已。

事实上，奥运会上的运动员对金牌的强烈渴望常常是令人难以置信的。举一个简单的例子，比如说某个项目的前三名全部打破了世界纪录，那么至少对银牌得主和铜牌得主而言，破纪录这一佳绩并不会大大增强他们的喜悦感，因为他们与分量最重的金牌失之交臂，而这种失落是他们极难释怀的。反之，如果某位运动员得到了金牌而没有打破纪录，他们的好心情则不会受到太大的影响。但是，如果他们在获得金牌的同时还能超越纪录，那他们的好心情就不仅仅是"倍增"这么简单了，对他们而言，即便在这一瞬间结束自己的运动生涯，相信他们也会无怨无悔，因为他们的人生已经在这一刻彻底圆满，再无所求了。同样的道理，如果他们仅仅获得了金牌而没有打破纪录，那么即便他们心中不会有遗憾，但是将运动生涯进行下去的强大动机却依然存在。因为尽管他们已经站在了世界之巅，在他们面前却依然存在着一个高耸入云的终极目标，那就是世界纪录。只要这个纪录还没有被自己打破，那么自己永远不会失去奋斗下去的理由。

这就是"既有最好，又有更好"的"奥运Style"的威力。

无独有偶，除了"奥运会Style"之外，我们这个世界上还存在着一种更有趣的激励模式，这就是"奥斯卡Style"。这种Style与"没有最好，只有更好"的激励模式一样极端，唯一不同的是，它的核心理念与前者截然相反，属于典型的"只有最好，没有更好"。

我们知道，任何激励机制的最大瓶颈，都在于激励要素的麻木化。而"只有最好，没有更好"的激励模式就容易令人麻木不仁，对某种激励手段彻底失去感觉。

就拿奥斯卡来说，如果某些老戏骨回回上榜，拿奖拿到手软，那么这个小金人对他们而言便不再具有任何激励作用。这个时候，老戏骨们往往会主动选择退出颁奖礼，不再接受任何奖项。

他们之所以这样做，虽然表面上的理由好像是"给年轻人让位，重新活回自己"，其实真实的理由常常是："奥斯卡已经不再好玩，我老人家要自己给自己寻刺激、找乐子去了！"

这就叫"堤内损失堤外补"：既然某种激励机制无法向我提供"更好"的愉悦，我就要自己寻找只属于自己的那个"更好"。

这就是奥斯卡Style的激励瓶颈。这种激励机制存在着一个非常明显的"激励麻木区"或者叫"激励空白区"，当一个优秀的人才进入这一空间的时候，就会发生"高处不胜寒"的状况，没有了下一个进取的目标，也就失去了进一步前进的动力。而奥运会Style则很好地弥补了这样的空白。在这种机制里，不但存在着"最好"这一终极（有限）目标（金牌），还同时存在着"更好"这一无限目标（破纪录），所以无论多么优秀的人才，也能轻而易举地在这一机制中寻找到永恒的目标和永恒的动力。

从另一个角度讲，奥斯卡Style似乎在无形中为优秀人才设立了一个强行退出机制。这一机制的核心逻辑是：如果一个人太优秀，并且长期优秀的话，就会占用别人，尤其是新人的机会。所以唯一的解决办法就是让这些人退出来，把优秀的机会留给别人和新人。甭管退出的时候这些人是否维持了一贯的优秀，甚至比从前更优秀。而奥运会Style则不然，它是属于完全的"唯实力主义"，即"只要你足够优秀，无论你优秀了多长时间，也无论你的年纪有多大、资历有多老，也永远都会有继续优秀下去乃至变得更优秀的机会。而且重点在于，这种'优秀'乃至'更优秀'的状态丝毫不会抢占别人，尤其是新人的机会；不会令后者感到沮丧，而只能使他们拥有永恒的追赶目标和不竭的追赶动力"。换句话说，奥运会Style的退场机制只有一个，那就是"不再优秀"，除此之外没有任何机制性的制约；而决定"不再优秀"的因素，基本上全部源于个人，亦即个人意志的变化（主动放弃对优秀的追求）或年龄和体力方面的变化（自然衰老导致无法继续追求优秀）。显然，这才是一种不存在任何瓶颈的终极激励模式，只有这一模式才有可能在现实世界中实现真正意义上的无限激励。

当然，奥斯卡Style也意识到激励瓶颈的问题，并采取了一些补救措施。比如说设立最佳新人奖和终身成就奖：一方面通过前者的设立延缓最优秀人才的退出时间；另一方面通过后者的存在提高最优秀人才的前进动力。

必须承认这些措施是一个进步，在一定程度上弥补了该机制的某些关键短板；不过缺陷依旧明显，那就是"机会有限""分量不足"：终身成就奖的获得无异于撞大运，许多人恐怕到死都未必能等到这样的机会，抑或只有死后才有机会将该奖项收入囊中；而无论终身成就奖还是最佳新人奖，都在很大程度上更近似于某种噱头，没有什么真正的含金量，更像是一种象征性的安慰奖。显然，与奥运Style中金牌和破纪录的含金量相比，奥斯卡Style的这些补救措施显得有些小儿科，充其量只能算作隔靴搔痒，没有从根本上解决机制本身存在的问题。

4. 让你的激励覆盖到每一个人

那位说了：既然奥运Style如此完美，是否将其原封不动地引入团队运营中，就能立马取得绝佳的激励效果呢？

答案是否定的。

不错，奥运Style确实堪称完美，但也正因其完美，也许并不能够完全适合不那么完美的现实世界。

我们知道，一种好的激励机制一定能够完全覆盖这一机制中的所有人，也就是具有所谓"全员激励"的特质；反之，任何一种激励机制，如果只能激励到个别人，而对其他人毫无作用，就是一种失败的机制。而且由于激励对象过于单一，缺乏参照物和兴奋点，这仅有的一点激励效果也会随着时间的流逝而消失殆尽。

奥运Style之所以能够成为一种几近完美的激励机制，激励效果的广泛性是一个重要原因：由于奥运的世界是一个神圣的世界，能够进入这个世界、成为一个正式玩家这件事本身就是一种无上的荣耀和巨大的激励。这就意味着，在奥运模式中，全员激励的效果可以轻而易举地达成，而这一点在现实世界中是极难重现的。因为职场中的竞争不能和奥运会中的竞争相提并论，不是每一个参与者都能油然而生一种神圣感，并从这种感觉中获得强大的动力。所以，如果在现实世界的团队管理实践中照搬奥运模式的话，依然有可能遇到巨大的瓶颈，诱发"激励麻木空间"，亦即我们所熟悉的"先进者恒先进，后进者恒后进""无论先进者还是后进者均失去前进动力"的局面。

客观地讲，"激励麻木空间"的存在为团队带来了某种阶级属性，也带来了不期而至的某种稳定与和谐——先进者、中间者与后进者各认其命、各安其所、相安无事、其乐融融，团队中弥漫着一派与世无争、乐天知命的氛围；不过与此同时，这种"安居乐业"抑或"各安其命"的局面也极大地挫伤了团队的积极性和进取心，给团队的核心竞争力带来毁灭性的打击。

这真是一件颇具讽刺意味的事：团队领导煞费苦心地琢磨出一大堆招数，希望能够激励到自己所有的团队成员，意图失败后却意外地收获了吊诡的"和谐"。

所以，阶级属性（将人分成三六九等）的发生以及随之而来的和谐（所有人安于自己的定位，对现状没有任何的不满）是制约一切激励机制的最大**樊篱**。要想将某种机制的激励效果发挥到极致，就必须打破这个樊篱，让每一个团队成员的野心与血性都能最大限度地得到释放，在团队内部形成一种大开大合、畅通无阻的激励局面。

既然奥运Style在团队激励的实践中遇到同样的樊篱，就应该对其进行改良。而这样的改良，需要从两个维度操作：**一个是横向激励（和别人比），一个是纵向激励（和自己比）**。无论是哪个维度，都存在相应的"最好"与"更好"，而且重点在于，**无论是哪个维度的激励，其力度都应一样，都要动真格的，绝不能流于形式、走过场**。

具体的操作方法如下：

先说横向激励。在团队内部分别建立"最好"和"更好"两个指标体系。前者是当期最好成绩，后者是历史最好成绩。只要能做到当期最佳，就能享受到"团队金牌"待遇；只要能突破历史最佳，就能得到"破团队纪录"的奖励。

这一激励方式看似常见，其实却与一般团队的普遍做法略有不同，那就是切实做到了"既有最好，又有更好"。不贬低"金牌"的价值，让所有团队成员都能找到明确的落脚点和歇脚处，一步一个脚印地向最高目标迈进。

再说纵向激励。为团队内部的每个成员建立"最好"和"更好"两个指标体系。两个体系的指标都以历史最好成绩为参照。只要能做到（或无限接近）历史最好，就能享受"个人金牌"待遇；只要能突破历史最好，就能得到"破个人纪录"的奖励。

当然，在这两种激励模式中，历史最好成绩一旦被突破，就会自动从"更好"指标转化为"最好"指标。以此类推，将激励逐渐推向深入。

还会存在一种情况。当某个人取得横向进步，却在纵向上退步，抑或完全相反的局面发生时，应该如何做呢？

简单，严格做到"赏罚分明"四个字即可。进步者奖、退步者罚，一碗水端平、不偏不倚。这样做有一个好处，那就是能有力地抑制团队内的惰性心理，让人想躺在功劳簿上睡大觉成为不可能。

听了我对团队激励机制改良方案的论述，有些团队管理者可能还是有些不服气：你说的这些没什么新鲜的。你所谓的"全员激励"，无非就是要我们重视对后进者的激励，还有每个团队成员的自我激励，而这两方面的工作我们平时没少做，可效果就是不明显！所以，现在的问题不是如何设计制度的问题，而是如何执行制度的问题。道理大家都懂，但关键在于怎么做！

对于这一说法，我表示由衷地赞同。制度的设计固然重要，可再好的制度如果没有良好的执行做支撑也完全无法发力，等于白费力气。这一点是毋庸置疑的。

那么，既然我们的团队领导自认为没有忽略对团队中的后进者以及每个团队成员自身的激励工作，那为什么激励效果却总是不明显呢？

问题就出在执行上面——没错，**在许多团队的激励机制中，"后进者激励"与"团队成员自我激励"这两个环节本身确实没有欠缺，欠缺的是执行的诚意和力度。**在这一点上，我们的许多团队领导都落下了心口不一的毛病，嘴上挂着"后进者"和"全员"，而心里装的永远都是那少数几个"先进者"——他们真正的心头肉。

相信每一个职场中人对这样的场面都不会陌生：尽管领导会对团队里的每一个人说"你们每天都要超越自己，今天要和昨天不一样，明天要和今天不一样"，可是没有几个人会对领导的话真正有感觉，因为他说得言不由衷，你自己也不会太当真。更为重要的是，即便你超越了自己，一切也未必会有什么改变。领导对你的态度依然如昨，同事看你的眼神依旧没变，既赚不到票子，也挣不到面子，这样的超越不要也罢。同理，尽管领导也会对后进者的进步夸赞有加，"干得不错哦，你要再接再厉！"却没人会对这种不痛不痒的溢美之词真正感到兴奋。因为这并不意味着领导会对你刮目相看，从此将你与那些先进者摆在同一位置；也不意味着同事们会对你羡慕有加，从此彻底放弃对你的成见。对团队而言，你的这一点点进步纯属偶然，既不能证明什么，也不能改变什么。因此这样的进步实在是形同鸡肋，有没有两可。

看见了吧？这就是团队里的日常风景，是我们每一个人每一天的真实经历。

所以说，如果不将团队领导乃至每一个团队成员脑袋里那些僵化的偏见彻底清除，别说"最用功的第一名"，即便和"最懒惰的第一名"比，那个"最用功的倒数第一名"也不可能与其平起平坐。

在这样一种严重扭曲的心理环境下，即便你把"全员激励"的口号喊得山响，它也永远只能是一个口号而已，一万年也变不成现实。

所谓"心病还要心药医"，纠正这一扭曲的团队环境还得从心理层面着手，尤其要重点改善团队领导者的心理状态。

这里面主要有如下几个要点：

其一，**团队领导必须重新理解激励的基本理念。**

何谓激励？就是为了让人们能有所"不同"。因此，**激励存在的意义就在于能够对"不同"进行评价，并由此激发出更多、更大的"不同"。**所以，当最后一名显著进步，而第一名进步幅度较小或彻底止步不前时，显然应该从激励机制中得到更多益处的是前者而不是后者。

其二，**团队领导必须做到一碗水端平。**

既然激励的目的之一在于评价"不同"，那么评价的标准就只能是"不同"的"大小"，而不能是"不同"的"档次"。这就意味着，当最后一名和第一名进步的幅度相同时，他们理应得到相同质量和强度的激励。

其三，**团队领导一定要认识到"努力"的重要性。**

激励机制的最大罩门在于无法发现"不同"。当第一名和最后一名都无法取得进步，而只能原地踏步、维持现状时，激励机制应该如何发力呢？这个时候，"努力"应该成为一个重要的评价标准。无论一个人是否能够取得进步，只要他付出了全力，就应该得到最充分、最完整的激励。我们一定要认识到，激励的对象是人，而不是物化的成绩。因为前者才是真正的主体，而后者只是一种附庸。并不是所有的收获都与努力有关，也并不是所有的努力都必然会带来收获。这里面既有运气的成分，也有人为因素的干扰。不过有一点是肯定的，**那就是持续不懈的努力一定会战胜运气，让人最终取得丰硕的收获。这是一条亘古不变的真理。所以，只有对作为主体的人以及人所付出的努力进行激励，而相对忽略物化的成绩，才算把激励机制这根针插到了穴位上，真正达到治标治本的目的。**

当然，必须承认量化"努力"的程度与价值是一件不容易的事情。这就需要我们的团队领导，尤其是基层领导一定要暂时抛开冷冰冰的数字，扎扎实实地沉下身去，近距离观察员工的工作过程以及工作状态并对其做出全面、细致而真实的评价。

既然你是团队领导，是一个管理者，这项工作便是你义不容辞的职责所在。

也许有人会提出这样的质疑：你说得虽然有些道理，可是也存在一个重大的问题，那就是把第一名的进步与最后一名的进步相提并论是不合理的。地球人都知道，将世界纪录提高0.01秒是一件多难的事情。对那些已经站在山巅的人来说，能不从山上掉下来已经是最大的成就了，如果还苛求他们攀登更高的山峰简直就是没人性！所以，拿站在山顶上的人和留在山脚下的人做比较，是不是有欠公平呢？

我能理解这一质疑的弦外之音，那无非是在说：后进者进步快是因为起点低，先进者进步慢则是因为起点高。换言之，后进者的进步与先进者的进步还是有所谓"档次"上的区别的，不能同一而论。既然如此，在具体的激励强度和激励质量方面，后者需要得到比前者更多的关照、更好的待遇。只有这样做才是真正的公平。

对于这样一种论调，我完全持反对意见，甚至不客气地说，感到深恶痛绝。因为这是一种典型的歧视，彻底违背了事物的客观规律。没错，对奥运百米冠军来说，将自身成绩再提升0.01秒绝对是一个天大的挑战，需要付出艰苦卓绝的努力；但是，对绝大多数运动员而言，将自身成绩提升0.01秒，从奥运赛场上的第八名变成第七名也未必是一件多么简单的事，照样需要付出艰苦卓绝的努力。所以，尽管我不否认第一名的进步异常困难是一个客观事实，可那种认为最后一名的进步相对容易的观点则断断不能接受。因为这一观点忽略了一个关键事实，即**第一名的个人素质以及所掌握的资源与最后一名相比具有绝对优势，因此尽管取得进步的难度增大，但取得进步的条件也变得更为优越。从这个意义上讲，第一名和最后一名的进步绝对是等值的，因为它们意味着同样的艰难和同等的努力。**因此，对先进者的进步和后进者的进步一视同仁，不但不是对公平的破坏，相反恰恰是为了维护公平。

事实上，从心理学的角度来说，对后进者的激励，其效果往往要远远好于对先进者的激励。因为先进者往往会拥有更好的自我感觉，甚至是一种近似于自恋的情结，这就足以使他们能够在很大程度上实现自我激励。相反，后进者由于常常受到自卑情结的困扰，极难实现自我激励，必须要通过不断地来自外部的肯定才能激发出最大的潜力。

举两个例子。

大热韩剧《来自星星的你》中的二千（千颂伊）就是一个典型的善于自我激励的人物。无论遇到什么样的挫折，也无论遭到多么沉重的打击，她总能用一句简单的话给自己打足气，让自己轻而易举地振作起来，这句话就是：对啊，我可是千颂伊啊！

在没有人相信她、没有人鼓励她、没有人再将她视为原先那个闪闪发亮的千颂伊的时候，是她超级良好的自我感觉或者说超级"变态"的自恋情结挽救了她。这一点连她自己都承认，她曾这样对别人说："我现在已经失去了一切。自恋是我唯一的资本，如果连这个资本也失去了，我将无法重新站立起来。"

千颂伊之所以能有这样一个不竭的动力之源，就在于她曾有过做闪闪发亮的自己的经历，而她也竭尽全力地抓住了那时的感觉，在自己最落魄的时候将其变成一棵珍贵的救命稻草。

如果说二千是所有优越感爆棚的先进者的代表，那么许三多显然就是所有自卑感过剩的后进者的化身。所以，像许三多这样的"永远的最后一名"，是无法依靠自身的力量实现自我激励的，他们的崛起必须仰仗外部的刺激，而且是强大的刺激——强大到足以彻底戳破深入骨髓的自卑情结。

事实也雄辩地证明了这一点。看过《士兵突击》的人都知道，许三多对于来自外部的肯定与鼓励，哪怕是极其微小的肯定与鼓励都表现出一种典型的饥渴状态。按照连长高城的话讲，"哪怕别人给他一根稻草，他也会当作一棵大树那样死死抱紧不放"。更有甚者，哪怕是来自他人的善意戏谑或恶意作弄，也会令他如获至宝，当作对自己的肯定与鼓励照单全收，并因此闹出不少笑话。（最典型的例子发生在草原五班。五班的那几个"兵油子"和"兵混子"出于对许三多"不识时务地帮助他人整理内务"行为的反感，给他颁发了一面自制的"五班有史以来第一个最佳内务奖"奖旗。而单纯的许三多没有看透这面奖旗所蕴含的浓烈讽刺意味，居然兴高采烈地接受了它，并因此备受鼓舞，发出了"我还要继续努力，将来咱们班的内务我全包了！"的誓言，让一心想看许三多出丑、希望他知难而退的哥儿几个跌碎了眼镜。）

当然，恶作剧被揭穿后许三多受到的打击可想而知。他也逐步意识到无论自己如何努力，获得他人真心的肯定和由衷的褒奖也是一件极其艰难的事情。这让他感到十分沮丧，觉得自己仿佛置身于一个漫长而黑暗的隧道之中，即便拼尽全力日夜兼程，也永远无法看见尽头的那一线光亮。就在许三多行将放弃的时候，他生命中最重要的一位贵人出现了，这个人就是三班长史今。

史班长堪称许三多生命中的第一位知音。他深知许三多的问题所在，知道像这样缺乏自信的人必须得到外界的援手，而且是强有力的、稳定而持续的援手，只有这样才能帮助他们找回久违的安全感，让他们在心无旁骛的状态下脱胎换骨、重启人生。

他是这么想的，也是这么做的。他给予了许三多延绵不绝的肯定与鼓励，哪怕被人性的虚伪吓怕了的许三多自己都不相信这些肯定与鼓励是真实的，我们的史班长也从不放弃自己的努力。他坚信许三多是有天赋的，只是这样的天赋从许三多出生的那天起就被人为地牢牢锁住，始终得不到释放的机会。因此，他下定决心要打破这副枷锁，让许三多这坨烂泥真正变成一个名副其实的兵王胚子。

剧中一句经典台词至今犹然在耳。在许三多写给家人的一封信里，他这样说道："班长总说我好，可我觉得自己不好。我问班长：'你为什么总说我好啊？'班长说：'因为你确实挺好的啊！'"

功夫不负有心人，班长的努力终于见到了成效。在他持续不懈的正能量的感召下，许三多生平第一次明白了一件事，那就是"自己也可以好，和别人一样好"。这一久违的自我认知彻底解放了许三多，激活了他的心、他的人、他身上的每一个细胞。从此以后，许三多便一发不可收。就像引发了核裂变的原子弹，他爆发了。他的进步一日千里，在极短的时间内便从"千年老末"变成一个拿奖拿到手软的超级标兵。这一次，他又让所有人跌碎眼镜，只不过不再是由于他的愚蛮，而是由于他的优秀。

还有一个细节必须要提一下。在许三多重建信心的关键时刻，班长做出一个重要决定：将班先进的荣誉授予许三多。理由是"进步快"。这一决定遭到全班成员的集体抵制。要知道，班先进是对业务尖子的奖励，而像许三多这样的顽固后进分子，如此"轻易"地得到这个荣誉是有悖常理的。"千年倒数第二"的"兵油子"白铁军的话很能代表大家的心声：进步快是因为起点低。可我们的史班长不为所动，依然力排众议将这一代表团队内最高荣誉的奖励颁发给了许三多。这是许三多生平第一次通过自身努力获得的高含金量的"足值"奖励，对许三多的刺激作用是可想而知的。这次经历提供了一个重要契机，许三多其后的迅速崛起以及收获的更多、更高含金量的奖励几乎全部始于这一契机。而班长史今显然是所有这一切的总导演，是许三多辉煌人生之路的奠基人。

这一桥段从根本上推翻了"后进者的进步相对容易，不宜过分夸大"的陈词滥调，不错，后进者是有可能在人生的某一阶段上演爆发性成长的好戏，但这种程度的成长绝非唾手可得，而是经历了一个漫长而痛苦的量变引发质变的过程。在积累量变的过程中，后进者所遇到的阻碍和挫折绝非常人所能想象，因为这些障碍与挫折不仅来自外部，更来自后进者内部。从内心的阴影走出，成为一个正常人，与其他人站在同一个跑道上——这个在旁人看来几乎不值一提的小小旅程对后进者来说有时比登天还要难。跨越这一旅程就足以让他们拼尽全力、精疲力竭，更遑论从这条起跑线上与他人展开公平的竞争并在竞争中取胜了。

所以说，先进者的一小步，对后进者来说可能就意味着十大步乃至一百大步，这就雄辩地证明了**后进者的进步常常要比先进者的进步更有分量、更具价值、更加弥足珍贵，任何藐视后进者进步的言行都是极端荒谬的。**

换一个角度讲，我们可以这样认为：绝大多数团队内部的所谓"阶级稳定性"，亦即所有层级的团队成员都能"各安天命"的"和谐"状态都不是不可打破的。这里面的关键在于"自暴自弃"——那些相对后进的团队成员根本就不相信自己还能够变得"更好"，不相信自己有能力打破在团队内部的阶级属性，因此也便放弃了这样的努力，对自己后进的状态安之若素。只要能够捅破这层窗户纸，每一个人都有可能更上一层楼，并具备争当"冠军"乃至"破纪录"的潜质。

马云说过：连我这样的人都能成功，这个世界上就没有不能成功的人。

这不是一个笑话，许三多的例子便雄辩地证明了这一点。我们要相信，**在"贪婪"抑或"成就感"这样的事情上，人类的基本属性是高度一致的。只要是人，便不会有例外。**

总之，当你的激励机制永远都能覆盖团队中的每一个成员，而不仅仅是个别人的时候，当你的每个团队成员都能公平地享受到货真价实的"足值"激励，而不仅仅是隔靴搔痒、形同鸡肋的形式上的褒奖的时候，当团队中的每一个人家中墙壁上都能挂满奖状、橱柜里都能摆满奖杯的时候，当所有人都能为自己身为团队中的一员而感到无上光荣，每一天都有一大堆理由为自己骄傲的时候，你的激励机制才算大功告成，你才有机会收获一个战无不胜的梦之队。而做到这一点，绝对需要一个无比英明的团队领袖。

显然，《士兵突击》中的钢七连就是一个最接近这一梦幻境界的强大团队。它之所以能做到这一点，不是因为七连长高城的铁腕，而是由于三班长史今的英明。按照史今本人的话讲"全团最棒的八个兵，俩在咱们班"，这就很能说明问题：以区区一介班长之力，居然能培养出一个团的兵力中四分之一的尖子，拥有这等实力的将才，团队又怎能不强大！

事实上，就连七连长高城也承认这一点，所以他对史今是格外珍惜的。而史今的离去，也确实成为钢七连走向没落的开始。尽管这个钢铁团队最后的分崩离析令人唏嘘不已，不过这一结局也从一个侧面印证了史今这样的团队领袖不可或缺的价值。

向史班长学习，是每一个团队领导的必修课。

那位说了：对于你的说法，我虽然可以大体上表示赞同，可还是有一点想不太明白。奖励这个东西之所以有用，就是因为它的稀缺性，不是每一个人都有受奖的机会，所以大家才会竞相争夺。而如果奖励泛滥，各种名目层出不穷，每一个人都有机会拿奖拿到手软，那奖励本身还有什么用？谁还会在乎奖励，谁还会真正被奖励激励到呢？

必须承认，这是一个非常靠谱儿的质疑。如果操作不慎，确实容易让团队的激励机制陷入形式大于内容的窠臼；可如果操作得当，这样的风险便能够得到有效的规避。

我的理由如下：

第一，**名目的多寡其实并不重要，重要的是名目之下是否具有真材实料**。就像我们在前面提到过的那样，激励的目的在于诱发"不同"，而不同的发生在于付出努力。所以，只要你的团队成员能够付出真实的努力，并为自己赢得明显的"不同"，那么由此获得的奖励就是实至名归，会让他们产生足够的成就感。而这种成就感的获得，与是否还有其他人也获得同样的奖励无关，只与自己的真实付出有关。从这个意义上讲，如果有人因为获奖者太多而对自己得到的奖励感到无聊和乏味，那只能证明他们的付出不够多或至少不够真实。因为没有人会对自己流下的汗水得到他人的肯定感到乏味，这不符合人的本性。

当然，因为自己的获得与付出的努力不匹配而产生不满是完全有可能的。不过，即便是这种不满也与奖励的多寡无关，只与奖励的公允度有关，只要能解决这方面的问题，无论奖励有多少名目和花样，也无论获得奖励的概率有多高、范围有多广，实现高质量的激励也是完全有可能的。

第二，如果每一个奖励名目都有真材实料的内容做依托，那么获得这样的奖励就不可能是一件轻而易举的事情。所以，名目多并不总代表着奖励多；目标多也并不总代表着达标多。只要你不是走过场、玩形式，你的奖励就永远不会缺乏必要的含金量，自然也不可能沦为鸡肋。反之，如果在这样的前提下你团队中的大多数成员也能实现极高的中奖率，则完全是好事一桩，高兴都来不及，又何来担忧的必要呢？

其四，**团队领导一定要善于营造氛围**。

总的来说，激励机制是否能奏效，对先进者和后进者进步的认知是否能趋同，是一个与团队内部的氛围高度相关的问题。只要能从根本上改造团队的氛围，你的激励机制将事半功倍，无往而不利。

都说人是环境动物，什么样的环境造就什么样的人。这句话有深刻的道理。

就像我在前面所说，奥运会提供了一种至高无上的环境，使"身处其中"这件事本身就能成为一个巨大的激励因素。在这个大环境架构下，奥运会又能提供无数细致而精准的激励目标和激励手段，其总体激励效果自然无与伦比。

所以，如果你能够在团队内部营造一种氛围，就像钢七连那样，让所有身处其中的人都能油然而生一种神圣感，其实激励这件事就已经不用你太费心了，你的团队氛围便能帮你轻松搞定这件事。

5. "环境"的威力

说到"氛围"这个话题，就不能不提一下奥斯卡。尽管其激励机制与奥运模式相比还有差距，不过毋庸置疑的是，这一激励机制的成效也是十分惊人的。它之所以能做到这一点，也与成功地营造了一个强大的、极富感染力与诱惑力的整体环境氛围有着极大的关联，使置身其中的人都能自发地萌生一种神圣感，并从中得到无尽的动力。

以此类推，我们还可以将相同的现象延伸至整个娱乐圈。

不知你是否曾认真思考过这样的问题：为什么对你而言，将体重降低两公斤都是一件无比艰难的事情，而那些影视明星却可以为了角色需要随心所欲地增肥减肥几十公斤？又或者，为什么对你而言，将肥满的肚腩缩减一厘米都比登天还难，眼巴巴地看着众多姿色一般的女子都对自己敬而远之而无计可施，而影视圈里甭管多小的咖都能轻而易举地练出六块性感的腹肌，让那些仙女级的姑娘眼睛喷火、直流鼻血？

也许你的答案会是：这有什么稀罕的，还不是健身的缘故？听说好多明星每天都要晨跑十公里，这么大的运动量身材能不好吗？

好吧，我认可你的说法。好身材绝不是从天上掉下来的，而是从坚持不懈的锻炼中得来的。那么，下面的问题就是：即便不从身材的角度，只从健康的角度考虑，我们也知道每天坚持晨跑对人体是有利的。既然如此，为什么连影视圈不入流的小咖都能轻松做到每天晨跑十公里，而你却连每天晨跑一公里都做不到呢？

答：人家比我们有毅力呗！

问：为什么你的毅力不如人家呢？

答：……

不要觉得这是一连串无聊的问题，这里面的学问可大了去了。

从表面上看，演艺圈人士似乎是另一个次元的人，和我们凡人有着极大的不同。他们似乎总能轻而易举地做到我们这些凡人心有余而力不足的事情，令我们除了羡慕嫉妒恨还是羡慕嫉妒恨。但是这种差异与优秀无关，也与毅力无关，或者再说得极端一点儿，甚至与能力都没有多大的关系，事实上，它只与环境和背景有关。

不要着急，听我慢慢解释。

其实这个问题就是一层窗户纸，只要捅破它你就能豁然开朗。

你可以做这样一种假设。假设你的能力、毅力与综合优秀程度都没有任何改变，现在只对你的外部环境做一些手脚，亦即明天就让你加入娱乐圈，成为一个八线小咖，你觉得那些影视明星所能做到的事情你是否也能做到呢？

不要犹豫，请相信自己，这个问题的答案绝对是"能"。别的不敢说，至少干掉大肚腩，搞定性感的六块腹肌，让你身边的女孩子为你流鼻血是绝对没问题。

也许你会对我的说法不屑一顾：你这不是废话吗？进了娱乐圈当然不一样了，挺着个大肚腩谁给饭吃啊？！当然得健身了！这本身不就意味着能力、毅力和综合优秀程度的提高吗？怎么会与这些东西都无关呢？

好吧好吧，我不再和你抬杠，姑且认可你的某些观点，同意环境的变化与个人素质的提高是有某种关联的。可我依然坚持我的基本观点，这种情况下的"被提高"的个人素质，很有可能是一种假象，是一个海市蜃楼。因为它只在某种特定的环境背景和气候条件下才能出现，而当这些背景与条件消失的时候，它也将随之销声匿迹，就好像从未出现过一样。

还拿刚才那个例子说事。我们假设你练出了六块腹肌之后依然没有在娱乐圈混出什么名堂，甚至境况悲惨到连饭都没的吃、日子都没法儿过的程度。于是你心灰意冷，决定退出娱乐圈，重新回归从前的生活状态。

问：一年后，你曾引以为豪的六块腹肌还能存在吗？

答：可能性不大。更大的可能是你将异常轻松地重新找回从前的大肚腩，然后重新吓跑身边所有的女孩子。这个时候，你将产生一种幻觉，觉得一年前发生的所有事情就好像做了一场春秋大梦，一点儿真实感都没有。而现在这场美梦终于被惊醒，尽管有些沮丧，不过更多的也许是感到莫名的踏实。

不要觉得我是在讲故事。事实上，别说八线小咖，即便那些一线大咖，在退出或被踢出娱乐圈之后，都会在一个极短的时间内变残——或者把自己的人变残，或者把自己的人生变残，令人不胜唏嘘。

这就是环境的威力。**它好像能够给你许多东西，但其实这些东西都是借给你的，所有权并不属于你自己。你在这个环境里面，就可以暂时拥有这些东西；只要你离开这个环境，所有东西都必须如数奉还。**

当然，也有一些高人，将环境借给自己的东西最终变成彻底属于自己的东西，并由此受益终生。可这样的案例实在是少之又少，几乎可以忽略不计。

也许有人会问：每一个人都说环境如何如何重要，可是环境到底是个什么东西，它为什么这么重要、这么神通广大，以至于能够改变（至少是暂时改变）人的本性呢？

这个问题看似简单，其实却没有那么容易回答。"环境"是一个内涵太过宽泛的词，每一个人站在不同的立场、身处不同的阶段、面对不同的问题时都会给出各自不同的解读。

在这里，我的解读是：**环境是一个提供各种诱惑的场域。随着诱惑的种类、质量和强度的不同，环境给予人的影响及改变也会发生极大的不同。**

举个例子。

都说娱乐圈是一个大染缸，能够改变人的本性，让人身不由己，无法自拔，为什么会有这样的说法？就是因为娱乐圈能够提供大量的、种类丰富的高质量和高强度刺激，所以才能令身处其中的人性情大变、判若两人。

再说得具体一点儿，如果你看到一个八线小咖也能轻而易举地练出六块腹肌，那绝不是因为他们的耐力与毅力超乎常人，甚至也不仅是因为能够博得异性的欢心，更大的原因恐怕是这样的：好身材能够令他们更上镜，拍出更销魂的照片，博取更多人的关注，获得更多的机会。而这些机会意味着更多的票子、更牛的名声、更耀眼的镁光灯、更奢华的生活、更辉煌的人生……这些东西，才是一切的根源。而所有这些东西，都能从娱乐圈这个大环境中获得。当然，由于超激烈的竞争和超高的淘汰率，能够最终获得这一切的是极少数人，绝大多数人都将在争夺这些东西的路上被剔除出局。但是即便这样，由于娱乐圈所能提供的所有这些诱惑品种实在是太丰富、质量实在是太高、强度实在是太大，因此哪怕概率只有万分之一，也会令所有小咖，乃至所有小虾小蟹不顾一切地往这个大染缸里跳。在如此繁多而巨大的诱惑面前，区区六块腹肌算什么？别说六块腹肌，即便是赤膊上阵拍艳照也在所不惜。

一个毋庸置疑的事实是，这些人一旦进入娱乐圈，成为举世瞩目的大咖之后，就能立马跟吃了灵丹妙药一样，立刻变成无所不能的超人：从前大字不识一个的文盲居然能摇身一变成为一个畅销书作家；从前五音不全的音盲居然能大显神通成为一个颇有名气的歌星；从前一提外语就犯晕的学渣居然可以在区区一两年内变成英语比美国人还溜的学霸；从前上三楼都会恐高的屄人居然胆大包天地敢从万米高空跳伞……

也许你会惊诧所有这些神奇的变化，却完全没有必要羡慕他们。因为这些奇迹并不是他们本人创造的，而是环境给他们创造出来的。不夸张地说，把任何一个人包装成他们那样的大咖，都能在一个极短的时间内做得和他们一样好，甚至比他们更好。不要跟我讲这些大咖也曾经历过许多凡人所无法承受、无法理解的挫折和磨砺，付出过许多凡人所无法想象的巨大努力。这些陈腔滥调毫无意义。我当然清楚天下没有免费的午餐，任何收获都需要相应的付出。现在的问题是，将这些付出理解为"凡人所不及"的付出是无比荒谬的。把任何一个人放在成为大咖的人生之路上，他们都会舍得，也绝对能够做到同等乃至更多的付出。从这个意义上讲，**付出是一个最不值一提的因素，最关键的因素还是环境，以及随环境而来的幸运。**否认这一点，就是自欺欺人。

当然，这么说并不是否认付出的价值。付出当然重要，无比重要。在一定程度上，付出，尤其是持续不断的付出甚至可以改造乃至创造出某种环境。只不过，对于付出的评价一定要客观，既不能缩小也不能夸大它的价值。我们一定要明白，所谓"圈子对了，事儿就成了"（把这句话反过来理解更为重要）绝不仅仅是一句妄言。

所以，即便是那些无限风光的大咖，如果他们天真地以为因为自己付出了，所以现在收获的一切都是属于自己的，那他们就大错特错了。事实将给他们残酷的教训，当他们由于种种原因离开这个环境的时候，他们会蓦然发现一切都从未改变：从前的文盲现在依然是文盲，从前的音盲现在依然是音盲，从前的学渣现在依然是学渣，从前的尿人现在依然是尿人。

…………

总之，**环境本身具有某种魔力，能够轻易地改变一切，也能轻松地剥夺一切改变**。它就像超人身上的那件风衣或者哈利·波特手中那根魔杖，拥有它，你就能成为一个无所不能的超人、法力无边的魔法师；失去它，你则什么都不是，就是凡人一个。所以，那些披上了超人风衣便以为自己本身变成了超人，捡到一根魔杖就认为自己本身变成了魔法师的想法是极端幼稚和荒谬的。退一万步讲，即便是已经修得一身好本领的超人或哈利·波特本人，如果失去了他们的风衣和魔杖，基本上也与一介凡人无异，更何况我们这些凡夫俗子。

6. 信心、决心、诚心与耐心

当然，就跟体育圈一样，娱乐圈也是一个特殊的圈子，它的一些特质与我们这些普通人所处的圈子有着极大的差别，完全复制这种性质的环境氛围是一件不太靠谱儿的事。

可虽然完全复制不现实，尽量通过一些特殊的操作手法令我们的团队最大限度地接近这种环境氛围还是有可能的。

这就要看我们的团队领导的手腕了，希望本节中的一些思路能够对他们有所助益。但是，无论采用什么样的操作手法，都必须遵守"四心原则"，即信心、决心、诚心和耐心。

先来说说信心。

许多团队领导之所以不敢在激励机制的建立与运营方面大开大合，展示一种具有开拓性乃至颠覆性的态度，一个很重要的原因是缺乏信心。

不错，由于身处典型的明星行业，奥运与奥斯卡受益匪浅。它们特殊的环境氛围确实不是一般行业中的团队所能轻易复制的。但是也没有必要过分自卑，对我们的团队领导来说，即便你的团队与明星行业无关，你也完全有可能将其打造成一个货真价实的明星团队。因为**你要相信，外面的世界你管不了，你自己的一亩三分地则完全在你的掌控之中。你的地盘你做主，这一点应该是你信心的来源**。

比如说现如今已然有口皆碑、妇孺皆知的海底捞，人家就有本事在一个毫不起眼的行业里将自己打造成一颗超级明星，而且还是一颗跨界的明星，因为在今天的中国，几乎各行各业都在拿海底捞说事，都想向海底捞学习。就这样人家居然还能拿一把，高调地宣称"海底捞你学不会"，让无数追星者黯然神伤。足见其明星魅力之大、底气之足。

以此类推，只要你有信心而且肯付出真实的努力，其实不止在一个平凡的行业中可以打造一个不凡的团队，在一个平凡的大团队中成功打造一个不凡的小团队也完全是有可能的。而且重点在于，这样的小团队往往能够成为一粒种子，只要它能生根发芽、茁壮成长，必将惠及整个大团队，引领这个大团队全面崛起，整体强大起来。

比如说《士兵突击》中的那个大名鼎鼎的钢七连。虽说自信爆棚、牛气冲天，但这个团队的核心竞争力几乎完全系于史今领衔的三班一身：三班兴，则七连兴；三班衰，则七连衰。可见明星小团队对于大团队的意义之不凡。

这样的案例在现实世界中也并不鲜见。

这么些年来，我本人见识过许多令人艳羡、实力强大的公司，发现它们最精华的部分往往集中于一两个明星部门，这些明星部门的强力表现有效地拉升了整个公司的核心竞争力，当然，也顺带提高了其他兄弟部门的综合素质；与此同时，反例也存在。我也见过许多管理素质低下的垃圾企业里居然存在着一两个氛围极好、效率极高的明星部门。只不过，这些部门的结局往往都不甚理想，几乎都比较短命。因为它们的存在是通过与公司母体强力切割实现的，所以常常不受待见，与公司的整体氛围格格不入。尤其不可思议的是，这些部门还经常会遭到老板本人的打压，在公司里形成一种受夹板气的格局。这就更加限制了它们的发展，更别提带领整个公司起飞了。

这一正一反两方面的案例对我们的团队领导应该有所启发。显然，**对于团队里的某些新事物、新氛围，团队领导应该表现出宽广的胸怀和高屋建瓴的战略视野，对其予以包容和呵护，而不是抑制与扼杀。**当然，如果团队领导能够从善如流、因势利导，主动在团队内部诱发更多的新事物与新氛围，那么团队整体的进化速度将会大大加快。对于这样的团队领导，只能用"功德无量"来形容了。

小平同志无疑是这方面的楷模。无论改革开放初期中国的氛围多么闭塞保守、死气沉沉，对于一些饱受社会舆论打压却对中国的前途至关重要的新鲜事物，小平同志自始至终都表现出一种坚决维护的姿态。不只如此，他还能力排众议、因势利导，用高瞻远瞩的眼光和大无畏的魄力将这些新鲜事物以立法的方式彻底固定下来，并迅速推广到全国，用10年、20年乃至30年之后的实际成果回敬当年的那些反对声音。这样的作为，才真正是一位领袖人物功德无量的作为。

不只如此，小平同志还是一个**在平凡大环境中制造不凡小环境**的高手。四个特区的建设，就是这方面的光辉典范——没错，在30多年前，中国这个国家也许是一片不毛的荒原，但这并不意味着这片荒原里不可能兴起一处生机勃勃的绿洲。事实上，这处绿洲在极短的时间内便兴起了，而且它的强势崛起，将中国这片大荒原也最终变成了绿洲。

治理国家如此，治理团队亦如此，尤其是**对于那种腐朽而顽固的团队环境来说，"建特区"的思路是非常有效的，有时甚至是唯一有效的。**关键在于团队领导本人要英明，要先把这个事情彻底想明白。否则即便你的手下给你做了一副好牌，你也会亲手毁了这副牌，彻底输掉这场牌局。

再来说说决心。

　　许多看似完美的激励机制之所以不能奏效，常常虎头蛇尾、铩羽而归，领导者的决心不足是一个重要原因。这种决心的不足直接体现在畏难心理上。许多团队领导一遇到挫折就会以“不切实际”为由匆匆终止自己的试验，导致之前的努力前功尽弃、所有阶段性成果付诸东流。

　　我本人就是这一畏难心理的受害者。在我的职场生涯中，好几次临危受命，负责改革公司的激励机制。众所周知，激励机制的改革必然要触及利益的重新分配，而利益的重新分配必然会遭到各个利益集团或明或暗的反对与抵制，从而导致改革过程中出现一些波折与反复。这本是一个十分正常的现象，只要能咬牙挺住最初的艰难，将改革进程推向正常轨道，让所有人最终都能享受到改革的成果，这些问题本来都能克服，可偏偏这么简单的道理却不能得到老板的理解。他们常常会成为最大的阻力，在改革者最困难的时候不是伸出援手，而是落井下石，让许多次改革都没能功德圆满，留下不少遗憾。尤为讽刺的是，往往这些老板最初请你出山的时候都是信誓旦旦，一副毅然决然的样子，让你想不心动都不行。可最后的事实往往证明，他们的决心就像玻璃一样易碎，是这个世界上最不靠谱儿的东西。

　　当然，从这些经验教训中我也成长了不少，学会许多圆滑务实、迂回前进的办法。可这些办法尽管实用，却有一个致命的短板：过于耗费时间，容易让团队丧失宝贵的战略机遇。

　　所以，如果老板们能更为英明或更为开明一些，至少能够允许在一个小范围内实行比较彻底的改革试验，那么不但能为自己培养许多更为得力的助手，也能为自己打造一个更为成功的团队。

　　人们都说团队的执行力是逐级递减的，层级越高、执行力越强；层级越低、执行力越差。其实**团队的决心也是逐级递减的，层级越高、决心越强；层级越低、决心越差**。试问，如果连团队的最高首长都没有决心，如何让底下的人去为你全力做事？

　　领导的决心很重要。如果你实在没有决心，至少不要妨碍下属的决心。不妨学学孙悟空，用手中的金箍棒给你的下属画一个小圈圈，让他们在里面尽情地嘚瑟一下。放心，只要金箍棒在你手里，天塌不下来。

　　除了信心和决心之外，还要提一下诚心。

在团队环境的改造方面，诚心至关重要。既然做，就要拿出诚意来做，刀刀见血、拳拳见肉。这样才能让你的团队成员对你有信心，对整个团队有信心，拼尽全力支持你的努力、配合你的努力，让你的努力修成正果。不过，遗憾的是，我们的许多团队管理者却往往会在一些关键的环节上缺乏诚心，让团队成员大失所望，终致你所有的努力功亏一篑，总是无法圆满收官。

关于诚心的话题，我们将在下一节当中详细论述，这里便一带而过了。

最后，再来说说至关重要的耐心。

如果你认为，老板们常常出尔反尔是因为没有进取心，那你就错了。老板们缺乏的往往不是进取心，而是耐心。

事实上，每一个老板都是野心十足的，即便那些外表看起来十分稳健的老板，身体里也藏着一颗不安分的心。既然出来混，当然要拼搏，不进则退的道理大家都懂。更何况那些管理得十分垃圾的企业，老板不可能对现状熟视无睹，内心一定充满了焦虑，这也是他们会频繁地请外援、不停地推出大动作的主要原因。

所以，问题的关键不在于他们没有进取心，恰恰相反，正是因为他们的进取心太旺盛，恨不得一夜之间成事，从而不可避免地导致急功近利、欲速则不达的结果。俗话说"站得高摔得狠"，过高的期许与平淡的现实之间存在的巨大落差往往会严重挫伤老板们的积极性，让他们迅速放弃已有的努力。单就这样也便罢了，无非就是彻底死心而已。可事情妙就妙在老板们旺盛的进取心不能允许这种轻易的放弃，他们往往会在沉寂一段时间之后又一次被现状的不堪所刺激，情不自禁地发起新一轮的努力。然后再放弃、再被刺激、再努力……如此周而复始，没有穷尽。由此我们可以看到一个奇妙的现象，甭管新老板还是老老板，精老板还是傻老板，每一个老板似乎都在不停地折腾，今天搞一个新动静，明天出一个幺蛾子，可是怎么折腾也折腾不出新气象和新局面，总是狗熊掰棒子，一次又一次地重复"终点又回到起点，到现在我才发觉"（姜育恒经典名曲《驿动的心》中的名句）的悲喜剧。

坦白地说，对于会折腾的团队领导，我向来是非常钦佩的。我认为一个团队必须得经常性地折腾一下，才能为团队成员提供必要的刺激和新鲜感，使团队不至于沦落到一潭死水的状态，最大限度地保持住必要的生机和活力。

但是，此折腾非彼折腾。前者是要"雁过拔毛"的，每一次折腾都要留下扎扎实实的痕迹，为团队提供真正有价值的营养；而后者则是纯粹的狗熊掰棒子，折腾来折腾去除了折腾本身留不下任何有营养的东西。

因此，说一千道一万，还是耐心最重要。既然好不容易折腾了一回，两手空空打道回府岂不冤哉？

天下武功，唯快不破；天下成功，唯坚持不破。尤其是环境这个东西，更是日积月累的坚持得来的，因此如果想要改变环境，同样需要日积月累的坚持。

即便奥运会和奥斯卡的成功也不是一朝一夕之事，而是经历了上百年的磨砺。即便连这些超级牛人荟萃的大环境的成功都需要上百年的坚持和积累，那我们这些凡人扎堆的小环境又怎能在一夜之间脱胎换骨？

坚持，坚持就是胜利。

总而言之，只要一个团队领导具备足够的信心、决心、诚心和耐心，那么他就一定能够成功地改造环境，然后利用环境去深刻地影响每一个团队成员，为自己的团队打造出真正有优势的竞争力。而且，这种竞争力将具备极大的排他性和不可复制性，是他人想学都学不来，想偷都偷不走的。所谓"核心竞争力"，就是这个意思。

比如说丰田。几十年来，丰田公司从来就不曾紧闭大门，将自己的核心竞争力深锁闺中。恰恰相反，丰田的"看板管理"及"全员质量管理"等核心价值从很早以前便流出丰田并誉满全球。可即便如此，全世界没有哪家公司能够成功地复制丰田Style，甚至丰田打开大门，主动邀请世界各地的公司派员前来培训学习，也没有哪家公司能够做到这一点。这是为什么呢？难道说丰田有什么高深莫测的秘诀？当然不是。丰田没有什么秘诀。如果一定说有。这个秘诀也只能是两个字：环境。丰田已经用上百年的时间为自己打造了一个独特的环境。只要这个环境存在，所有的事物都会被烙上深深的丰田印记。同样的东西，在别人那里也许是废品，在丰田这里却可能是宝贝，反之亦然。所以，只要你无法复制丰田的环境，那么你拿走丰田的任何宝贝都没什么用处。这也就是丰田敢于以真面目示人，而能真正参透丰田真面目的人却始终寥寥无几的根本原因。

　　日本的丰田如此，中国的海底捞亦如此。所谓"海底捞你学不会"的说法，不是说海底捞的掌门人张勇是个抠门的主儿，总想把自己的好东西藏着掖着，不愿意在他人面前展示，生怕他人偷走之后反制自己。平心而论，这种说法颇有点儿以小人之心度君子之腹的意思。事实上，张勇很愿意与他人分享自己的管理秘诀，问题是，即便他愿意分享，别人也无福消受。因为张勇的很多招儿并没有什么特别的出彩之处，他的许多做法都堪称朴实无华，至少绝非他人即便绞尽脑汁也绝无可能彻底参透的奇思妙想。可为什么这些朴实无华的东西能够在海底捞大放异彩？就是因为张勇用自己几十年的努力为海底捞打造了一种特殊的环境氛围。这样的氛围一旦形成，便有点石成金之妙：别人那里平淡无奇的东西，到了海底捞这里便能大放异彩。同样的道理，海底捞这里大放异彩的东西，到了别人那里却会变得平淡无奇。

　　事实也雄辩地证明了这一点。许多火锅店费尽心思将海底捞的骨干员工挖去，并给予高官厚禄，希望通过这种弯道超车的办法迅速拉近与海底捞之间的距离。但是，这些店的努力往往无果而终。他们会惊奇地发现，这些来自海底捞的外援远不如自己当初想象的那样给力。原来在海底捞闪闪发光的金子，到他们这里却变成一块暗淡无光的石头。这让他们很郁闷，本能地迁怒于这些海底捞旧臣的名不副实。不过，这样的做法真是委屈了这些海底捞的旧臣，因为事实的真相是：他们从未做过真正的金子，从头到尾都是一块不折不扣的石头。他们之所以能够像金子一样闪闪发光，是因为有海底捞这个点石成金的环境，而他们一旦脱离这个环境，就会回归原来的状态，继续做一块平淡无奇的石头。因此，他们的问题不在于"名不副实"，而在于"还原真实"，而这种"真实"，则是新东家所难以接受的。

　　所以说，**没有明星行业没关系，只要你能打造明星团队；没有明星团队没关系，只要你能打造明星氛围——只要有了这样的氛围，所有身处其中的人都能顷刻间变成大明星。**而且重点在于，这些大明星就像一个个漂亮的风筝，无论飞得多高、多远，那根绳始终在你的手里攥着。有时即便你愿意撒手将他们放飞，他们都飞不走，那根线迟早还是会回到你的手里。

　　如此美事，绝对值得尝试一下。但前提是，你得有足够的心理准备付出十年乃至几十年的时间与坚持。

7. 如何对付"心不诚"的上司？

这一节，我们重点来谈谈"诚心"。

说一个我亲身经历过的小故事。

有一个搞管理工作的广东网友曾经给我讲过这样一件事。他在一家经营不善的私营工厂做行政总监，受老板委托制定了一套新的激励机制，试图一举改变工厂长期存在的士气低下的局面。这套制度设立了一系列的指标以及达标后的奖项，并规定每个季度评奖一次，颁奖典礼在高级酒店举行。而且重点在于，每一次颁奖礼老板必须亲自出席，并亲手将奖品、奖状与奖金颁发到每一个获奖者手上。

这本是一个平淡无奇的举措，是无数企业玩剩下的招数。但对这家死气沉沉，几乎没有什么像样激励措施的民营工厂而言，却几乎堪称一个大事件，让所有工人结结实实地兴奋了一把。老板也算痛快，不但爽快地点头批准了这套方案，而且还特批了一大笔钱将颁奖礼的地点定在当地的一个星级饭店。当然，他本人也尽职尽责，每次都亲临现场履行颁奖义务。

就在一切看似运转良好，渐入佳境之际，事态却发生了戏剧性的变化。在最初几次兑现诺言之后，老板的热情忽然冷却，对这套机制的践行不再全力支持。一开始，他以节约成本为由，将颁奖场所从星级饭店搬到普通餐馆，再从普通餐馆搬回到厂区里的一个小食堂；后来，他以同样的理由大幅调低了奖品的档次和奖金的金额；最后，他干脆以工作繁忙无暇他顾为由彻底缺席了颁奖礼。

这么一来，工人们好不容易激起的热情也被迅速浇灭。大家意兴阑珊，慢慢疏离了这个形同虚设的颁奖礼，任凭这位网友如何努力也没能挽回局面。几个月后，一度红红火火的颁奖礼终于寿终正寝，这位网友所有的心血全部化为灰烬。

他感到很愤怒，觉得老板背叛了他，便动了辞职走人的念头。由于在网上相识相熟，经常攀谈，他希望能够征询一下我对这件事的意见。而我的意见是：最好不要辞职。理由很简单，除了这样做太过轻率之外，即便他辞了职，来到另一家企业，恐怕情况也会大同小异。因为天下老板大体相同，总想靠炒老板鱿鱼的方法为自己寻找一位理想的老板是不现实的。除非他自己当老板，否则他的出路只有两条：或者改变老板，或者适应老板，被老板改变。

血气方刚的网友没有听从我的建议，还是毅然决然地离开了那家企业，去寻找心目中理想的老板了。那之后我们的联系不多，不知道他是否如愿，但愿他能够如愿。

其实，对于这位网友的老板，我是完全能够理解的。也许开始时他只是一时高兴或一时冲动，完全没有意识到成本问题，尤其是在这个颁奖礼有可能会"一直举办下去"的情况下，他将承受什么样的成本，这个关键问题他完全没有考虑。所以，当后来意识到自己所花的是一笔什么样的钱的时候他才恍然大悟，然而说出去的话泼出去的水，尤其是当这个话说得太满的时候，要想收回来是很难的。于是，他便通过逐渐打折扣的方式为这种火热的局面降温，可毕竟还是有食言之嫌，因此感到自己不便继续露面。不过，他的这一系列举动确实将厂里好不容易泛起的一丝生气彻底浇灭，同时将一个得力助手赶出了自己的企业。这样说来，这位老板真是亏大发了：白白折腾一通，赔上大把银子，最终非但没能在工人心中落下好，还额外折损了一员大将。真是"早知如此，何必当初"！

因此，这位老板节约成本的动机虽然可以理解，但行为上的错误也是非常明显的。这里的关键就在于失去了诚信。

正如许多老板教育员工时常说的一句话：说到就一定要做到，做不到还不如不说。这句话其实往往更适合于老板们说给自己听：**想省钱就不要承诺，承诺了就别想省钱**。那种既想通过承诺激励员工，又想通过视承诺为儿戏来省钱的做法是极端幼稚而荒谬的，根本不可能得逞。

要知道，在诚信这件事上老板们并没有特权：**员工不诚信得罪的只是老板一人，而老板不诚信得罪的则是全体员工**。孰轻孰重，明白人自然晓得。

当然，从本质上来说，诚心的缺乏源自信心和决心的不足。正是因为那位老板对成为一个一流团队的前景没有足够的信心，所以即便能够一时冲动痛下决心，这个决心也是相当脆弱的，不足以支撑他拿出持续的行动将一棵幼苗培育成参天大树。归根结底，这种虎头蛇尾的表现，还是由于一种破罐破摔、自我否定的心态在作祟。因此，在彻底改造自己的内部环境、恢复必要的信心和决心之前，奢谈改造外部环境无异于痴人说梦、闭门造车，是完全没有意义的事情。

不过，从另外一个角度讲，那位网友本身的责任也不可推卸。将改革成功的希望完全寄托在老板的无条件支持上面是不靠谱儿的，寻找这样一位处于绝对理想状态的老板，几乎一万年都没可能。死抱着这根救命稻草不放，你永远没有可能做成任何事情。因此，在抱怨老板之前，你一定要先认真考虑一下下面五件事：

第一，是否弄清楚了老板支持你的条件是什么，底线在哪里？

就像所有的商品都有所谓"性价比"一样，公司里的所有事情与重大决策也有其内在的性价比。当你想做一件事情，尤其是一件前人没有做过，且对整个公司的状态会产生重大影响，对整个公司的前途堪称利益攸关的大事的时候，你一定要站在老板的立场上，周密而严谨地考虑一下这件事情的性价比，即投入与产出的预期状况。如果在这个阶段连你自己都觉得结果不理想，就不要奢望老板会在一个比较长的时间里无条件地支持你，哪怕他会对你做出斩钉截铁的承诺。

当然，对老板而言，拥有高于常人的战略眼光确实很重要。但是这种战略眼光也不可能过于超越常识或至少是现实的范畴。毕竟天下老板还是以凡人居多，不是所有老板都能成为马云，也不是所有老板都期待自己能够成为马云。因此，对于老板的英明与战略眼光可以有期待，这种期待却不能过于脱离现实。如果你承认"望梅止渴"的战术用多了会导致员工的反感和反弹，那么同样的事情也完全有可能发生在老板的身上。也就是说，你不能总是指望靠"望梅止渴""描画蓝图"的战术怀柔你的老板，让他们心甘情愿地持续付出成本去等待一个迟迟发生不了的现实。

因此，绝不能像个淘气的孩子那样，忽悠大人买了不该买的玩具之后抱着自己的战利品撒腿就跑，以防大人反悔。这不是一种成年人的做法。所以，如果老板对你的动议承诺了过于优厚的条件，让你觉得喜出望外、受宠若惊，那么一定不要高兴得太早，这个时候，反而需要你冷静下来，替老板预测一下未来某一天他可能需要面对的状况以及由此产生的心境（是否能够接受这样的状况），然后诚恳地劝其冷静思考、收回成命、降低筹码，以便让这个动议拥有更大的可行性和更可持续的延展性。这才是正道、王道，而只要你做到这一点，你一定会赢得老板更多的信赖和欣赏，也能最大限度地促使他兑现诺言，减少失信的风险，确保你的动议最终收获功德圆满的结果。

就拿前面那个案例来说。对于那个广东网友的提案，很显然老板做出的承诺和给出的条件比他本人的预期还要理想。而这种过于理想的结果反而蕴藏了很大的危机。所以，如果那位网友最初的反应不是如获至宝，而是冷静客观，最后的结局可能大为不同。他应该主动建议老板降低筹码，比如说适当减少奖励的力度，更换颁奖礼的场所，压缩该方案的综合成本来为自己赢取更多的操作空间和回旋余地。即便这样做会让该方案的实施在最初阶段的人气大为折损也在所不惜。因为**一件事情的成功往往不在于初始阶段多么风光，而在于是否能够坚持到底。**而且，只要能够坚持下来，并逐步取得预期中乃至超出预期的成果，他还可以逐渐为该方案加码，向老板提出更为优厚的条件。而由于手中交涉筹码的增加，相信老板也会欣然接受这种"得寸进尺"的要求，尽最大可能满足他的新条件。对员工来说，最初并不起眼的某个事物逐渐变得富有魅力也是一个有趣而新鲜的心理体验过程，这种心理体验一旦形成便相对容易固定下来，逐渐成为一种心理习惯。最低限度，这样的体验也要比最初富有魅力的某个事物逐渐失去光泽所带来的心理感受强得多。

这就是**渐入佳境与虎头蛇尾的区别**。而且重点在于，前者能够增加诚信，因为结果比预期好；而后者只能伤害诚信，因为结果不如预期。

同样一件事，采用正向操作和逆向操作的结果往往大相径庭。而我们的许多团队骨干常常过于急功近利，总喜欢采用逆向操作的手法，在八字还没有一撇的状态下便把话说得太满、事做得太绝，结果总会搞得自己骑虎难下，老板也尴尬不已，真是劳民伤财、损人不利己，值得认真反思。

第二，是否坚持不懈地与老板进行了有效的沟通，对其实施了积极主动的说服工作？

抱怨是一件很简单的事情。每一个人都有抱怨的权利，但是仅凭抱怨天上是不会掉馅饼的，要想让事态发生建设性的变化，必须要付出行动。而这个行动，首先体现在大量而卓有成效的沟通上面。不要总拿"老板说话不算话""既然答应了，就没有沟通的必要"来做搪塞。人非圣贤，孰能无过？此一时彼一时，随着时过境迁，人的主观心态和外部的客观条件也可能发生变化。"说了不算"的事情并不是绝对不可能发生的，即便换了你自己，又何尝不是这样？当然，作为一个领袖人物，说话时要尽量小心，考虑周全，否则一旦失信后果极其严重，这一点是毋庸置疑的。但作为一个有想法、想做事的团队中坚力量，你自己的义务与责任也极为重大。对这一点一定要有清醒的认识，而不是将所有责任一股脑儿地推给老板了事。尽量在做事之前与老板沟通好，让后者不失信或者少失信，抑或在后者彻底失信之后再通过坚持不懈的沟通竭尽全力地挽回失信的损失，都是你应尽的义务、不容推卸的责任。绝不能通过破罐破摔、拍屁股走人的做法为自己的努力草率地画上句号。如果你总这么做，那只能证明你自己的职业素养还有待提高。如果你不认可这一点，依然固执地抱持着"我很好，差的是别人"的思想，那你的职场之路绝不会太平坦，前面一定会有无数大马趴子等着你去摔。

第三，是否能够持续拿出阶段性的成果？

对老板而言，任何一个大动作都意味着风险，而这个风险必须可控，非如此不能令他们坚定决策的信心。而风险是否可控，与该动作是否能经常取得阶段性成果密切相关。这就跟长跑一样，如果你心里只想着最后的终点线，你是很难坚持下来的，但如果你把长跑路途中的许多建筑物当成一个个阶段性的成果，坚持跑完全程就会成为一件相对轻松的事情。这就是我一再强调的所谓"落脚点"的概念：**人必须把脚放到地上才能前行，让人双脚离地飞行的企图是不可能得逞的。这个"落脚点"的概念既适用于普通员工，也适用于老板本人。**因此，总是寄希望于老板只看遥远的终点线，而不向其展示沿途的标志性建筑物，亦即在看不到阶段性成果的前提下无条件支持自己的大动作，是不切实际的。甚至进一步说，即便你能够与老板进行充分的事前和事后沟通，却没有相应的阶段性成果为这些沟通做背书也是行不通的。因为有些东西光靠"说到"没有用，还必须要"看到"才行。

还拿前面那个案例说事。其实公平地说，那位广东网友还是拿出了一些阶段性成果的。毕竟最初几次的活动搞得相当成功，员工也非常买账，而所有这些老板都看在了眼里。所以，只要他不轻易放弃，说服老板相信这样的成果可以一直保持下去，而且重点是，能够将士气的提高以业绩进步的方式呈现出来，让老板看到扎扎实实的成绩，相信一切还有转机。

当然，士气提高的成果并不总能立刻在业绩上体现出来，因此，如果亮出业绩是一件困难的事的话，他还可以这样做：想方设法强化"士气发生了显著变化"这一点在老板头脑中的印象，创造一切机会让老板尽量多地近距离接触员工士气高昂的场面，感受员工士气高昂的氛围。正如我在前面所说，人是典型的环境动物，完全无法抵制环境对自己的强大影响。因此，光靠让老板在颁奖典礼上感受一把火热的氛围还远远不够，毕竟那是一种特殊的场合，其本身就具有极大的蛊惑性与欺骗性；要想彻底改变老板的心理状态，还需要在日常工作中尽量创造机会将老板请出办公室，让其深入到群众中去感受现实的变化。这才是事半功倍，甚至一劳永逸的好办法。

第四，是否采取了迂回战术、游击战法？

许多团队里的精英人物之所以在推行自己的大动作时会经常性地遭遇"理想很丰满，现实很骨感"的尴尬，从而导致虎头蛇尾、功亏一篑的结果，其中一个很大原因就在于眼高手低。

这些职场精英的一句口头禅很能说明问题：要干就干到最好，否则不如不干。

乍听之下，这种观点颇有一点儿悲壮的味道，显得十分有种。但细细想来，则完全经不起推敲——生活当中到底有多少事情可以做到"最好"？对绝大多数普通人来说，这个比例恐怕连一成都没有。既然如此，如果干不到最好就不干的话，恐怕人这辈子绝大部分时间都要在"什么都不干"的状态下度过了。显然，这种活法是会害死人的。这不是"有种活法"，而是典型的"孬种活法"。所以，放弃**"宁可站着死，也不跪着生"**的直线活法，尝试一下**"好死不如赖活着"**的曲线活法，你的人生一定会收获更多。别忘了，中国人是以韧性著称于世的，三两个小挫折就把我们彻底击倒，不是我们中国人的本色。

在团队运营过程中，这一点极具现实意义。确实，明明是一件挺好的事情，却偏偏要因为这样那样的阻碍而耽搁大量时间，是一种令人抓狂的局面。尤其是当这种阻碍来自上司的时候，会令人分外沮丧。但俗话说"好事多磨"，任何一个美好的事物不经过充分的打磨都是不可能成形的；反之，没有经过任何打磨便一步到位成形的事物也不可能真正美好。这样的东西反而蕴藏着种种潜在的瑕疵甚至是重大的危机。

所以，不要埋怨上司的不理解，也不要过分夸大路途中的种种障碍，只要你拿出智慧、顺势而为，相信这个世界上真正能难倒你的事情一定不多，至少远比你想象的要少。

职场中这样的思路有很多，最典型的就是迂回战术和游击战术。

举几个例子。

上司不理解——为什么不可以从底层寻找盟友、积累共识，采用倒逼的办法说服你的上司？

上司不支持——为什么不能从基层做起，先积累一定的成果和既成事实，然后用这些事实迫使上司转变态度？

上司不提供资源——为什么不能先易后难，从最简单的事情做起，一点一滴地积累资源，自食其力地解决问题？

上司不授权——为什么不能先斩后奏，在自己或盟友的授权范围之内"借船出海"，通过打擦边球的办法实践自己的计划，并用最终的成果去争取事实上的授权？

上司朝令夕改——为什么不能以"换汤不换药""挂羊头卖狗肉"的奇思妙想将自己的计划以及具体的执行方式换一个包装，使其跟上上司善变的步伐？

…………

一句话：不怕贼偷，就怕贼惦记着。咱中国人是有韧性的，只要你肯开动脑筋，天天惦记着一个东西，这个东西最终一定会属于你。

第五，**是否遵循了"70分万岁"的做事原则？**

通过前面的论述，我们明白了一个道理，那就是"完美主义害死人"。至少在管理的领域是这样。完美不是不可以追求，过度追求完美则会适得其反，因为这种做法极容易导致放弃与不作为，而不作为本身就是最大的不完美。因此，与"100分主义"的虚空相比，"70分万岁"的务实反而是最大、最靠谱儿的完美。别说70分，哪怕只有30分、20分，甚至是1分，只要你不轻言放弃，能够耐下性子一点儿一点儿地积累这些不完美的分数，迟早有一天你也会攒够自己向往已久的100分。也许这才是一种真正的终极完美的体现。而且，尤为重要的是，只要你能彻底想明白，并在现实工作中切实兑现这一点，你会惊讶地发现，其实**这种看似缓慢的积累方式，往往达成目的的速度却并不慢，而且目的一旦达成后，其成果也会更结实、更可持续**。这就是经典的"龟兔赛跑"的原理。兔子跑得再快，如果途中总是睡懒觉，效率也会很低；乌龟爬得再慢，只要坚持不懈、没有意外，效率也会奇高。俗话说"心急吃不了热豆腐"，我们生活中有太多的失败不是由于我们没能力，甚至也不是由于我们做了错事造成的，而是因为我们太过猴急，太想尝到成功的甜头，总是在距离成功只有一步之遥的地方放弃造成的。只要减少这样的反复，其实我们的每一个成功都会易如反掌，犹如探囊取物。从这个角度上讲，乌龟精神应该成为我们所有人学习的榜样。而乌龟精神的核心价值，就是这个"70分万岁"主义——凡事不求最好，只求坚持，只求结实与积累。

第三章

激励的基础:
把团队成员当人看

问一个简单的问题：如果你是一个团队领导，那么你是否赞成把自己的团队成员当人看？

相信这个问题会让你有些不知所措：这是什么话？我又不是土豪劣绅奴隶主，当然得把自己的团队成员当人看了！

好吧，我承认这个问法有些怪异，那么再换一种问法：如果可以让你在机器人和人之间任意做选择，那么你更愿意选择哪一个做自己的团队成员？

这个问题有些难度，需要好好想一想。不过相信如果你够诚实，你的答案一定是：机器人。

原因很简单。明摆着机器人比人更简单、更听话、更好使；让干什么干什么，不会要心眼、玩猫腻、争长短，不会找借口、讲条件、打折扣。要是自己手底下真的有一堆机器人下属，躺在床上操控遥控器就能搞定一切事情，那还不得活活爽死！

好的，非常感谢你，你终于说出了真心话。

不要小看这些真心话，这里面大有学问。

一言以蔽之，尽管拥有一群机器人下属不太现实，所有团队领导都会在潜意识里对这一点有极为强烈而顽固的向往。而这一潜意识是致命的，因为这就意味着，我们的团队领导在日常工作中会本能地忽略团队成员的人性，将他们看作无情无欲、四大皆空的机器人。这其实是一种典型的懒惰心理，可要命的是，这些团队的领袖级人物往往会对这种懒惰毫不自知，抑或即便心知肚明，也要想方设法为自己的懒惰涂脂抹粉，将其巧妙地掩饰起来。最典型的掩饰方法就是，将某些典型的机器人特质描绘成职业经理人素质，迫使团队成员无条件接受。如果后者无法接受，那么团队里的所有问题便与自己无关，而在于团队成员"没素质"。

这将会导致一种双输的局面：一方面，团队领导虽然成功地逃避了懒惰惹的祸，却牺牲了整个团队的利益和前途；另一方面，团队成员虽然满腹委屈，可事情一旦涉及"素质差"，似乎也无可辩驳，只能不情不愿地吞下这颗苦果。

职场中人对此应该深有感触。

只要在职场中混过的人，有几个没有被戴过"素质差"的帽子，又有几个对这顶大帽子心悦诚服过？

所以，**职场中的"素质"往往是以人性做代价的：有人性，就是没素质；有素质，就得没人性。**

尽管这是血淋淋的现实，可是这样真的对吗？

答案恐怕是否定的。

否定人性，归根结底是自欺欺人之举。人之所以为人，就是因为人性的存在。**如果你硬要与人性为敌，那么即便在表面上能够暂时成功地压制人性，迟早也会受到人性的报复，让你吃不了兜着走。**这是一条亘古不变的真理。既然历史反复地证明了这个真理，还是不要天真地试图螳臂当车，而是果敢地从善如流、顺人性而为的好。

激励，就是一个典型的例子。

什么叫激励？就是要让人发自内心地感到振奋，愿意为你赴汤蹈火、两肋插刀。这就说明，**激励必须直面人性，要彻底戳到人性的痛处，才能真正将人的潜力与动机激发出来。**无视人性的激励，无异于闭门造车、纸上谈兵，自己逗自己玩。

那么，**人性最本质的东西又是什么呢？简单，两个字：尊重。**

人的欲求看似复杂，其实却很单纯，很多时候也许仅仅就是两个字而已，这就是"尊重"。在很多情况下，有了尊重，恶棍也能变天使；反之，没有尊重，天使也会变恶棍。

如果你是一个团队领导，你是否曾经认真地思考过这样的问题：为什么我的团队中，素质差的人这么多？又或者，为什么在现如今的人才市场上，找一个素质高的人这么难？到底是这个时代堕落了，还是这个时代里的人堕落了，抑或是我自己有问题？

如果你曾经这么想过，那我要大大地恭喜你。因为你已经找到，或至少接近于找到问题的出口了，这个出口就是：反省自己。

这是一个人生的哲理。当我们总是眼睛向外，试图从别人那里找原因的时候，我们总会觉得一筹莫展；而当我们学会眼睛向内，试图从自己这里找原因的时候，我们总会感到柳暗花明。

没错，当我们感到一筹莫展的时候，问题往往出在自己的身上。尤其是在事关团队成员个人素质这件事情上，我们自己的作为常常占了极大的比重，否则就无法解释一个诡异的现象：为什么许多人在别的团队里能表现出极高的素质，属于那种人见人爱、花见花开的人精，可一到我们这里却会在极短的时间内变成人见人厌、臭气熏天的人渣？为什么我们这里人人唾弃、万夫所指的人渣，到了别人那里却能变成人人钦羡、众星捧月的人精？

这里面的问题一定出在团队领导自己身上。而这个问题的核心，往往都与对尊重的漠视有关。

下面，我们就针对几个具体的话题，深入分析一下激励与尊重的关系。

1. 从工作的奴隶变成工作的主人

前两天参加女儿的家长会，发生了一件有趣的事。

七岁的女儿上小学一年级，由于一些原因本学期请假缺课的现象较多。一般情况下，对于缺课较多的孩子家长，班主任老师是颇有意见的，私底下的沟通交流中总是会带着那么一点儿抱怨和不待见的语气。因此，对于这次的家长会我也做好了一定的心理准备，提醒自己一旦老师对家长提出比较严厉的意见时，一定要做到"认识深刻、态度端正、语气谦和"，想方设法给老师留下一个好印象，为孩子在学校里创造一个比较好的学习和生活环境。

家长会开始后，我才意识到自己的忐忑与郑重其事实在是多虑了。由于女儿的学习成绩极好，在班里的名次始终数一数二，班主任老师对她的印象极佳、评价极高，甚至当着众家长的面向我咨询育儿秘籍：你们家闺女是如何在缺了这么多课的情况下保持这么棒的学习状态的？

我老实作答：就是要在孩子面前表现得无知一些，让孩子觉得大人们还不如自己靠谱儿。

众人均露出惊诧的神色，其中尤以班主任老师为甚。显然，对这位再三强调"家长要在孩子面前树立绝对的权威，成为孩子学习的正确榜样"的小学老师来说，我的答案有些出乎意料。

对于大家的反应我还是有一些心理准备的，于是继续从容作答：比如说，有时候和她一起写作业，故意把题写错，让她来发现并纠正我；再比如说，有时候明明知道一些字怎么写，却偏偏装作不知道，一本正经地向她请教。我发现，当我这样做的时候，孩子的积极性特别高。她会很严肃地批评我粗心大意，意味深长地教育我做作业的时候一定要认真审题。而我也总是虚心接受她的建议，可就是屡教不改，再三地给她创造教育我的机会。对于我向她提问的生字，有时候其实连她自己也不知道，可她总会先爽快地应承下来，然后背着我偷偷跑到屋里从字典中查出这个字，再一本正经地从屋里出来教给我。当然，尽管这一切都看在我的眼里，我却总是装作不知情，心甘情愿地接受她的指导，满足她的虚荣心。这样一来，学习对她而言便不再是一门苦差事，而是一个可以小小地炫耀一下的小舞台，为她提供了极大的成就感。所以，如果说我有什么教育秘诀，那就是把自己伪装得蠢一点儿，给孩子创造一个教育我的机会。不怕你们笑话，有好几次我七岁的女儿居然可以一脸无奈地看着我，用特失望的语气对我说："爸爸，你实在是太幼稚了！"

我的神妙理论显然让大家呆住了，现场鸦雀无声，间或有一两下啧啧称奇的动静，也很快便平静下去。班主任老师略显尴尬，应景地鼓了两下掌，说了几句场面话，然后便将对话的焦点转移到另一位家长身上。这样的反应反而让我有几分后悔，担心自己的论调被人家视为荒腔走板，影响他们心目中孩子成绩的正统性。

不过，平心而论，我真是说了大实话。何止是在学习方面，在生活中的方方面面我都坚决地贯彻了同样的教育理念，那就是让孩子当主角，让他们来操控一切。不能让他们对大人产生过强的依赖，为了达到这一点，唯一正确的做法就是让他们感到大人其实也非常依赖他们。

打个比方。如果我想教育女儿过马路的时候一定要注意安全，要牵住大人的手，并仔细观察来往车辆的动向，我绝不会像其他大人那样采用呵斥和严厉提醒的方法达到目的，甚至连"摆事实讲道理，循循善诱"的传统手法也被我摒弃，这种时候，我总会言辞恳切地对孩子说："宝贝，你一定要牵住爸爸的手啊，千万不能让车撞着爸爸，那样你就没有爸爸了！"而这时，小姑娘也总会表现得很紧张，主动牵上我的手，小心翼翼地观察来往车辆，生怕让车撞着爸爸。她会拉着我的手让我跟在她身边穿越马路，直到抵达绝对安全的地带才能松一口气。也就是说，对于孩子的交通安全教育，我把重心从"保护孩子"变成了"保护爸爸"，让她来当绝对的主角，让她来主宰一切，而我这个爸爸则是一个不折不扣的配角，对她表现出极大的依赖。有了这份依赖，小姑娘幼小的肩头便感到了一份责任。对于这样的责任，显然她并不排斥，而是体现出一种莫名的神圣和兴奋，非常乐意也非常积极地去履行这份责任。这种反客为主的教育方式效果是惊人的。别的家长可能好几年都搞不定的事情，我仅用区区几个月便能轻松摆平。

不只如此，责任心的教育还有其他效果。那就是在她小小的心灵里培养出更多的自主性、更多的自信和更多的正确价值观。让她知道许多事情不用别人帮忙自己也能摆平，因为自己有这个实力；而且这个世界上不但有许多人关心她，她也必须去关心许多人。索取与付出都是对等的，天下没有无条件的索取，当然，也不存在毫无回报的付出。

那位说了：你的这种教育方式确实挺特别的，却也存在一个隐忧。俗话说"孩子是看着大人的后背成长的"，如果大人在孩子心中没有威信，不能树立起一个绝对正确的榜样，说什么孩子都不听，做什么孩子都不学，那还怎么教育孩子？从长远来讲，这样的做法对孩子不是有百害而无一利吗？

坦白说，这样的担忧刚开始的时候我也有，我也发现当自己一本正经地板起脸来给孩子讲道理的时候，往往收效甚微。你这儿说一句，她那儿有八句等着，极难将自己的意图完整、高效地灌输给她。不过后来我也想通了。孩子之所以反感，不是反感我的话，而是反感我的态度。这种"因为我是大人，所以不容分说，你必须接受"的态度其实从本质上来说还是对孩子缺乏尊重，是一种摆架子的行为，这会让孩子的自尊心受挫，当然会引起他们的反弹。于是我一不做二不休，干脆彻底放下大人的架子，完全以孩子的同龄人身份自居，该争的时候争、该吵的时候吵，既不过分谦让，也不过分强制，在争争吵吵、打打闹闹中让真理水落石出，到时候她想不接受都不行。当然，大人一方完全落败，或不分胜败、毫无结果的事情也时有发生，不过总的来说这种教育方式的效果还是相当可观的。每一次分出结果的时候孩子的接受度都很高，这些成果基本上都能成为孩子素质建设中的有益营养，一旦形成便会彻底固定下来，不再需要大人浪费更多心力和口舌。

至于说到威信，你放心，没有任何一个孩子会觉得自己的"朋友"乃至"铁哥们儿"没有威信。在我们家，孩子最愿意和我一起玩，也最听我的话。其他大人无论如何也搞不定的事情，只要我们俩坐在床上进行一番唇枪舌剑的谈判或论战，一般情况下总能顺利搞定。

我们俩的关系真的好得跟哥们儿一样。有时候她会很郁闷地埋怨我：你是个大人，我是个小孩，为什么你就不能让着我点儿？而我也总会很不服气地反驳她：我是你爸爸，你是我生出来的，为什么你就不能让着点儿我？

当然，说归说，其实暗地里我当然要让着我的心肝小宝贝：每次争论的时候都尽量给她创造获胜的机会，但前提是必须达到我想达到的目的。打扑克的时候虽然嘴上嚷嚷着"不许耍赖"，在私底下也总会偷偷给她做牌，增加她胜出的概率。所以，孩子的心中还是知道爸爸的爱意的，对爸爸的感情也是格外真切。

教育和管理是相通的。

我经常说"公司是老板文化，部门是经理文化；团伙是头头文化，团队是领导文化"。这就意味着，如果你是一个团队领导，那么整个团队以及团队中的所有成员都是你的孩子。作为团队之父，你对所有这一切都负有不可推卸的责任。因此，为了将你的"孩子"拉扯大，让他们真正有出息，你就必须要尽好教育的义务。

这一点的重要性，尤其体现在团队的激励工作中。

如何才能让团队成员在工作中更富有激情呢？

这个问题，可谓所有团队领导的心头之痛。而它与"如何让孩子主动自觉地完成功课"有异曲同工之妙。

简单点儿说，成年人的工作，就是小孩子的功课。它们的共同点在于：第一，与趣味性相比，义务感更强。都属于极不想做又不得不做的事情。因为前者不做会被打屁股，后者不做就没饭吃。即便噘着嘴咬着牙跺着脚，该做的还是得做。所以从本质上来讲，无论是工作还是功课，其本质都是鸡肋，远没有大家想象的那样神圣。至少在现实中是这样。第二，都存在一个效率问题。效率高成绩大，效率低则没成绩。

这是一个永恒的悖论，也是人类永恒的难题：**如果你想有效率、出成绩，你就要感兴趣；而如果你没兴趣，也不可能有效率出成绩。**

这可怎么办？

简单。把没有兴趣的东西变得有兴趣就行了。这样就能既有效率，又出成绩。可现在的问题是，如何才能让没有兴趣的东西变得有兴趣呢？

答案只能有一个：就像让孩子从功课的奴隶变成功课的主人一样，**团队领导也要想方设法让自己的团队成员从工作的奴隶变成工作的主人。**而做到这一点，就需要我们团队领导棋高一着，大开大合，把表演和出彩的舞台彻底让给自己的团队成员。

这就需要做到尊重。要尊重团队成员的主观能动性，让他们从被支配者变成支配者，从被主宰者变成主宰者。这就是"要我干"和"我要干"的区别。

那么，下面的问题就是：在什么样的情况下，团队成员才能成为真正的支配者和主宰者呢？

答：**当他们受到的主宰与支配越少的时候，他们就会本能地表现出越多的主宰性与支配性。**

就像孩子做功课一样，大人越是要主宰这件事情，小孩子就越反感、越不知所措。反之，当大人能够彻底放手，通过营造种种环境和氛围让孩子自己来主宰这件事情的时候，小孩子就会爱上做功课这件事情，也能在功课中取得更好的成绩。

这才是一个真正的良性循环的轨迹。

我曾经举过这样一个例子。当我在某公司做管理副总的时候，对下属的要求可谓有求必应、知无不言、言无不尽。我以为自己这种行为是敬业的表现，对此颇有几分自负与自得，可是后来却发现我的团队越来越没有激情，团队成员的表现也越来越懒惰。这种情况令我一度非常郁闷，后来终于意识到了症结所在，于是便果断变招，对下属的要求不再迁就，而是尽量驳回。

我会这样对他们说："对这件事我真的是无能为力，脑袋里一片空白。不过我相信你们比我要聪明，一定会想出不少好办法。不妨这样，给你们一晚上的时间，拿出十个方案来，明天放到我的办公桌上，而我需要做的，就是从这十个方案中选择一个让你们去执行。"

这样一来，下属的依赖对象没有了，他们只有靠自己。一段时间以后，他们找回了曾经的激情，团队也恢复了久违的活力。

那位说了：你这种做法会不会损害团队领导的权威和威信？

答案是"不会"。正如我在前面所说的那样，没有人会对自己的"朋友"和"铁哥们儿"产生没有威信的感觉。更何况大家都是成年人，与小孩子不一样，他们心里知道这些变化都是领导的招儿，明白领导才是那个幕后的高人。毕竟你的作为体现了对下属的尊重与信任，而这种尊重和信任是相互的，你越这样对待你的下属，他们也就越会这样对待你。你在他们心中的形象只能更高大、更完美。

2. 倾听，不能玩虚的

再举两个与尊重和信任有关的例子。

还记得"员工意见箱"是个什么物件吗？

相信对于这个名词，许多人都会有"久违了"的感觉。

顺便提一下，我这里所说的"员工意见箱"与"员工意见邮箱"是两个概念，就是那种传统的挂在墙上的铁皮盒子。如果我没猜错，相信这个东西在如今这个年代已经极为罕见了。但无可否认的是，至少在十年前，员工意见箱几乎是每个公司的必备品，是一个颇为时髦的物件。没有了它，你便很难自称拥有"现代化的管理方式"。所以甭管有用没用，各家各户都得在墙上挂上一个，用以彰显自己的"不落伍"。不过，现实却是悲催的。员工意见箱几乎从诞生的第一天起就注定了其鸡肋的命运，没人真正重视，也极难收集到像样的意见，基本上就是挂在墙上的纯摆设，唯一的用处是给蜘蛛提供一个绝佳的织网场所。总之，与人们热捧的初衷相反，员工意见箱本身迅速落伍，或者更公允地说，也许这个物件从来就没有真正地"伍"过。

那么，这场关于员工意见箱的悲喜剧抑或是闹剧又是怎么发生的呢？

让我们一起回忆并分析一下。

客观地说，人们对员工意见箱最初的热衷还是有道理的，并非一时的心血来潮。

对团队领导而言，这个物件的存在不仅体现了民主决策，更为重要的是，它能帮助自己集思广益，大幅提高团队的运营效率。毕竟个人的智慧是有限的，而群众的智慧是无限的，如果团队中的每一个成员都能积极献计献策，那团队领导一定会感到如虎添翼、轻松无比，闭着眼睛也能将团队打理得井井有条。对团队成员而言，如果能有一个固定的发声空间和更多的发声机会，会极大地刺激他们的主人翁责任感，提升他们的工作动机，让团队更加富有活力和朝气。总之，这是一个两全其美的双赢选择，如果能扎扎实实地落实到位，仅凭员工意见箱这一项，就能令团队获得无与伦比的核心竞争力。

但是这等好事，为何从一开始便沦为鸡肋，并最终无可奈何地走向衰亡了呢？

这里面的细节、逻辑颇为耐人寻味。

一言以蔽之，是团队领导的心理状态决定了员工意见箱的命运。可谓"兴也领导心，亡也领导心"。

这种心理状态主要体现在三个方面，即**妒忌、怠慢**和**忌惮**。

先说妒忌。这是一种极为纠结的心理状态。

坦白说，对于集思广益、群策群力，没有哪位团队领导会产生逆反心理。不过在这一过程中，如果自己的风头和舞台被别人抢去，则是许多团队领导所断断不能接受的。这样事情就麻烦了：一方面，希望下属拿出自己的独门绝技来帮自己甚至救自己；可另一方面，却又生怕下属的绝技抢了自己的风头，于是一旦脱离险境便翻脸不认人，将所有的成绩和功劳归为己有，这还有谁愿意和你玩？

所以，一来二去，当你的团队成员实在无法从员工意见箱中找到自己的存在感和成就感时，彻底疏远它，把它让给墙角里的蜘蛛就成了唯一的选择。

对于这个问题，我们的团队领导应该进行深刻反省。"将强强一窝"的逻辑本身没有错，但是这里面的"强"，指的是团队成员的"群强"，而不是团队领导的"独强"；或者换句话说，只有让每一个团队成员都能强大起来的团队领导，才是真正强大的领导。那些只有自己光彩照人，而下属却一个赛一个地黯淡无光的团队领导，不可能带出一支真正强大的团队。因此，只有将舞台的中心位置让给自己的下属，让他们尽情地发光发热，才是团队领导能够奉献的最精彩演出。你想想，"我们的团队离了我根本玩不转！"和"即便我在家里睡大觉，我们的团队也照样玩得转！"相比，哪一个更有面子，哪一个更牛×？

再说怠慢。这种心理状态也颇为纠结。许多团队领导尽管在嘴上天天号召自己的团队成员要群策群力，为团队的发展共同做贡献，可内心深处却未必这么想。我就见过许多这样的团队领导，他们会在私下里对我说：其实我最讨厌的就是那些点子多、意见多的员工。真正的好员工不可以动脑子，动手就行。言外之意，好员工就应该像机器人一样，把动脑子的事情完全拜托给领导，自己唯一的使命就是坚决彻底地贯彻领导的意志。

表面上看，这种想法似乎也无可厚非。毕竟和一群絮絮叨叨、一肚子意见的主儿相比，率领一群只带手脚、不带嘴巴的士兵上前线，打起仗来要爽利得多。可现在问题来了，每当自己的兵遇到阻碍、办事不力，便会频繁地请命于自己的时候，这些团队领导又往往会表现得极不耐烦，他们会用充满愤怒的语气呵斥下属：你们是死人吗？为什么不会自己动动脑子？这点儿小事都要来烦我，还让不让我活？你们以为我天天没事干是吗？我自己的事情都要忙死了，哪有闲工夫操心你们的事？！

这就奇了怪了，一方面你要求下属不带脑子、只带手脚，可另一方面你又埋怨他们不长脑子，光会动手动脚，你到底想要下属怎么办？这不是为难人家吗？

也许，这些团队领导的真正意图在于，下属们应该有点眼力见，自己要知道什么时候应该只动手不动脑，而什么时候又应该手脑并用。这是一种"素质"的表现，做到这一点才叫"有素质"，做不到这一点就是"没素质"。不过他们也要意识到，这种"素质"归根结底还是在为难你的下属。因为除了做你肚子里的蛔虫，没人能达到这种程度的"素质"。如果你想用这样的"素质"去要求你的下属，那么除了极个别的马屁精之外，你所能得到的也只能是失望而已。

所以，两害相权取其轻，如果你认可自己的精力和能力有限，你就要学会借助他人的精力与能力。**对善动脑筋的下属所带来的"麻烦"表示适当的宽容，充分利用他们的潜力和长处，这才是解决问题唯一一劳永逸的办法。**

当然，当头脑过于活泛的下属给你带来的麻烦极大，以致直接影响到你决策的完整性以及团队执行的效率的时候，这确实构成一个严重的问题，需要你认真面对。关于这方面的话题，我们将在后面的案例分析中详细探讨。

团队领导对于员工意见箱的怠慢，还体现在另一个方面，那就是缺乏信任。许多人即便在表面上赞成通过这种方式收集员工的意见，可对于它的实效却是高度怀疑的。他们会这么想：这个劳什子到底能不能收集到员工的意见，即便收集到了，又会有多少真正有价值的意见，还是会仅仅变成一个让员工对团队乃至我本人发牢骚的场所？

既然心态消极，行动自然也不会积极。对这些团队领导来说，员工意见箱就像犄角旮旯里的一个破旧仓库，他们一年也不会光顾几次。即便偶尔光顾一次，也仅仅是大概其地浏览一下，然后赶紧捂着鼻子关门走人。

于是，即便那个仓库里躺满了金银珠宝，恐怕也只能覆盖上一层厚厚的尘土，最终被永久性地埋没。而且重点在于，既然送去了也只能被尘土覆盖，从今往后便不会再有人向那个仓库里运送珠宝，这真是一种巨大的资源浪费。

要想纠正这种怀疑与怠慢心理，就要从三个方面改变团队领导的意识。

第一，**要想员工的意见被收集上来首先需要领导表现出足够的重视与诚意。**如果连领导自己都不够重视、疑虑重重，员工自然也会对这种纯形式主义的东西缺乏信心，拒绝买账。

第二，**员工的意见有价值与否不能根据领导一个人的意志进行判断。**许多意见也许领导会觉得没什么价值，对员工来说却很有可能是他们憋了很久的肺腑之言，对他们而言意义重大。因此，只要是员工的真心话，就一定是有价值的东西，领导需要对此表现出足够的尊重。退一万步讲，即便是那些确实缺乏价值的意见，领导也不能完全无视，一定要对此做出及时而必要的反馈，耐心地与提意见的员工沟通，尽量消除他们心中的疑虑。这样的反馈，就是一种尊重。只要员工感受到这种尊重，即便他们的意见没有被采纳，心中也会备感欣慰，从自己的行为当中找到成就感，而这种成就感会反过来激励他们继续这样的行为，这样就能在团队内部形成一种良性循环的局面，让员工意见箱这个特殊的沟通与激励渠道真正固定下来、持续发挥效用。

第三，即便是员工的纯牢骚，也是一种有价值的东西，需要得到团队领导的高度重视。一般来说，员工的牢骚里面包含着许多重要信息：由于缺乏沟通，使员工对团队的决策产生了误解。而这种误解不解除，将会极大地拖累团队的执行力。抑或领导特殊的处事方式，使员工对领导个人产生了极大的不满，而任由这种不满持续积累升级，将会极大地影响团队领导的个人威信。等等。因此，重视员工的牢骚，解开员工的心结，既是每一个团队领导应尽的义务，也是维系团队士气的重要渠道。

当然，并不是所有的心结都能解开，所有的不满都能消除。但这些已经不再重要，重要的是你对这些牢骚进行了真诚的反馈，而这种态度一定会在不同程度上打动你的员工，让他们最大限度地释怀，同时对你给予他们的尊重心存谢意。这一点比什么都重要。话又说回来，许多员工的要求其实非常简单，他们也许并不指望自己提出的问题能被圆满解决，而只是想得到一种被倾听、被重视的姿态，只要你能做出这种姿态，已经在很大程度上"解决"了他们的问题。

所以，问题的关键还是在于反馈，而这种反馈必须是及时的，绝不能拖延。一旦拖延便会失去尊重与真诚，一旦失去真诚便会失去信任，一旦失去信任，你将一事无成。

最后，再来说说忌惮。这种心理状态，恐怕是纠结的极致表现。

团队领导忌惮什么？是非。既然是"意见箱"，难免会涉及种种是非，尤其是当这种是非牵扯到复杂的人际关系的时候，便更加令人头痛。这种事情平时躲都来不及，还要上赶着创造一个渠道去制造是非，岂不是自找麻烦之举？

不可否认，有意见就有是非，有是非就有矛盾和麻烦。这是一个不容回避的现实。尤其是在中国人扎堆的地方，这种现象便会格外明显。不过既然意见与是非是一枚硬币的两面，为了躲避是非而放弃意见的汲取就是一种因噎废食的行为，难说明智。事实上，只要我们的团队领导够智慧、处理得当，同时达到回避是非与萃取意见精华的目的绝非不可能。

这里面主要有如下几个要点。

第一，切忌大鸣大放，要将是非局限在一个狭小的空间里。

中国有句俗话，叫"好事不出门，坏事传千里"。既然意见当中总会掺杂着是非，那么往往意见中的精华部分传播的速度很慢，而意见中的糟粕部分却会一夜之间传遍整个团队，既影响团结，又影响士气。所以，对于员工的意见，在很多情况下与公开处理（所谓的"透明化"）相比，私下处理（亦即大家所熟知的"暗箱操作"）效果会更好。把局面控制在一个只有当事人参与的小范围内，天知地知你知我知，神不知鬼不觉地处理掉，就能顺利达到既解决问题，又不致产生副作用的目的。而这一点，其实员工意见箱这种形式本身就提供了很好的解决途径：一来员工意见所涉及的当事方都不会直接曝光，既能让提意见的员工安心，不致挫伤他们的积极性，又能确保被提意见员工的安全，不会对他们造成过大的打击与伤害；二来问题的解决也比较便利，尤其是当误会或恶意诽谤等现象发生时可以将不良影响控制在最低限度。

第二，切忌偏听偏信，过于草率地介入。

员工也是凡人，出于自身利益以及各种主客观原因往往会发表一些带有强烈个人色彩的意见。这些意见并不一定正确，甚至有些还会带有较为明显的恶意。因此，对团队领导来说切忌偏听偏信，轻易地被一些内容过激的意见左右情绪，过于草率地介入到问题解决的程序中去。如果团队领导的介入过于轻率，不但无益于问题的解决，相反有可能恶化事态，让局面愈发不可收拾。

做领导的人一定要有定力，应该能够静下心来，对意见的真伪与来龙去脉进行详细调研与缜密分析，在充分掌握事实的基础上再行决定是否参与以及如何参与。无论如何，**保护意见、宽容牢骚以及惩治谣言这三点，应该是解决问题的基本原则**，只有这样做才能让"集思广益、群策群力"不致沦落为"妖言惑众、互相攻讦"，让大家真正做到畅所欲言、心情愉悦，心无旁骛地为团队的发展壮大贡献自己的智慧与力量。

说到这里，想起了一位"奇葩"老板的故事。这位老板是个海归，满脑子现代化管理理念，立誓要在公司内部建立一个上下左右畅通无阻的沟通渠道。于是，员工意见箱便成为他实现这一管理理念的重要手段。但是，这位老板是个暴脾气，属于那种典型的眼里不揉沙子的主儿，听不得一点儿负面的消息。每当有人在意见箱里爆料，无论被爆料者是总经理还是普通员工，也无论爆料者是实名还是匿名，他总会大张旗鼓地在公司里掀起一场声势浩大的"整风"乃至"锄奸"运动，有时候在兴头上，他甚至还会开一场公开的批斗大会，让当事人双方当场对质，不弄出个水落石出誓不罢休。那感觉，简直会让人误认为公司内部掀起了一场"文革"运动。

这种大鸣大放的做法其结果也可想而知。不出几个月，公司就被这位老板搞得乌烟瘴气、人心惶惶，同事之间再没有和谐与默契，每个人都心怀鬼胎且彼此充满猜忌与戒备。好端端的一个企业，就这样被活活废掉了。而那位老板却浑然不觉，兀自陶醉在自己的"杰作"中无法自拔。真真是可悲又可叹。

所以，对中国人而言，最忌讳的就是"曝光"二字，只要不是鸡鸣狗盗、伤筋动骨的原则性问题，不曝光或少曝光应该是我们的团队领导牢记的一条铁则。

最后，还有一点需要强调一下。**无论问题是大是小，一旦解决便要迅速翻篇，绝不拖泥带水、无限上纲。**

做领导的人往往有这样一个毛病，那就是喜欢重复、喜欢上纲上线，并自以为是地认为这样做是一种对员工进行教育的绝佳方式。这种观念实在是大错特错。要知道，员工不是傻子，他们也有起码的是非观念，有些事经历一次就足以让他们产生足够清醒而深刻的认识，用不着领导反复提醒与敲打。否则一旦把他们说烦了、逼急了，他们会产生逆反心理，明知你说的对，也偏要和你对着干，那才是你真正的麻烦所在。

其实，团队领导之所以总是喜欢哪壶不开提哪壶，动辄就揭下属的短，其本质还是出于一种炫耀心理，想在员工面前彰显自己的英明。这种显摆心理固然可以理解，可是通过刺伤，尤其是反复刺伤员工的自尊来换取自己的小小虚荣实在是有些上不了台面而且会适得其反，既没有让员工受到任何"教育"，又极大地丑化了你在员工心中的形象，让他们更加厌恶你。因此，如果你真想做一个英明的领导，不妨反其道而行之，不要老是拿那些陈芝麻烂谷子恶心你的员工，而是要经常提他们做过的出彩的事、露脸的事，甚至天天提，看看员工会有什么反应？他们如果不上赶着把心掏给你就算我这半辈子白活了。

可惜又可悲的是，我们这个世界上，嘴甜的员工太多，嘴甜的领导却太少。结果最没必要被激励的领导天天被过剩地激励，而最需要被激励的员工却天天保持着对激励的高度饥渴，这真是一个天大的讽刺！

总之，员工意见箱是个好东西，需要得到我们的善待。尤其对中国人的团队而言，内部沟通往往是一个重大的课题。碍于中国人的面子、虚荣以及非常复杂的利益纠葛，我们往往不善于进行面对面的沟通，更加不善于面对面地处理与解决问题，因此员工意见箱的存在对中国人的团队而言就显得格外重要。

不过，在使用员工意见箱的问题上，一定要厘清"员工意见箱"与"员工意见邮箱"的区别。随着科技的进步，现在的许多企业都倾向于使用后者与员工沟通，但效果却往往不彰，既不能引起员工的重视，也不能满足团队领导的需要。之所以会这样，就是因为网络这种东西尽管方便，却也恰恰由于其过于方便，反而丧失了一种正式感与神圣感，令大家感到索然无味。就像即便在今天手写的情书也会比指头敲出来的E-mail更能打动女孩子的心一样，一个盛满意见的铁皮盒子也会比先进的电子邮箱更具有魅力，能够让人感觉到更多的诚意。

因此，既然你的目的是展示与收集诚意，那么选择传统的铁皮盒子将是唯一的正解。

前面提到，头脑过于活泛、嘴巴过于絮叨的员工往往会给团队领导乃至整个团队带来一定程度的困扰，那么应该如何与这样的员工打交道呢？

一般来说，我们的团队领导往往会给这类员工打上"眼高手低"的标签，以此来表明自己的反感态度。

其实大可不必。头脑活泛不是一件坏事，就跟越捣蛋的孩子长大后往往会越有出息一样，头脑活泛、不安分的员工往往是一等一的好苗子，值得我们好好珍惜、大力栽培。

说一个我自己亲身经历过的故事。

在我曾经任职管理副总的某家汽贸公司，有这样一个保安，是个出身农村的八〇后小伙子。这个小伙子精力旺盛，非常能干也非常敬业，常常值完夜班上白班，从不叫苦叫累，几乎凭一己之力撑起了整个保安部门，且从没发生任何纰漏，深受公司领导的器重。当然，也包括我本人。

但是，在进入公司几个月之后，情况似乎发生了逆转。小伙子开始受到来自其他部门员工的投诉，而且也越来越不受公司领导待见。

这是为什么呢？

原来，这位保安由于在公司发展颇为顺遂，自信和责任感陡升，竟然开始挑其他部门的刺，甚至常常登门踏户直接闯入人家的工作场所当面提出批评和建议，让这些部门的经理和员工不胜其扰，终于翻脸，不但当面与他争吵，斥责其"手伸得太长""闲事管得太多"，而且还不断地到公司领导那里告状，控诉他的行为是对部门正常工作秩序的严重骚扰。这一下麻烦惹大了，这位保安不但遭到领导的严厉训斥，还被罚款、写检查，差点儿丢了自己的工作。

最终，上至公司领导，下到普通员工，所有人给他的评价只有八个字：眼高手低、不务正业。

这一系列的打击让这个一度自信爆棚的小伙子彻底蔫了。他感到百无聊赖，动了离职的念头。

我觉得有些可惜，便找他深谈了一次。

他郁闷地对我说："公司不是鼓励主人翁精神和群策群力的理念吗？我对那些部门提意见，也是出于为他们自己好的想法啊！那些意见并不是我空口白牙瞎说的，也不是一拍脑门胡乱想出来的。每一个意见都是我观察了好久，甚至是通过与客户主动沟通后得到的反馈和灵感琢磨出来的。事实上，有好多意见连那些部门的人自己都承认是对的，还有人私底下对我表示过感谢呢！可为什么我为公司操碎了心，却换来这么一个结果？！我实在是想不通！"

我耐心地跟他解释："坦白说，你并没有错，或者说得更公平一点儿，你是一个典型的好员工，是公司的功臣。不过，你也确实不是圣人，有些意见提得相当靠谱儿，给别人帮了忙；有些意见则不那么靠谱儿，给别人添了乱。这些都很正常，没有人是圣人，可以做到一贯正确。所以说你的问题不在于提的意见是否靠谱儿，而在于你越了界，做了分外的事。当然，我所说的'分外'是相对的。从绝对意义上讲，你作为公司的一员，任何部门、任何人的问题你都有权利指出来，不过从相对的意义上讲，你这样做确实超越了自己的职责范围，难怪别人会对你反感。将心比心，如果有其他部门的员工天天跑到保安部来指责你的工作，你能做到泰然处之吗？"

小伙子不说话了，脸憋得通红。

我继续："所以咱不妨这样，你可以继续尽你身为一个公司员工的义务，对公司方方面面的工作做出你的判断，拿出你的见解，但不要再冒冒失失地直捣黄龙，跑到人家的一亩三分地里去发表意见了。你可以把意见写到纸上，送到我这里来，由我来帮你参谋参谋。我觉得不靠谱儿的东西，就替你压下来；觉得靠谱儿的东西，就帮你推一推。如果捅了娄子闯了祸，责任我一个人扛；如果运气好取得不错的效果，功劳是你的，我绝不和你争。怎么样？"

小伙子有些不好意思地说："这恐怕有些不太合适吧？"

我笑了，安慰他道："没什么不合适的。我们这些做领导的，就是要让你们当枪使，这是我们应尽的义务。再者说了，由于我是公司领导，所以有权力对公司所有部门的工作发表意见，哪怕这些意见不靠谱儿也不会激怒任何人。因为这是我'分内'的工作，不会有人觉得我的手伸得过长。这就是我和你的区别。所以不用担心我，我闯祸的代价与你闯祸的代价完全是两码事。替你去扛一些风险对我而言不会有太严重的后果。"

经过一番推心置腹的交谈，小伙子打消了离职的念头。

一年后，他跳了槽，不过是在公司内部跳槽，从保安部跳到了一个业务部门，并且成为那个部门的经理。

所以，对于心眼活泛的员工，只要他的人性不坏，想方设法保护他们，为他们创造一个尽情发声的渠道，一般来说，你的收获总会大于风险。

真正的有心人不妨一试。

3. "苦劳"就是"功劳"

"只有功劳，没有苦劳"这句话想必大家都很熟悉。对于这样的观点，你怎么看？

如果你是一位团队领导，相信你的回答一定会是：举双手赞成。因为这句话真正说进了你的心坎里，让你听起来备感舒畅。

不错，对所有的团队领导而言，"苦劳"二字毫无价值。因为这两个字意味着无用功，意味着资源、精力和时间的巨大浪费。所以，在他们眼里，"功劳"才是唯一有价值的东西，任何无法以功劳的最终形式呈现的劳动，都是无效劳动，都应该予以坚决的鞭笞和挞伐。

领导们是这么想的、这么说的，也是这么做的。在许多团队里，"只有功劳值钱，苦劳一文不值"的理念都是团队文化的一个重要组成部分，早已深入人心。领导们对"功劳"的追求已经达到无以复加、登峰造极的程度。说得极端一点儿，只要能带来功劳，哪怕你是溜奸耍滑、鸡鸣狗盗之辈，也能在团队中混得风生水起、官运亨通；反之，但凡不能带来功劳，哪怕你是为团队呕心沥血、披肝沥胆的耿耿忠臣，你能得到的恐怕也只能是冷漠、讥讽、斥责以及残酷的边缘化。

不只如此，偏偏有那些好事的"砖家叫兽"在一旁猛敲边鼓，不停地著书立说迎合团队领导们"重功劳、轻苦劳"的管理理念，令后者对于这一理念的正确性愈发深信不疑。

不过，与团队领导不同，奋斗在一线的团队成员对于该理念所持的观感则要复杂得多。一方面，由于这一理念俨然具有一种无可辩驳的天然"正义性"，他们无法对其提出质疑，只能无条件接受；可另一方面，在心底深处的某个地方，总有一个声音不停地提醒他们：这个理念不靠谱儿，令人反感。既然反感，必然会体现在日常行为上，而这样的行为也会如实地传导给团队领导。但我们的团队领导却对此不以为然，他们一厢情愿地认为：真理往往具有令人不快的特征，而这种不快绝不应成为抵制真理的借口。就像所有的小孩子都不喜欢家庭作业，可这并不应成为取缔家庭作业的理由一样，团队领导也会把一线成员对自己管理理念的抵制视为职场教育必不可少的一个环节，绝不会因此而大惊小怪。

但是，对"有功劳没苦劳"的反感，真的只是一种单纯的抵制真理的心态吗？

恐怕未必。

让我们来看看"有功劳没苦劳"的理念，到底代表了真理还是鼓吹了谬论。

从概念上讲，**"功劳"意味着劳动成果，而"苦劳"则意味着劳动本身**。一般来说，尽管每个人都会对劳动成果抱有本能的期待，但并不是所有的劳动都能换来相应的劳动成果，理论上无效劳动是有可能存在的。不过，显而易见的是，**无效劳动并不意味着没有价值**，任何劳动的付出都会让人收获不同的价值，而所有这些价值的累积，最终必然会以劳动成果的形式呈现出来。这就好像打鱼一样，显然你不可能每下一次网都能捞到鱼，但是只要你不停地下网，一定不会空手而归。因此，因为不是每一网都能捞到鱼，你就说没有捞到鱼的那些下网行为是"无用功"，是资源的"浪费"，显然有失公允。

所以，问题的关键在于劳动，而不在于成果。因为只有劳动才是真正永恒的，而成果只是一时的。**用一时的成果否定永恒的劳动显然是无比荒谬的理念**——只要你手脚勤快、持之以恒，不吝付出辛劳，收获成果是迟早的事；反之，过于强调成果而轻视劳动本身的价值，则无异于缘木求鱼，只能使人急功近利、昏着迭出，直至误入歧途。

那位说了：你这是抬杠！没有人否定劳动的价值，可问题是劳动得有效率。如果这个世界上存在着一种更有效的劳动方式，为什么不可以学习、效法呢？既然都是相同的劳动，给劳动赋予更多的价值又有什么错呢？对工作精益求精，让工作更有效率，实乃天经地义，这有什么值得否定的？！

诚然此言。如果这个世界可以用简单的二分法来定义，每一项工作面前都清清楚楚地摆着两种工作方式，一种有效的，一种无效的，那么显然前者是无可争议的选择。可现在的问题是，我们这个世界绝非如此单纯，现实要比想象复杂、深刻得多。这就意味着在绝大多数情况下我们所面对的选择题都不是"二选一"这么简单，而很有可能是"十选一"乃至"一百选一"。在这种情况下，绝对的正解一般都不存在，而且即便存在，寻找乃至最大限度地接近它都是一个极其不易的过程。因此，在现实世界里，如果你将功劳（亦即所谓的"高效劳动"）视为一种绝对的正解，那么在绝大多数情况下你都将与这一正解失之交臂。这还不算最恐怖的，更为恐怖的是，因为你对苦劳（亦即所谓的"低效劳动"）不屑一顾甚至嗤之以鼻，而残酷的现实又让你不得不面对大量的苦劳，你的人生将漆黑一片，见不到半点儿光亮。比你更倒霉的是那些奋斗在一线的团队成员，由于他们在绝大多数情况下都只能向你提供苦劳而不是功劳，他们将被你一起拉进地狱，在郁郁寡欢的绝望心境中度过黑暗的职场生涯。

因此，问题的关键在于理想很丰满、现实很骨感：没有人不希望自己的劳动更有效率，也没有人会吝于付出极大的努力，绞尽脑汁地寻找与学习改善劳动效率的方法，哪怕是那些最懒惰的人亦是如此。因为这是人类的本能，根本不需要谁的点拨与说教。可现在的问题是，即便你拥有最强大的意愿，你也无法改变现实的艰难与残酷。

所以，"只有功劳，没有苦劳"是一句不折不扣的废话，它强调了一个妇孺皆知的垃圾命题，却完全没有给出一个像样的答案，或者更准确地说，这一理念本身恰恰否定了该命题的唯一答案。道理很简单，**既然功劳是一个小概率事件，而苦劳是一个大概率事件；既然问题的关键不在于人们对功劳缺乏进取心，而在于功劳本身的稀缺性，那么只有大力鼓励苦劳、积累苦劳才是获取功劳的唯一捷径**。而"只有功劳没有苦劳"这一理念最失败、最垃圾的地方，就在于它强调了最没有必要强调的一点，亦即人们对于功劳的进取心，同时却忽略乃至否定了最应该被强调的一点，亦即获取功劳的唯一途径（或唯一逻辑）到底是什么。

危害还不止于此。"只有功劳，没有苦劳"的理念最致命的地方，就在于它严重地伤害了一个团队得以存在的基础，那就是"尊重"。无可否认，团队领导不厌其烦地反复强调功劳的重要性是为了激励自己的团队成员。但是，如果这些团队领导有勇气、够诚实，恐怕都不能否认一个铁一般的事实，那就是在绝大多数情况下，"只有功劳，没有苦劳"的理念都不会像一管鸡血，能够让团队成员更兴奋、更有士气；而只能像一盆冷水，将所有团队成员浇个透心凉。

为什么会这样？就是因为缺少尊重。

对团队领导而言，一句"有苦劳没功劳"否定掉的也许仅仅是团队成员的劳动效率；可是对团队成员而言，"只有功劳，没有苦劳"的理念，否定掉的则是他们跑细了的腿、磨了泡的脚、熬红了的眼……你的一句话很简单，也许是有心，也许是无意，也许仅仅是一句脱口而出的口头禅，这句话对你而言没有任何分量，也没有任何影响，可是对你的团队成员而言可能就意味着全部，意味着引爆一颗惊天动地的原子弹。你的本意，也许是对事不对人，但对你的团队成员来说，可能就意味着对他个人全部存在意义的彻底否定。而且这里的关键在于，团队成员付出的苦劳越多、代价越大，你的这种否定给他们带来的伤害也便越大、越深。哪怕这种否定是无意的，都不能改变它巨大的杀伤力。尤为致命的是，由于这种否定仿佛具有某种天然的正当性，团队成员还不能说什么。明明心里苦，却有苦说不出，只能硬生生地吞到肚子里去。结果可想而知——他们会沮丧万分，士气一落千丈。

所以说，天底下最伤自尊，最让人气馁的事情，莫过于自己付出的"苦劳"被上司否定，更不要说被上司鄙视了。

对团队成员来说，问题的复杂性还体现在另外一面，亦即功劳评价标准的多元性和不可预知性。

何谓"功劳"？如果能有一个完全客观的评价标准，事情还好说一些。但是，一般情况下，对于功劳的判定都是不确定的，甚至是随机的。因为评价标准因人而异，甚至因时、因事、因心情而异，它们都装在领导的脑袋里，领导一个人说了算。有时仅仅情绪上的一些小差异和小波动，就足以对领导的判断标准产生颠覆性的影响，导致同样的事情在昨天是功劳，今天却很有可能变成苦劳。这还不算最恼人的，更恼人的事情还在后面：不同的领导往往具有不同的判断标准，同样的事情在A领导这里是功劳，可在B领导那里却很有可能仅仅是苦劳，反之亦然。这就麻烦了，领导众口难调是下属最痛苦的事情。**如果说把事情办错还能够容忍，无法判断事情的对错就绝对不可容忍。**正应了那句话：说你行你就行，不行也行；说你不行你就不行，行也不行。人只有明确了是非标准才能够安心做事，领导一天三变，让下属怎么活？！

功劳与苦劳的判断看似一个司空见惯的话题，可是如若处理不好，对团队的破坏力将极其惊人。

给大家介绍一个真实的小故事。

曾经有一个民营公司的老板十分焦急地找到我，倾诉心中的苦恼，希望我能够助他一臂之力。原来，这位老板虽然自认为公司的管理基本上还算井井有条，却好像欠缺一些生机和活力。按照他本人的说法，他觉得自己就像员工的保姆，哪怕是一些最基础的细节，都必须由他这个老板亲自过问才能正常运转；否则，只要他一句话没说到，员工就会掉链子，令他不胜烦恼。他认为，自己的员工不是自私鬼就是低能儿，没有一个人令他称心，也没有一件事让他满意。总之是自己倒霉，摊上了一群不中用的人。他问我有没有什么绝招，能够治治这些员工的懒惰与愚钝，让他们变得勤快点儿、聪明点儿，有点眼力见，让老板省点儿心。

坦白说，尽管与这位老板只有一面之交，我已经大体看出了问题的所在。显然，这位老板是一个典型的家长制领导兼完美主义强迫症患者。他不能容忍员工的任何失误，因此导致了员工的不作为。而对于这种不作为他又表现出一种零容忍的坚决态度，将其归结为个人素质的拙劣并对此大加挞伐，从而更加恶化了员工的不作为现象。这就是一种典型的恶性循环。

这一点，从初次见面时这位老板的言谈中便可一窥究竟：尽管我们谈话的时间不长，但在这有限的时间里，他几乎句句不离"自己有多么天才、多么正确，而员工是多么愚蠢、多么恶劣"的主题。可以感觉得到，对于自己与员工之间的"巨大差异"，这位老板既有一种深深的无奈，也有一种无以名状的优越感。

我没有立刻答应他的请求，而是选择先调查研究一番再做答复。而事实也证明了我的直觉。在随后的日子里，这位老板的真面目逐渐浮出水面：这是一个随时随地将"只有功劳，没有苦劳"挂在嘴边的老板，对于员工的苦劳不屑一顾，而对于功劳的要求则极为苛刻。更为要命的是，由于这位老板是一个典型的完美主义性情中人，对于工作成果的要求既严格又多变，经常临阵变卦、横生枝节，让员工防不胜防，根本无法跟上他的节奏，只能选择被动服从——既然横竖都是死，不如死得简单、轻松一点儿，省得费力不讨好，自己掘坟自己跳。

一个员工给我讲过这样一件事，颇有代表性。这位老板对公司的办公环境要求极为苛刻，稍有不满便破口大骂，令包括总经理在内的所有员工战战兢兢、惶惶不可终日。某日，大家终于下定决心，将所有老板强调过的重点一一列出，拿出整整三天的时间搞了一次大扫除，连最细微的细节都没有放过，几乎将整个公司翻新了一遍，心想这回总该让老板无话可说了吧？可你猜怎么着？照样挨了老板一顿臭骂！原来，老板的评价标准又变了，他那双独到的眼睛又发现了无数新的问题。所以在老板心目中，公司何止没有焕然一新，简直堪称一片狼藉！

员工们绝望了。许多人发出了"没功劳也有苦劳"的抱怨，而这句话恰恰是老板最不喜欢听的，发牢骚者的下场有多惨想必你也能猜得到。三天的努力，无数的汗水，就这样被一笔抹杀。员工们的绝望，我绝对能够感同身受。

不过，事情的结局是十分清楚的。从那以后，公司恢复了以前的狼藉，或者更准确地说，比以前更狼藉。许多员工暗自感慨：其实那次大扫除之后的公司环境，是历史上最漂亮也是唯一漂亮过的环境。公司本来可以一直拥有这样的环境，却被老板几句粗暴的话语给彻底毁掉了。

那位讲故事的员工的一句话至今我都记得：如果一个领导的眼睛只会盯着员工的缺点看，那么即便给他打工的人是雷锋，也会变成一团扶不上墙的烂泥。

我还想补充一句：如果一个领导的眼睛只会盯着员工的优点看，那么即便给他打工的是一团扶不上墙的烂泥，这团烂泥也有充分的可能变成雷锋。

其实，就算是那位患有完美主义强迫症的老板，也未必能做到那么完美。如果他也允许别人给自己挑缺点，那么他也有极大的可能瞬间变成一堆不折不扣的垃圾。推己及人，这种"严于律人，宽于待己"的领导，如何能具有真正的威信？！

我自认找到了病根，向这位老板坦率地说了我的想法。

第一，建议他放弃"只有功劳，没有苦劳"的管理理念，拿出最大的诚意尊重员工的苦劳，肯定员工劳动的价值。

第二，不要只盯着员工的不足，要尽量肯定员工的长处。矫枉必须过正。在当前这种形势下，对于员工的缺点甚至可以适当地视而不见，要竭尽全力将注意力集中在员工的优点上面，最大限度地为员工提供安全感和成就感。只有这样才能有效地替员工疗伤，将他们的潜力最大化地激发出来。

听了我的意见，这位老板连连摇头，大呼"不靠谱！"。他认为，员工都是成年人，不是幼儿园的小孩子，用不着这样呵护备至。成年人力争上游是本分，如果连这点都做不到，还怎么出来混？！

我也有些着急，干脆直言相告：对现在您的员工而言，即便把他们当成幼儿园的小孩子呵护备至也不算过分。因为成年人也有脆弱的一面，尤其当事情涉及自尊和自信的时候，这种脆弱就表现得格外明显。在这一点上，成年人并不比小孩子更强大。否认这一点就是掩耳盗铃、自欺欺人。不信的话我们可以做一下简单的换位思考，如果有人将您的价值贬得一文不值，您会有什么感觉？是生不如死，还是怒不可遏？无论是哪一样，都请你绝对相信，您的员工和您本人的感觉是一样的，不会有任何区别。或者说，因为您是老板，他们是员工，您有当众发火和发泄的权力，而他们没有，所以他们心中受到的打击和伤害只能比您更重，而不是相反。您好好想想，难道不是这样吗？

任凭我如何苦劝，这位老板就是不从。我也只能偃旗息鼓，就此作罢。

一直到今天，这家公司都是以那种不死不活的感觉勉强挨着日子。也许，这位老板认为这种状态才是最自然、最合理的生存状态，再也懒于动变革之心。但时不我与、不进则退，随着竞争愈发激烈、各路高手层出不穷，我更加难掩对这家公司前途的深深担忧。

总之，苦劳也好、功劳也罢，都是通过劳动得来，既然付出了劳动，就应该获得同等的尊重。当然，每一个人都应想方设法用最少的劳动获取最大的功劳，这一点是毋庸置疑的。不过，也正因如此，我们才应该更多地关注苦劳、重视苦劳、尊重苦劳，因为**苦劳是功劳之母，没有苦劳的累积，便不会有功劳的果实**。尤为重要的是，**对苦劳的尊重是一种极其人性化的表现，能够为人们提供巨大的心灵慰藉，并极大地激发他们的潜力、唤醒他们的灵感、强大他们的信心，让他们以出乎意料的方式和最快的速度去接近终极目标——功劳。

这才是正道、王道。所以，从今天开始，请将"没苦劳，有功劳"这个坑爹的垃圾理念还给垃圾堆吧，只要你这样做了，你将瞬间迎来一片崭新的广阔天地。

对了，还有那些不停地鼓噪这一谬论的"砖家叫兽"。对于这些人，身为团队领导的你只需做一件简单的小事即可，那就是堵住耳朵，捂住腰包。要知道，这些人的目的无非是投你所好，挣你兜里的钱，为了这个目的，即便说尽天下谎话也在所不惜。既然如此，断掉他们的财路，也就等于堵住了他们的嘴。

4. 认识自己，做自己的主

也许有人会问：如果我的领导就是不开窍，非要死抱着"只有功劳，没有苦劳"的陈腐思想不放，那我应该怎么办呢？

好办。活人没有被尿憋死的道理，俗话说"山不过来，我就过去"，既然领导不肯改变，那么改变你自己就行。

不可否认，世界上没有人不在乎别人对自己的评价，即便是心胸最豁达的圣贤之人亦如此。对我们这些职场中人来说，周遭同事的评价都会极大地震撼我们，更不要说来自上司的评价了。所以，完全无视上司的评价几乎绝无可能，但只要我们能够找到正确的应对方法，至少在最大限度上缓和这些评价对于我们的冲击，则完全是可能的。

既然领导评价我们的标尺有时不那么靠谱儿，那么我们就需要寻找一把只属于自己的尺子。

你需要做到如下几点：

第一，彻底解剖自己。

要知道自己是谁、想得到什么、是否能得到、如何才能得到。在这一过程中，既要坦率地面对自己的短板，也要大胆地肯定自己的长处。切忌自己吓唬自己，把自己贬得一无是处。

第二，确认自己达到目的的意志是否足够强烈。

只要你能准确地认知自己，并拥有足够强大的达到目标的意志，那么，任何人的否定性评价都可以忽略不计，包括你的上司。因为这个时候，"功劳"已经不是别人能够强加给你的东西，而是你自己想要的东西。

只要你认为得到了自己想要的东西，这就是功劳。哪怕这个功劳在别人眼里一文不值，你也要坚信它的价值；反之，如果你认为没有得到自己想要的东西，那么对你而言，继续努力就是唯一的选择。哪怕全世界的人都告诉你你已经得到了足够大的功劳，你也要充耳不闻。

爱迪生发明电灯的故事，就是一个经典的案例。

想当初，为了寻找合适的材料，爱迪生做了上万次的实验。许多人揶揄他"有苦劳，没功劳"，爱迪生却完全不以为意，他的理解是："我做了一万次实验，每一次都是成功，没有一次失败。因为我至少通过这些实验知道了一万种不能成功的方法。所以现在我距离成功只有一步之遥，而不是渐行渐远。"与此同时，还有一些爱迪生身边的人力劝他放弃这种无休无止的尝试，建议他将实验过程中取得的阶段性成果申请专利，大发一笔，尽情享受自己的劳动果实。而爱迪生依然不为所动，因为他知道除了将这个叫作"电灯"的家伙彻底带到人世，任何所谓的"成果"对他而言都毫无价值。

最后的结果世人皆知：爱迪生成功了。他的伟大发明让人类彻底告别油灯和蜡烛的时代，进入一个可以随心所欲地将黑夜变成白昼的电气化时代。

事实上，即便电灯问世之后，爱迪生依然对其进行了无数次的改良，当然，这其中又伴随着无数次的失败，可是这一次，没有人再揶揄他，因为人们知道爱迪生能做到，而他也确实做到了。在爱迪生的有生之年，电灯的材料越来越先进、品种越来越多、功率越来越大、寿命越来越长、成本越来越低……他之所以伟大，不仅在于他发明了电灯，更重要的是，他还创造了一种低成本高效率的生产方式，让电灯这一"世纪神器"得以最大化地普及，彻底照亮世界的每一个角落。当然，他本人也从中收获了最为丰美的果实——即便在今天也依然统治着世界市场的GE（美国通用电气）公司。

爱迪生之所以能够扛得住"有苦劳没功劳"的揶揄，就是因为他完全活在自己的世界里，知道"自己是谁、在干什么、想得到什么、是否能得到、如何得到"这些最基本问题的答案。尤为关键的是，对于自己想得到的东西，他有着不可遏止的强大进取心以及无可动摇的坚定信心。可以肯定地说，在他的行为中甚至完全没有"赌一把"的色彩，而是彻头彻尾地成竹在胸，犹如探囊取物。事情到了这个份儿上，显然成功就会成为一种必然，"我的世界我做主"，没有什么可以阻止爱迪生了。

再举一个外国人的例子。

想必大家都听说过日本的新干线。时至今日，新干线已经作为日本这个国家的一个重要文化符号誉满全球，成为日本人向世界炫耀自身优越性的一张王牌。

但是，又有谁知道新干线诞生时的种种秘辛呢？别说中国人，恐怕连日本人自己，知道这些历史细节的人也堪称凤毛麟角。

没错，尽管今天光芒万丈，且已然成为日本人生活中不可分割、理所应当的一个组成部分，当初新干线问世前后所经历的一切，却远非如此光鲜靓丽、理所当然，而是历尽艰辛困苦，饱尝了冷嘲热讽和明枪暗箭，最后不得不通过一个非常规的手法才勉强来到这个世界。

所有这一切，都要感谢一个叫作十河信二的人。想当初，当高速铁路的理念以及建造高速铁路的计划第一次面对日本公众时，得到的不是一片喝彩，而是骂声一片。许多日本人和日本媒体认为高铁就是一个天大的笑话，尤其对日本这种多山且地震频发的国度来说，研制和建造高速火车简直是一种明目张胆的找死行为。要知道，在那时的日本，即便是低速火车都时常发生脱轨事故，在这样的情况下建造高速火车，恐怕只能用"视人命如草芥"来形容了。这还不算最恐怖的，更恐怖的是实施这一计划所需要的巨额资金。按照当时的市场价格计算，即便把日本一年的财政收入全部投进去，也只能是杯水车薪。高铁项目就像一个超级烧钱机器，几乎可以吞噬整个日本经济，当然会引发日本人的巨大不安和强烈反感，遭遇"老鼠过街，人人喊打"的局面也就不足为奇了。

不过，当时已然年逾古稀的十河信二却不为所动。这个顽固的老头子就像吃了秤砣一样，铁了心认准高速铁路是一个前途光明的新玩意儿，必将成为日本经济战后腾飞的一个强力助推器。

于是，在提出高铁计划的研究人员自身都差点儿丧失信心的情况下，身居日本国有铁路部门首长要职的十河信二以一己之力力排众议，毅然决然地促成了该项目在国会的通过。而且，为了获取政府的财政支持，他还编造了一份虚假的财务可行性报告，忽悠政府向世界银行筹集了巨额资金支持高铁项目的建设。当然，纸里包不住火，政府筹来的钱很快就花完了，而项目的进度却并没有什么明显的起色。十河信二一手策划的"阴谋"被迫曝光，而这一结局早已在他的意料之中。对于政府的愤怒诘责，他使出"爱谁谁"的无赖招数——反正钱已经花了，工程也已经开始，是继续还是叫停你们自己看着办！显然，骑虎难下的政府别无选择，只有将项目继续下去。为了将项目完成，日本政府可谓颜面尽失，不仅需要将错就错地编瞎话向世界银行解释项目资金为何会存在如此巨大的缺口，还得低三下四地央求着人家借给自己更多的钱。世界银行的高官们也傻了眼，陷入进退两难的窘境——不借钱给日本人吧，高铁项目就会烂尾，前期投入便就此打了水漂；借钱给日本人吧，天知道日本人这回说的是不是实话，那个该死的高铁项目是不是一个深不可测的无底洞。经过一番犹豫之后，世界银行只能选择继续把钱借给日本人——既然里外都是死，不如赌上一把，也许还能有一线生机。也就是说，十河信二这个老头子才是一个不折不扣的高人，不但忽悠并绑架了精英扎堆的日本政府（要知道，那个时候的日本首相，可是提出了鼎鼎大名的"国民所得倍增计划"的池田勇人），还透过日本政府绑架了高手云集的世界银行！

当然，仅有世界银行的钱是不够的，为了这个挨千刀的高铁项目，日本政府节衣缩食，不但大幅压缩、挪用其他领域的财政资金，还不得不举债筹钱，加重国民的经济负担，惹来民间更多的骂声和质疑声。

功夫不负有心人。经过七年的苦熬，日本政府终于盼来项目完工的那一天，心里的一块巨石总算落了地。1964年10月1日，日本第一条高速铁路，也是人类历史上第一条正式运营的高速铁路——东海道新干线的通车仪式正式在东京举行。那一天，距离第一次在亚洲的土地上举办的奥林匹克盛会——东京奥运会开幕只有9天时间。电视直播了仪式的整个过程，而在这个盛大的仪式上，一个最应该出现的人的身影却不可思议地没有出现。这个人就是后来被称为"新干线之父"的倔强而狡猾的老头子——十河信二。

原来，十河信二已经在一年前以"背信弃义"的罪名被解职，并差点儿进了班房。东海道新干线的通车仪式，他是坐在家里的沙发上观看的。但他的心里却并不感到悲凉，而是充满了无比的自豪感。

颇具讽刺意味的是，曾经对十河信二大肆挞伐的日本舆论与日本民众，此时却站出来为他鸣不平，纷纷指责政府对待"新干线之父"的方式太过冷血、太过不近人情。真所谓"时势移人"，想必在这个倔老头的心目中，国民的善变才是最值得感慨万千的吧！

十河信二的案例，雄辩地证明了功劳与苦劳的相对性。显然，当高铁作为一个新生事物初到这个世界上时，所有人都认为这是一件不靠谱儿的事，在这样一件事上耗费心血和资源纯粹是徒劳和浪费，也就是所谓的"有苦劳，没功劳"。而十河信二却偏偏不信这个邪，在他心目中"功劳"的概念是截然不同的，他有一套自己的判断标准。

具体地说，他知道自己是谁（日本铁路系统的一把手，手里掌握着大量权力与资源）、想做什么（搞定新干线）、为什么要这样做（要想富、先修路。新干线一定会成为日本腾飞的强力催化剂）、是否能做到（作为大权在握的实力派人物，他对此有绝对的信心）、如何才能做到（说服、强迫、威胁、忽悠、耍赖、绑架民意，为达目的不择手段）。更重要的是，十河信二的意志无比坚定、斗志无比高昂、对成功的渴望无比热烈，而所有这一切都将成为强大的精神支柱，在充满坎坷的前进道路上为他提供源源不绝的强大动力。

既然一切都了然于胸、尽在掌握，那么成事，即最终获取功劳对十河信二而言已然不是能不能的问题，而是快与慢、早与晚的问题。

所以，十河信二之所以能够排除干扰，坚定地走自己的路，就是因为他对自己有着足够深刻的理解。明白了自己是怎么回事，这个世界上便没有什么东西可以阻挡自己了。

但是，必须承认，"明白自己"绝不是一件容易的事。尽管道理很简单，我们这个世界上的大多数人却都无法做到这一点。之所以会如此，归根结底还是因为缺乏自信。不敢面对自己，因此也就无法承认自己。既然无法承认自己，那么外人对自己的评价便必然会成为我们进行自我评价时的一个强大参照物，甚至是唯一参照物。尽管有时候心里会不服气、不舒服，我们却没有勇气对抗外人的评价，更不要说彻底推翻外人的评价了。这就是丧失自我的恶果。因此，如果我们想过回自己的人生，不再让外部世界的干扰过多地打扰我们的内心世界，出路只有一个，那就是重新找回自我。

只要我们能彻悟这一点，其实解决问题的办法并不难找到。

你不妨这样做。从今天开始，尝试着寻找一些团队内部的小事（判断标准是即便搞砸，成本也不会太大，完全在你能轻松掌控的范围之内），在处理这些小事时，只听从自己内心的召唤。除了自己的心声，别说同事、上司和老板，即便是天王老子的话也跟放屁一样一文不值。

当然，你这样做未必意味着一定会成功。可即便失败，也绝不要责怪你的内心，不要失去继续尝试的勇气，更不能将"不听老人言，吃亏在眼前"之类的裹着说教外衣的幸灾乐祸放在心里。总之，至少在你允许自己尝试的范围之内，你要绝对相信一句话，那就是"老子天下第一，其他爱谁谁"。只要你这样想、这样做，就一定能成功。而只要你能不断地积累这样的成功，彻底找回自己将是迟早的事情。

无论是爱迪生还是十河信二，他们之所以能对自己有如此清醒的认知、如此强大的自信，毫无疑问与他们的辉煌履历有着莫大的关系。尽管我们是凡人，不能和这些大人物相提并论，可是人家吃肉，我们起码也有喝汤的权利；人家成就大事，我们起码也有成就小事的本事。**只要我们不信邪，勿以善小而不为，从我做起、从现在做起，积少成多、粒米成箩，那么彻底改变自我便绝对是一件"可以有"的事情。**

不过，在你做尝试的时候，一定要多长个心眼儿，千万不能硬来、乱来。要知道，团队本身就是一个小社会，甚至是小江湖，在这样一个江湖里，彻底玩"一匹狼"的招式无异于自掘坟墓。所以，蛮干不行，一定要巧干。只要你自信自己的出发点是好的，没有任何恶意，而且事前做好了充分的沙盘推演，知道一旦失败所发生的潜在成本完全可控，你就可以放心大胆地出招，不用有任何顾忌。明修栈道暗度陈仓可以，阳奉阴违也成，甚至连先斩后奏都是很好的招数，这些做法都可以让你以最小的代价换取最大的成果。既然十河信二可以做到，你也一定能够做到。他玩大的，咱玩小的，谁怕谁？！

5. 要赞美，喋喋不休地赞美

赞美，是一个令中国人又爱又恨、无比纠结的词。世界上没有哪个国家的人比我们中国人更渴望得到别人的赞美，与此同时，也没有人比我们中国人更吝于给予他人赞美。

这种纠结心态与行为的产生，主要源于两个因素：在古代，深入骨髓的"严师高徒"文化制约了中国人赞美他人的生理和心理机能。因为我们固执地认为，一个人只有遭到严酷的打击与摧残才有可能真正成才，反之，过度的赞美只能让人飘飘然、自我膨胀、忘了自己姓什么，从而失去进取心，最终沦为一介庸才。在现代，根深蒂固的面子文化使"面子"成为一种大家竞逐的重要资源。但这一资源有个特点，那就是必须保持稀缺性：每个人都有面子就体现不出面子的价值来了；必须少数人有面子，多数人没面子，面子的价值才能最大化。由于赞美是一件颇有面子的事，所以中国人总是竭尽全力地寻找赞美，却对给予他人赞美惜字如金。

这就带来两个奇观：

奇观一：相互贬损。

有些人超级喜欢互相指责，总是不遗余力地揭别人的短。在他们眼里，自己以外的人类是不存在优点的。甭管一个人多优秀，他们也总能在第一时间敏锐地发现人家身上的缺点，然后集中火力猛攻这些缺点，让这个人在最短的时间内从人精变成人渣。这种行为能够给他们带来极大的快感与安全感。因为贬低别人，无形当中就等于抬高了自己；让别人丢面子，就等于把面子留给了自己。这件事是如此富有魅力，令他们无法抗拒。时至今日，几乎已经成为他们的一种本能。完全无须理由，也不用任何心理准备，他们总会在第一时间毫不犹豫地向别人射出指责之箭，牢牢地占据攫取面子的制高点。

当很多人都这么做的时候，无疑会形成一大奇观：放眼望去，人们似乎每天都在掐架，每一个人都在不停地抨击别人，却没有一个人尝试反省自己。而且，尤为奇妙的是，人们在掐架的时候，其实对方的话是听不见的，因为每个人都在自说自话——你说你的，我说我的，大家互不相干。但这种互为平行线的口头交锋，居然就能火花四溅、高潮迭起，令人惊叹不已。

所以，很多人的嘴上官司一万年都是无头官司，根本不可能有一个明确的结果。归根结底，大家都在过嘴瘾、做口部体操。对我们而言，谁是谁非不重要，关键是不能落了下风，不能错过锻炼嘴部肌肉的机会。

奇观二：自我夸赞。

既然我们都渴望被夸赞，同时却吝于给予他人夸赞，那么获取面子的途径就只剩下一个：自己夸自己。

这就带来了第二个奇观：几个人聚在一起，每个人都在猛夸自己。尽管大家都在自说自话，你夸你的，我夸我的，彼此互不相干；耳朵里只能听见自己的话，却完全不知道别人在说什么。这种互为平行线的美言盛宴，却居然也能火花四溅、高潮迭起，让旁边的人看着直眼晕。

举一个真实的小例子。

曾经有位本地的民营企业老板，在机场偶然买了一本我的书。翻了几页爱不释手，在飞行途中一口气看完了这本书。听说我和他身处同一城市，便根据我书中留下的信息费尽周折找到我，一定要约我和他吃顿饭，号称是我的粉丝，希望能够向我"当面请教"一下。盛情难却，再加上饭局的地点离家很近，我便答应了他的邀约。

果不其然，饭桌上的这位老板表现得十分谦恭，以万分诚恳的态度向我咨询一些公司管理方面的问题。尽管有些诚惶诚恐，但对方的诚意打动了我，我也便不再多虑，倾尽自己毕生所学，侃侃而谈了起来。

刚开始的气氛还算不错。这位老板听得很认真，甚至要求同桌的下属将我的话记录下来，弄得我颇有些受宠若惊。可是没过多久，现场的气氛就变了。这位老板接过我的话茬，开始大谈特谈自己的创业史，或者更准确地说，是自己的创业传奇。起初我并没有介意，以为他这么做无非是想让我对他的企业有更多的了解，可以让我更有针对性地提出一些具体建议。而且他讲得也确实堪称绘声绘色，十分生动、颇有激情，我也乐于洗耳恭听。但听着听着，我便发现气氛有些不对。这位老板越说越上劲，显然没有停止的意思。结果，那天的饭局，基本上在他一个人慷慨激昂的演讲中结束，而我的角色，则沦为一个不折不扣的听众。

我感到非常不爽，觉得自己白白浪费了一个宝贵的晚上。当然，我并不是非要跑到人家那里给人家说教，但是也绝不至于有多余的空闲时间，可以无聊到专门跑到一个陌生饭局听他"痛说革命家史"。

尽管彼此交换了名片，但是那之后那位老板再也没有联系过我，我也没有联系过他。本来我们只是碰巧同住一个城市的陌生人，现在重归陌生人的状态，也算各安其所。只是有很长一段时间，那位老板的行为和心态都让我感到十分费解：显然，饭桌上我说的话他根本就没听进去，让下属做记录也纯粹是虚晃一枪，做样子给我看而已。可既然如此，他又为什么大费周章地把我找去吃这顿莫名其妙的饭呢？难道仅仅是为了向一个陌生人炫耀自己的光辉履历？真是不可思议！

后来，我慢慢地想通了这个问题。看来，这依然是一个有关面子的问题。我在饭桌上的侃侃而谈，在他眼里显然是一种自我夸耀的行为。尽管我是无意的，或者更准确地说，是在他本人的求请下尽自己应尽的义务而已，但即便如此，我这种无意中散发出的所谓"光芒"也令他感到无法接受、如坐针毡。他必须要抢回这个光芒，让每个人的视线重新集中在自己身上，当然，也包括我这个陌生人。而他的选择只有一个，那就是自己夸自己，而且是猛烈地、无所不用其极地夸自己。只有这样做，他才能给自己扳回一城，甚至让自己占据绝对上风，所有的面子都可以抢回来，只有他本人才是那个场合中的王。

因此，他的所有行为都是一种下意识的本能反应，并没有经过事前策划，也无须任何心理准备，一切都是那么自然，那么行云流水、不着痕迹。而且，那次饭局之后他再也没有找过我，原因也大致如此：不是我自作多情，他之所以不再找我，不太可能是由于我的平庸，而很有可能是因为我的优秀，而这种优秀是他无论如何也难以接受的。既然如此，那次饭局之后我从未联系过他，从某种意义上来说也算是对他的一种成全吧，尽管是无意的。

向大家介绍这个例子，是想尽可能深刻地展示一下在很多人心里对于"夸别人"与"夸自己"这两件事有多么纠结、多么矛盾。而这种矛盾的直接产物就是，人们对于奉承的极度敏感与渴望。

毋庸置疑，奉承是夸赞的一种主要表现形式。显然这个词不是褒义词，没有一个中国人会将奉承视为一种美德，尤其是这两个字和"阿谀"一词连在一起的时候。

为什么会这样呢？因为奉承意味着虚伪，意味着谎言，意味着"逗你玩"。

可一个极为矛盾又极为讽刺的事实是，几乎没有人会介意来自别人的奉承，或者，如果我们够诚实、有勇气，我们应该敢于承认，其实我们每一个人都非常喜欢甚至渴望得到他人的奉承。

这就奇了怪了。明明知道别人在逗你玩，为什么我们还会上赶着求着人家逗自己玩呢？这不是有病吗？

唉，你还别说，这还真是一种病。

我曾经做过一个有趣的试验。"夸奖"一位大言不惭地宣称自己"读过几十万本书"的老板是"千年不遇的奇才"，其才情"简直可以和孔子相比"。我本来以为如此露骨的奉承（已经几乎和讽刺、挤对无异）应该会激怒他，可是没承想这位爷却对我的奉承大感受用，毫不犹豫地当场接下了"孔子接班人"的头衔，令包括我在内的所有人大跌眼镜。

再讲一个小例子。我曾经亲眼见过一对年逾五旬的老夫老妻吵架，内容十分经典：

性格耿直的老公对老婆说："……尽管我的话不好听，可都是大实话，总比那些虚情假意的好听的话强吧？"

老婆："我宁可你虚情假意，也想听你说好听的话！"

老公："……"

这两个典型的小案例充分印证了我在前面陈述过的观点：对很多人来说，"好听的话"本身就是一种奢侈的享受。这样的享受多多益善，有多少都没够。我们从不会腻，更不会烦。哪怕说这些动听的话的主儿就是拿我们开涮、逗我们玩，我们都毫不介意。因为我们介意的永远不是这些好话的内容，而是这些好话的形式。

"奉承"一词具有如此明显的贬义，千百年来却从未被我们真正嫌弃过，更不要说抛弃，就是一个明证。

对团队领导来说，明白这一点很重要，压倒一切地重要。这一点为团队领导掌握高水平的激励技巧提供了一条重要线索。这就是：**只有赞美，而且是喋喋不休的赞美，才是一条高效激励的捷径。**

有人可能会说：好吧，通过你前面的论述，我愿意承认我喜欢乃至渴望被赞美是一个事实。可这并不意味着赞美就是激励人最好的手段，原因如下：第一，提倡赞美，也不应该回绝批评。批评也应该是一个重要的激励手段啊！"严师出高徒"嘛！第二，赞美这个东西是一把双刃剑，既能使人奋发，也可以令人沉沦。很多人本来就有自以为是的毛病，就像你在前面所说，在咱们这地界上，即便没有别人夸，咱都能自觉自发地做到自己猛夸自己，这要是再遇到别人上赶着的夸奖，咱的尾巴还不得翘到天上去？当然，单纯的翘尾巴也没关系，只要人的那颗进取之心不会泯灭就行。可现在的问题是，很多人除了自以为是之外，还有小富即安的毛病，一翘尾巴就会自我膨胀，不思进取。对这样的人性特点使用夸赞的激励手段不是搬起石头砸自己的脚，适得其反的行为吗？

针对这样的质疑，我的回答是：

第一，从根本上来说，批评是一种反人性的东西。而任何一种反人性的东西，理论上都不会有良好的效果。

举个简单的例子。每一个孩子从懂事那天起就会被身边的大人不厌其烦地教育"要谦虚地面对批评"，但是有几个孩子能够真正做到这一点？好吧，就算我承认孩子太小不懂事，理解"批评"这样严肃的字眼有些吃力，那么下一个问题便是：长大后又有几个成年人如实地做到了"善待批评"这一点呢？别说成年人，即便是老年人，恐怕做到这一点都不易吧？事实上，对绝大多数耄耋老人来说，他们讨厌被批评、渴望被赞美的心情一点儿也不会输给年轻人（当然，不输人的也包括自我夸赞的劲头）。哪怕已经走到人生最后关头，他们也会希望带着尽可能多的赞美奔赴另一个世界。这就是人性的明证。

如果你把不能善待批评解释为一种"不成熟"，那么恐怕这个世界上真正"成熟"的人应该寥寥无几，其人数绝对能和这个世界上任何一种珍稀动物的残存数量有一拼。

不要跟我讲这个世界上的绝大多数人一生当中都曾经真正做到过"虚心接受批评"，即便这一现象是事实，也绝对是一个小概率事件，更不用说这种现象中的大多数都或多或少与谎言有关（迫于形势、迫于场合、迫于压力、迫于人际关系、迫于道德洁癖等，人有时必须伪装"虚心接受了批评"，好让自己下台阶。这样的伪装达到一定程度时甚至连自己都会浑然不觉、信以为真）。

为什么会这样？

就是因为批评从本质上讲是一种反人性的东西。既然反人性，就缺乏建设性，而没有建设性的东西不可能取得良好的效果。也就是说，是否能够善待批评，基本上与成熟与否无关，只与人们的本能好恶有关。如果你一定要说这一点与人的成熟度有关，那么这种关系也只能是：面对批评的时候，成熟的人能够更好地伪装出一副"虚心接受"或"我不在乎"的样子；而不成熟的人则往往会表现得怒不可遏。

仅此而已。

需要指出的是，我们常常以"要理性对待"为名去要求被批评的人"正确"面对批评，**却恰恰忽视了批评这个东西往往只对人的感性起作用，而对激发人的理性无能为力**。这也是因为批评这种行为的反人性本质。一般来说，对于一个反人性的东西，你很难要求人们理性对待。因为你刺激的就是人们的感性系统，却偏偏强行要求人们用另外一个毫不相干的理性系统去很好地管控他们的感性系统在遭到刺激以后产生的感性反应，这种做法无异于张冠李戴、对牛弹琴，效果甚微也是理所应当的事情。这就好像你拿针扎了一个人，然后告诉他："你不能感到痛哦！你应该感到很舒服才对！"这纯粹是自欺欺人之举。当然，通过人的意志力强制性地转移对于疼痛的关注是有可能的，比如说关公"刮骨疗伤"的典故就是一个典范。不过这并不能说明疼痛这种感觉不存在，抑或疼痛在强大的意志力作用下可以转化成一种令人舒服的感觉，这完全是两码事。批评也一样。可以"接受"批评往往不意味着对于批评内容的接受，而仅仅意味着对于"批评"这一动作本身的妥协（比如说"你是老板你牛×，我怕了你了，所以接受你的批评"），希望通过这种妥协尽快结束这种令人不悦的心理体验。

更有甚者，**即便被批评的人从理性上能够认可批评的内容，也往往无法接受批评这种反人性的形式**。他们往往会被批评激怒，产生严重的逆反心理，明知会犯错也会主动地做错事，就是为了对批评者进行报复——就凭你这态度，老子还就是不改了，看你能把老子怎样？！这是极为讽刺的现象：

批评的本意是为了激发人们的理性，结果却恰恰扼杀了人们的理性。真可谓南辕北辙、自食其果。

所以，批评这一行为方式最自欺欺人的地方就在于：它一方面希望以最快的速度高效解决问题；另一方面又亲手给解决问题这一最终目的增加了重重障碍，甚至留下无数后遗症。按照郭德纲的说法，如果谁相信批评是一种高度有效，甚至唯一有效的激励方式，那就只能用这句话来形容他了：（即便你有病）有药也不给你吃！

令人不寒而栗的是，一个如此简单、薄如蝉翼一般的事实，千百年来却几乎从未有人试图捅破过，让这些荒谬的东西蒙蔽我们的心灵如此久，导演了如此多的人间闹剧和悲剧。就像发了一场春秋大梦，是到了该醒醒的时候了。

总之，从结论上说，任何一种试图在反人性的前提下诉诸人们理性需求的激励方式都是低效乃至无效的。瞄准人的理性不是不可以，如果你想这么做，那就一定要顺人性而为。因为只有让人的感性舒服了，他才会产生释放理性的动机。有关这一点，我将在后面的文字中详细描述。甭管怎么说，"激励"这个词往往更多地与感性相关，而与理性关系不大。原因很简单。何为激励？说白了就是"爽"与"不爽"的区别。感到爽，就是正激励；感到不爽，就是负激励。

很显然，无论人的主观愿望是什么，批评与赞美所针对的都是人的感性。只不过，批评这一方式更多的效果是负激励，因为它让人感到不爽；而赞美这一方式更多的效果是正激励，因为它让人感到爽。

两相对比，孰优孰劣，可谓一目了然。

6. "良药"何必"苦口"

长期以来，对于"良药苦口"（事实上，许多人对于"批评"这一行为的理解，就是这样的）这句话我是有着极强的反感心理的。我觉得这纯粹是一种费力不讨好的强迫症式思维。这种思维似乎预设了这样一个愚蠢的前提：好的东西一定是招人烦的，招人喜欢的东西一定不是好东西，试图通过这样一种违背人性的逻辑把地球人都逼疯。

很明显，"良药"，是人性化的好东西，而"苦口"则是反人性的坏东西，用一种反人性的坏东西去装点一个人性化的好东西显然是一种荒诞的搭配方式。正常的搭配方式应该是：让"良药"的味道"甜"起来，是为"良药甜口"。即便我们不能完美地做到这一点，也应该以此为最终目的，想方设法向这个目标靠拢才对。怎么能够反其道而行之，心安理得地"享受"苦口良药呢？真是不可思议！

那位说了：你可能误解了"良药苦口"的意思。这句话的意思是，世界上没有现成的午餐，任何获得都需要相应的付出；任何美好的事物都需要经历相应的磨难。俗话说，"宝剑锋从磨砺出，梅花香自苦寒来"。只有经受磨砺，才能出人头地、享受美好。所以，归根结底磨砺是一个好东西，是成功的必由之路，强调磨砺的重要性何错之有？！

没错。"没有人能随随便便成功"，强调磨砺很正确，但这里的"磨砺"一词前面一定要再加上一个定语，那就是"必要的"。

坦率地说，由于我们被"良药苦口"之类的荒谬价值观洗脑太久，已经不由自主地患上了一种可以被称为"找麻烦强迫症"的怪病，固执地认为麻烦是成就的"必然"之母，麻烦越多成就也必然会越大。所以，尽管我们从骨子里怕麻烦，却又总是不由自主地上赶着给自己找麻烦，似乎在潜意识里生怕自己经历的麻烦不够多，会影响到未来成就的成色与程度。这就好像一个人面前横着一堵墙，墙上有一扇门，他可以有三个选择：绕过去、撞过去、开门走过去。很显然，最后一招是上策，是聪明人干的事；第一招是中策，是正常人干的事；而中间那招，即"撞过去"的做法是下策，是傻瓜干的事。不可思议的是，我们中的相当一部分人都会不自觉地选择"撞过去"的下策，争先恐后地做傻瓜。当然，我们这么做并不是因为我们愿意当傻瓜，而是因为我们被洗了脑、得了强迫症，似乎总认为过于唾手可得的东西靠不住，充满了未知的凶险（尽管这种凶险仅仅是想象出来的幻象而已）；即便靠得住也显得我们不够强大、不够牛×、不够有面子。所以，**我们宁可把自己撞得头破血流，也要主动选择下下策，因为只有这样做才会让我们产**

生安全感以及"受到了磨炼"的成就感，满意于自己的"强大"乃至被自己的"强大"所震撼、所感动。

不过，即便如此我还是要说：傻瓜就是傻瓜。傻瓜与否和一个人的主观意志无关，只与他的具体行为有关。所以，请务必记住，上赶着给自己找麻烦，试图以此来证明自己抑或锻炼自己，非但不能说明你有多牛，相反只能证明你有多傻。

要知道，即便你不给自己找这些麻烦，生活中已经会有无数麻烦等着你去经历与承受了。人固然不能怕麻烦，也绝不能为了"磨炼"自己而主动给自己找麻烦。因为这两件事完全风马牛不相及，绝不可混为一谈。恰恰相反，正因为人的一生需要经历与承受的麻烦实在是太多了，所以如果有可能，我们要竭尽全力走捷径，尽可能地绕开麻烦、回避麻烦，让麻烦躲我们远远的。只有这样做，我们才会有足够的精力应付乃至战胜那些无论如何也绕不开、躲不掉的大麻烦。

毛主席教导我们：捷径就是阻力最小的路。

学会走捷径，才是真正活明白的表现。如果你实在放不下"磨砺"这个词，总觉得人生没有磨砺似乎缺了点儿什么，让人不放心，那么我们不妨这么说：锻炼自己寻找捷径的能力，本身也是一种磨砺，而且是一种更有价值的磨砺。

不可否认，很多人确实有自以为是、小富即安的毛病。不过关于这当中的是非曲直，却有不少文章可做。

其一，自以为是的是与非。

坦白说，赞美听得多了，人确实会变得自以为是。但对于自以为是这件事，我们需要一分为二地看。

何谓"自以为是"？无非有两个方面的含义，一个是"认为自己对"，另一个是"认为别人不对"。

前者没有什么问题。因为其本意就是自信，而自信是人的生产力源泉，应该得到鼓励，对于这一点大家应该不会有异议。异议主要集中在后者身上，即"认为别人不对"，是"自以为是"的短板。

这就需要做一下分析与权衡了。显然，"认为自己对"并不总是意味着

"认为别人不对"。也就是说，自信与自以为是还是有一些区别的。前者并不鼓励一味地否定别人，而是鼓励拥有自己独立的观点。如果别人错，那就大力反对；如果别人对，那就大力拥护。仅此而已。

但是，既然"认为自己对"，那么"认为别人不对"也将是一个大概率事件。从这个意义上讲，自信与自以为是又没有太大的区别。只不过，相比较而言，敢于独立思考、拥有自己的观点，拒绝人云亦云、随大流的懒人与庸人模式无疑更为重要，更有利于激发我们的潜在生产力与创造力。

所谓"两害相权取其轻"，就是这个道理。所以，不要害怕自以为是，长期以来，我们中国人对于"拥有自己""强大自己"这件事实在是过于诚惶诚恐、过于谨小慎微了，好像这些事有多么见不得人，一旦沾手就会让我们背上沉重的负罪感一样。矫枉必须过正，和强大到难以撼动的"人云亦云""随大流"的惯性相比，其实有的时候"自以为是"反而是一种美德，值得大力肯定。

更何况，"认为别人不对"和"拒绝与别人合作"完全是两码事，在这方面，我们中国人向来有一种神奇的平衡能力，在必要的时候可以轻松超越意识形态之争，瞬间将所有人黏合在一起。

其二，**小富即安的真相。**

说到自我膨胀、不思进取，也就是所谓的"小富即安"现象，这里面的文章就更多了。

显然，赞美会令人自我膨胀，这一点没有争议。不过，通过前面的论述，我们已经一再地证明了"自我膨胀"是一件天大的好事，至少总比"自我菲薄""自我萎缩"强得多。所以，如果一个团队领导能够让自己的团队成员个个都"膨胀"起来，那么他一定是一个天才的领导，而绝不是一个废物点心。

因此，"安"不是问题，问题在于"小富"，亦即取得一点儿成绩便不思进取，躺在成绩簿上睡大觉。这确实是一个大麻烦，值得我们深刻思考、认真解决。

但是，小富即安是自我膨胀的必然结果吗？

恐怕不尽然。事实的真相也许是：**小富即安这一现象恰恰是由于膨胀得不够，而不是膨胀得太多造成的。**

长期以来，我们中国人实在是太缺乏膨胀的机会，也太饥渴于膨胀的美好感觉了。因此，只要稍微有一点点膨胀，我们就会止步不前，待在原地如饥似渴地享受膨胀带给自己的美好，生怕再往前多走一步就会失去这已然到手的小小幸福。也就是说，**中国人的小富即安更接近于一种见好就收的明智，而不仅仅是不思进取的表现。**只不过，"见好就收"里面的"好"实在是过于小家子气、过于拿不出手罢了。而这种小家子气，恰恰是不自信，没有尝过或压根儿就不敢品尝"大好"与"大富"的滋味造成的。因此，如果我们想克服小富即安的小家子气，不但不能扼杀我们的膨胀与自信，相反要大力鼓励自信，让我们更加膨胀，对未来充满更多的欲望才行。毕竟从本质上来说，人的欲望是无止境的，人的贪婪是天生的，不可能也不应该发生小富即安这样的事情。这种事情的发生，一定是由于我们贪婪的本性受到了压抑，因此必须将贪婪从压抑中解放出来，我们才可能义无反顾、竭尽全力地去追求大富、摒弃小富。而要做到这一点，只有让我们膨胀起来、无极限地膨胀起来，彻底冲破小家子气的束缚。

所以，**如果你发现你的赞美让你的团队成员不思进取，那么你恰恰需要加大赞美的力度，而不是相反。**因为只有赞美，而且是喋喋不休的赞美才能够为你的团队成员带来持续不断的膨胀，而只有持续不断的膨胀才能使他们的发动机重新恢复隆隆的轰鸣声，并让这种轰鸣永不停息。

也许有人会说：尽管我可以承认赞美的长处，可是赞美也有一个致命的短板，那就是容易造成心理的脆弱。总是接受赞美的人容易自我感觉过于良好，而当这些人一旦遇到挫折的时候，过于良好的自我感觉又会变成一个沉重的负担，让他们更容易受到打击且很难重新站立起来。所以，凡事都要看两面，以偏概全的观点是非常危险的！

诚如此言。在我们的生活当中确实存在着这样一种现象，即听惯了好话的人似乎往往会表现得比较脆弱，稍有风吹草动便会神经过敏、反应过度。至少从表面上看，他们的抗击打力和心理承受力确实显得低人一等、令人担忧。

不过，还是那句话，这样的脆弱表现真的和赞美过多有关吗？

恐怕不尽然。

在我眼里，之所以这些人会表现得极为脆弱，不是因为太自信，恰恰是由于太自卑；不是因为好话听得太多，恰恰是由于好话听得不够。

别着急，听我慢慢解释。

那些从娘胎里出来便听足赞美之声的人长大后会变成一个心理脆弱的人吗？也许有可能，但概率一定不高。

这是一条非常简单的逻辑线：赞美能让人更自信，自信能激发人的潜力，潜力能激发人的活力与创造力，活力与创造力能使人获得更多的成功，更多的成功会让人更加自信……这是一个典型的良性循环的轨迹。这样的循环越多，人的心理承受力便会越强大。就算失败是一种令人失望的心理体验，这种体验与长期的成功所带来的强势心理积累相比也是不值一提的，根本就不可能撼动人们固有的自我认知方式，因此也不可能让人们变得脆弱不堪。

不过，我们的身边确实有不少脆弱的人，这又是怎么回事呢？

两个原因：

第一，**心理积累根本就不强势。**

许多人看似强势，可稍遇挫折便会表现得不知所措、进退失据，这说明他们的强势只是一种假象。他们从未有过真正强势的心理积累，即便有，这些积累也远远不够，不足以支持他们正确对待短暂而剧烈的挫折。所以他们才会对赞美表现得异常敏感，体现出一种强大的依赖心理，一旦失去赞美，哪怕是片刻的失去都会令他们极其神经质、极其恐惧，以致做出失控的行为。

因此，这样的人归根结底属于那种从骨子里自卑的人。他们从小便与赞美无缘，极端缺乏成就感的刺激，长大后才会如此渴望赞美、依赖赞美。从这个意义上说，如果你想让他们重新站立起来，唯一的办法就是给予他们更多的赞美，最大可能地帮助他们获得成就感，直到他们通过一个接一个的成功，彻底摆脱心底深处的不自信为止。

第二，**持续而长期的失败彻底击垮了强势心理积累。**

人们之所以脆弱，还有一种可能。那就是经历的失败过于残酷、过于频繁，以致将长期积累的自信心击得粉碎，令人跌倒之后很难再爬起来。对于这种情况，解决问题的办法只有一个，那就是尽量帮助他们恢复自信，而做到这一点也只能通过强化而不是削弱赞美的频度和力度。因为这个世界上没有什么比赞美更有利于建立自信的途径了。不夸张地说，**赞美就是自信的"傻瓜式生产机"**，它可以随时随地地批量生产自信，而且百试不爽。尤其对极度缺乏赞美并视面子如命的中国人而言，其效果更是出类拔萃，简直可以说一试就灵。

举个例子。我们经常说相比小人物（比如说你我）而言，往往大人物（比如说名人和伟人）更加扛得住挫折的打击。

为什么会这样？

是因为大人物们都是被骂大的，从小就对夸赞不以为意造成的吗？

未必。我认为这些人之所以扛得住挫折是因为他们建立了足够的自信，而之所以他们能建立起足够的自信是因为他们得到了足够的赞美，而之所以他们能得到足够的赞美，是因为他们做出了足够的成绩，而之所以他们能做出足够的成绩，与他们从孩提时代起就得到了足够的赞美密切相关。

我们不妨做一下相反的推测。如果一个人从孩提时代起就得不到足够的赞美，他怎么可能做出足够的成绩？而做不出足够的成绩，他又怎么可能获得更多的赞美？而没有更多的赞美，他怎么可能获得足够的自信？而没有足够的自信，他又如何能够扛得住挫折的打击？如果连小小的挫折都扛不住，他又怎么能成为名人或伟人？

就是这个道理。

当然，赞美不一定来自外部。正如我在前面所说，赞美也可以来自内部。

所以，即便有许多名人和伟人确实是被骂大的，这一点也不可能是他们之所以能成为大人物的决定性要因，恰恰相反，"被骂"这件事会深深地激怒他们，让他们更倾向于猛烈地赞美自己，而正是这种猛烈的赞美，最终成就了他们的人生。

因此，如果我们只看到事物的表面，片面地认为"被骂大"是成为大人物的一个必然前提，我们将会犯下致命的错误。因为与成就我们相比，这样的价值观彻底毁掉我们的概率会更大。

总之，赞美是人的生命中最有营养的物质之一。承认这一点绝不丢人，拒绝承认这一点才是真正的幼稚。

如果你想改变自己和他人的人生，如果你想让自己的团队在最短的时间内出现焕然一新的气象，那么，从现在开始拥抱赞美，一切都还来得及。

当然，拥抱赞美不代表着对批评的绝对排斥。作为一种管理和激励手段，必要的时候可以进行批评，不过一定要谨慎、适度。可以这么说，人对赞美是完全不设防的，任何时候、任何方式的赞美都能轻易地达到取悦乃至激励人的效果；批评则不同，人对批评是高度敏感、高度设防的。哪怕你只摆出一个准备批评的架势来，都会让人浑身的神经紧绷，本能地进入防守反击的状态。还没批评就已经这样，更不要说正式开始批评了。

所以，为了让批评达到理想的效果，一定要注意以下几个基本原则。

第一，**切忌频繁。**

既然人们对批评有着本能的反感和抵制情绪，就说明批评是所有矫正乃至激励手段中最没有建设性的一个。因此，**除非事实清楚、后果严重，批评一定要慎之又慎，能少则少、能免则免。**

不过，换个角度来看，其实真正事实清楚、后果严重的话，批评本身也便没有任何意义了。因为在这种情况下，当事人早已痛彻心扉、主动反省了N回，用不着你再画蛇添足般地上赶着批评一回，好像不这样做就显不出你是个人物似的。

所以，我们的问题，就在于过分低估、过分不相信人的反省能力和反省动机，总觉得自己不说上两句别人连"杀人放火是不对的"这件事情都搞不清楚。从这个意义上讲，当"批评"这件事情发生，尤其是频繁发生的时候，真正需要反省的往往是批评的人，而不是被批评的人。

当然，以上这些要点主要指的是当面、直接批评这种方式，如果是侧面、间接批评的话情况可能会有所不同。可无论怎么说，批评的手段缺乏建设性这一点还是说得通的，只要有一线可能，还是要尽量避免这样做。

第二，**切忌过度。**

"批评"这个东西，一定要适可而止，切记过犹不及。 在批评人的时候，我们往往容易发力过猛。因为我们觉得发力越猛，就越容易尽快纠正错误、取得改善。而这种心态和做法是绝对错误的，常常会适得其反。这就好像菜里没有咸味不香，并不意味着猛撒盐就能解决问题一样，过度的批评也往往意味着反作用。每一个人在犯错的时候，其实心里都有一杆秤，对于这个错误有可能带给自己的后果有一个基本的预期。只有真实的后果与事前的预期大体相同的时候，人们才有可能做出真正的反省。而当后果过轻或过重，与预期相距太远时，真正的反省是不易发生的。尤其是后果过重，对于当事人的反省往往是毁灭性的。因为这样做会激起对方的逆反心理，反而会刺激他为自己的行为辩护，尽可能地将其合理化。或者，他会做出纠正的行为，但绝不会做任何的反省。而这种不反省的心态往往极其危险，这就意味着同样的错误可能随时会复发。而且重点是，一定不会在你眼皮底下复发，令你更加防不胜防。

当然，对批评者来说，他们也有自己判断是非的标准。也许在犯错者的眼里他所犯的错误只是毛毛雨，而在批评者的眼里这个错误简直就是晴天霹雳。可即便如此，过于猛烈的批评乃至抨击也依然是一个下下策。这样做唯一的用处是可以让对方知道你对这件事的态度，却对对方做出符合你这一态度的举止没有任何裨益。因此，即便对方的犯错程度远远超出了他本人的预期，与猛烈的抨击相比，也许心平气和、缓缓道来的态度更能让对方感到心惊肉跳、悔不当初。大家不妨做一下换位思考，细细品味一下个中滋味。

第三，**切忌过分一本正经。**

我在前面说过，人们对于批评这一行为是格外敏感、高度设防的。因此，为了拆除人们的心理防线，我们要尽量减少一本正经的批评，避免形式主义。

打个比方，如果你是一个上班族，某天在公司里忽然被领导一脸严肃地喊了一嗓子："到我办公室来一下，我有事跟你说！"你会有什么感觉？

又或者，你是一个中学生，有一天父亲突然板着脸对你说了一句："到我屋里来一下，我要和你好好谈一谈！"你的心情会怎么样？

当然，用"吓得尿裤子"来形容可能有些夸张，但你的心情一定会与这种感受类似。既然如此，这种一本正经的批评方式能取得良好效果才叫见了活鬼。

有些人可能会有异议，认为必要的形式感可以强化批评的力度，让被批评的人能够更为重视。可我对此持反对意见。正如我一再强调的那样，"批评"这个东西本身就具有一种魔力，令人不寒而栗。尤其对中国人而言，对批评的敏感与戒备更是无与伦比的。在这种情况下，任何强化批评力度的行为都不大可能取得预期效果，只能把事情搞砸。

就拿前面这两个例子来说，当人们听到"到我屋里来一下"这种话的瞬间就会立刻石化，或者迫不及待地给自己穿上厚厚的铠甲，让自己武装到牙齿。这样的状态下，你还指望玩形式、增力度，不是太可笑了吗？

总之，如果你想要批评达到预期目的，最有效的办法就是不着痕迹，用一种行云流水、顺其自然、极其隐蔽的方法表现出来。不过，因为这一方式多多少少有一点儿突然袭击的意思，所以切忌过火，一定要掌握好分寸。

7. "批评"与"赞美"的本质

那位说了：人总有缺点，总会做错事。做错了就要承认，就要纠正，这时就绝对需要批评。从这个意义上讲，批评才是纠错、改善与进步的发动机，怎么会没有建设性呢？

诚然此言。我们每一个人都会做错事，做错了就需要改正，只不过这样的改正，不一定要通过批评来实现。更有效的办法，是开诚布公，在完全平等的情况下心平气和、推心置腹地交流与沟通。

一般来说，批评是一种居高临下的东西，这里的"居高临下"不一定是指职位和立场上的高低（尽管在我们这里，绝大多数批评都与职位和立场的高低关系紧密相关），更主要的是指"是非对错"，即道德层面的高低关系。可甭管是哪种关系，只要有居高临下，就意味着不平等，只要有不平等，就极易激起人们的强大抵触与反感心理，使批评这一行为的既定目的极难达成。之所以说批评缺乏建设性，要害就在这里。

因此，与居高临下的批评相比，放低身段、缓和语气，在双方完全平等的状态下摆事实、讲道理，进行推心置腹的沟通与交流，才是彻底解开心结、促人幡然醒悟的唯一良方。

不要说成年人之间，即便是成年人与幼童之间，这种居高临下的批评也往往是无效的。任何做过父母的人都不会否认这样一个事实：哪怕面对一个三岁的小孩子，以大人的优势立场居高临下地教训他，其效果都远远不如放低身段，以一个同龄人的立场给他讲道理，甚至进行一对一的平等谈判。

这就雄辩地证明了人类对立场的敏感是天生的、不可更改的。任何预设立场、为立场的高低优劣定性的企图都会激起人们本能的警惕。

不只如此，对很多人而言，一个残酷的现实是："批评"一词往往与"斥责""辱骂"同义，很少有所谓"真诚、平等沟通"的韵味存在。在这样的背景下，我们的批评往往会沦为一种居高临下的撒气，甚至是过嘴瘾、耍威风的行为。不夸张地说，批评人的人别看往往表面上表现得怒不可遏，其实那暴突的青筋和满面的红光早就泄露了其淋漓尽致地享受快感的真相。事实上，连他自己都不相信被批评的人真能听得进去他严厉的抨击之语，而且他也并不在意对方是否真能听进去。他在意的，归根结底是享受居高临下抨击人的快感，抨击得越猛烈，就离快感的高潮越接近。因此，动辄喜欢批评人的人往往都有纵欲的心理趋向，他们索取无度、极难控制自己的欲望。在这种情况下，可以想见被批评的人是一种什么样的心态和状态。毫无疑问，这种场面对他们而言就是一种心理摧残，除了巨大的痛苦以及尽快结束这一痛苦过程的强烈期待之外，指望他们做出任何"深刻的反省"都是幼稚得可笑。

既然如此，说批评毫无建设性，又有什么错呢？

从本质上讲，批评别人，其实就是变相地表扬自己。一个人从批评别人这件事中得到的满足与激励，无论从强度还是深度来说，都丝毫不亚于从被别人赞美这件事中得到的满足与激励。

可能有人又会问：好吧，我愿意承认赞美比批评更有利于激发人的潜力，可为什么一定要在赞美前面加上"喋喋不休"这几个字呢？我觉得和批评一样，赞美也应该适度，过分了就会变成形式主义。为赞美而赞美，人们也就对赞美有了免疫力，会产生麻木心理，使赞美失去其应有的激励效果，难道不是这样吗？

这样的质疑尽管很有代表性，答案却异常简单。不错，在我们生活的这个世界上有无数诱惑，而它们中的绝大多数都存在着一个"物极必反"的问题，亦即一旦超越一定的底线，诱惑的效果便会大幅减弱乃至彻底消失。但是，也有极个别的诱惑是例外，对于它们，我们的欲求是无止境的，根本不可能存在一个明确的底线。赞美，就是其中之一。我可以非常肯定地给出结论：除了极个别的精神变态者（也许这些人会打着"成熟"的旗号来掩饰自身的变态），我们这个世界上几乎不存在对赞美拥有免疫力的人。赞美就像一剂无毒副作用的春药，让人无限陶醉，吃多少都没够。

因此，不要害怕"喋喋不休"会让人麻木不仁，恰恰相反，对于赞美，我们需要尽情地慷慨，慷慨到什么程度都不过分，最好做到"喋喋不休"的程度。只有这样，才能达到量变产生质变的效果，从根本上改变一个人的精神状态，让他的身上充满不竭的动力。

举个例子。我们都知道演艺人员是一个神奇的群体，这一群体的神奇体现在两个方面。

其一，"不工作，毋宁死"是职场人士的最高境界，而真正做到这一境界的人堪称稀有动物。只要我们够诚实，我们就会承认这样一个事实：其实大多数人都视工作为鸡肋，属于为了生存不得已而为之的事情。这也就雄辩地解释了为什么有那么多的职场中人都属于"八小时之内像条虫，八小时之外是条龙"的主儿。不过，有一个行业的人淋漓尽致地做到了这一境界，或者更准确地说，他们在某种程度上甚至超越了这一境界。这些人，就是演艺界人士。我们经常可以在报章上看到，某某演艺界人士从国外游玩回来，迫不及待地对蜂拥而至的记者剖露心声：我现在最想做的事情就是工作，如果不让我工作还不如死了算了。这里的重点在于，他们绝不是说着玩，或者为了忽悠和取悦老板而言不由衷，他们可是动真格的。地球人都知道的一个事实是，演艺人员恐怕是这个世界上最敬业的群体，他们可以三伏天穿棉袄，也可以三九天穿比基尼；他们可以连续一周不睡觉，通宵达旦地工作，也可以狂睡三天三夜也睡不醒，吓得家属直想拨打120；他们可以在一个月的时间里暴肥30斤，让自己变成一个货真价实的胖子，也可以在两三个星期内暴瘦20斤，让自己成为一根不折不扣的麻秆……

有一位国内顶级男神的故事传遍华夏大地：为保持良好的身材，这位男神居然连续20多年每天只吃一顿饭！

这还不算最离谱儿的，更不可思议的是：仅靠这一顿饭提供的能量顶着，这位男神每天的工作时间居然都不少于20小时，这就意味着，他每天的睡眠时间平均只有一两个小时而已！

这些都是真事，而不是传说。说这样的人不敬业，恐怕连老天爷都不会答应。

那位说了：这不是玩命呢吗？

没错，确实是在玩命。但这些演艺界人士明知这种玩法不要命为什么还要这么玩呢？个中缘由实在耐人寻味。

其二，众所周知，其实演艺圈的许多"星星"在出道之前都是小混混，甚至个别人还属于彻头彻尾的社会渣滓，可就是这样一些人，一旦摇身一变成为"星星"，各种奇迹便会在他们身上发生：曾经大字不识几个，上学时作文从没及过格的主儿，一旦成为"星星"，居然能一本接一本地狂出畅销书，令专业作家都叹为观止；曾经一拿起英语课本就头疼，一背单词就犯困的主儿，一旦成为"星星"，居然能在区区一两年内成为英文达人，连纯种美国人都自愧不如……这还不算完。你会发现，人一旦变成"星星"，就会立马成为超人，简直是十八般武艺样样精通，天底下没有他们玩不转的事情。比如说，如果你认为一个大明星仅仅是演艺界的翘楚，其他方面的才华只不过是业余爱好、偶尔玩玩，那你就大错特错了。因为这个大明星很有可能同时还是一个画家、建筑师、营养师、神医、赛车手、飞机驾驶员、潜水员……简直是"可上九天揽月,可下五洋捉鳖"，上天入地无所不能。这样的人，不是超人是什么？尤为关键的是，这些让人看着直眼晕的头衔绝不是什么山寨版，更不是玩票性质的水货，而是货真价实的干货，拿出哪一个来都能把那个领域的专业人士活活PK掉。

想想我们这些可怜的凡夫俗子，即便使出吃奶的劲儿，这辈子也未必能弄成一件事。而这些大小"星星"却可以如此轻松（至少在我们凡人看来是这样）地搞定这么多的事情，两相比较之下，不得不让我们深深地怀疑天底下的人类是不是同属一个物种，抑或还有其他不为人知的分支和亚种。

好在理智和从小受到的教育告诉我们，大家应该是同一个物种，照理不会有太大的区别；可区别却又真实地存在着，而且是如此触目惊心。

这又是为什么呢？！

好吧，让我们揭晓答案。

答案是如此简单：这些奇迹之所以会频繁地发生在"星星"们的身上，就是因为他们能够轻易获得赞美，而且是喋喋不休乃至无穷无尽的赞美。

简而言之，"明星"这个行业是"捧"出来的行业，亦即以赞美为主要载体的行业。"明星"一词本身就意味着猛烈的赞美，没有赞美，何来"明星"？正是由于一个人一旦进入"明星"的世界，便会顷刻间遭遇铺天盖地的赞美，他们的自信才会暴涨、小宇宙才会爆发，所有潜力才会被骤然释放，以令人措手不及的方式淋漓尽致地展现出来。一般来说，别说他人，即便是明星自己也往往会对自己身上发生的这种奇特的化学反应缺乏必要的心理准备。刚开始，他们会认为所有的一切都是错觉，是梦幻，完全没有真实感。仿佛大放异彩的不是他们，而是他们的某个替身；但是，猛烈而迅速的成功又会让他们的错觉在极短的时间内步入另一个极端，亦即相信自己是个超人，而且是天生的超人。这种良好的自我感觉又会反过来进一步刺激他们的膨胀心理，让他们的发挥愈发顺风顺水，直至达到吃吗吗香、玩吗吗成的最高境界。

借用一句现在的流行语，这种状态就叫"开挂"——一个人一旦出彩，便会一发不可收，将自己的所有潜力发挥到极致。

不过，遗憾的是，错觉毕竟是错觉，除了极个别内心强大的人之外，他们中的绝大多数都会过气，即所谓的"流星"，迅速地失去这一切，回归一个普通人，甚至小混混的本来面目。这样的案例实在是不胜枚举。我们常会在网络上看到一些介绍过气明星悲惨遭遇的文字，就是这一现象的明证。对这些人的遭遇，同情者有之，不屑者亦有之。但有一点是共同的，那就是大家都认可这些人之所以会如此悲惨，完全是"挥霍过度"造成的，因此他们能有今天，很大程度上只能称为"咎由自取"。

对于这一点，我有不同的看法。我认为，对这些曾经极度辉煌，后来又骤然落魄的人而言，"挥霍过度"的判断本身没有错，只不过这样的挥霍并不是有意的，而是无意的。事实上，在他们辉煌的顶峰期，他们会一厢情愿地认为自己的一切都是靠真本事得来的，而与自己"星星"的身份本身关系不大。既然本事是自己的，而"星星"的头衔只不过是一个身外之物，那么即便有一天失去这个头衔，只要一身本事还在，获得目前的一切也依然会易如反掌。所以他们才会肆无忌惮地挥霍——身上的本事给他们提供了强大的安全感，无论怎么挥霍，他们也不担心。

可他们错了，错得不可救药。对他们来说，其实一身的"本事"是虚幻的，而"明星"的头衔则是唯一真实的：有这个头衔，你就有天大的本事；没这个头衔，你将顷刻间武功全废，沦为一介庶人。

终于，现实证明了一切：绝大多数明星都会在人生的某一时刻度过自己的巅峰期，无可奈何地沦为"流星"。所有的赞美都将离他们远去，他们的自信会迅速萎缩，潜力将被重新掩埋。如果他们不曾挥霍，他们可以凭借丰厚的积累度过一个惬意舒适的余生；而如果他们曾过度挥霍，他们将不得不与街头的乞丐为伍。

这就是残酷的现实。

现实是残酷的，而道理则是清晰的——只要我们向一个人源源不断地提供赞美这一重要资源，一直到他死的那一天，哪怕就是生活在虚幻里，这个人也能将自己的人生活得淋漓尽致、精彩至极。

这就是赞美，而且是"喋喋不休"的赞美的强大威力。

有些人可能会不服气：谁说明星的生活里只有赞美？俗话说"树大招风"，明星要面对的吐槽绝不比赞美少！这就说明明星的强大并不像你所说的那样是虚幻的，而是真实的！

诚然，我并不想否认明星的强大中也存在着真实的部分，并非完全是虚幻。即便是普通人，也会有强大的一面，何况明星？我只是想说，至少与凡人相比，明星的强大被过分夸大了，事实与大家乃至明星自己的想象相距甚远。仅此而已。其实，即便是对那些暂时身处逆境之中的明星，抑或那些依然在顽强拼搏的准明星而言，"明星"这一头衔所代表的一切，尤其是浩如烟海的鲜花与赞美，也是他们能撑过来乃至继续撑下去的强大动力。如果没有这些刺激因素，极难想象这些人能扛得住所有的打击与艰辛。

不止如此，我们人类都有一项本事，那就是自动屏蔽吐槽、保留赞美。不要小看这个本事，对明星而言它格外重要。因为明星是公众人物，得到的赞美与吐槽的数量都会是一个天文数字。而即便明星遭遇到200万个吐槽，相比之下得到的赞美只有100万个，只要他们能将所有的吐槽全部屏蔽，他们也将顷刻间独享100万个赞美。这就是他们能够保持强大的重要秘诀之一。

就这么简单。

当然，虽然人们对于赞美的极度渴望往往会令他们疏于防范，但是过于露骨、轻浮、草率的赞美有时也会适得其反。就算是虚荣心再强的人，赞美超过一定的限度也会激起本能的警惕和反感。所以，在喋喋不休地赞美一个人时，必要的真诚感还是不可或缺。哪怕是言不由衷的纯表演，也要尽量装得像一点儿，千万不能太大意、表演得太假。总之，**人们的不设防心理为我们成功地"表演"赞美提供了足够富余的空间，只要我们不过分挥霍这份富余，达到目的将轻而易举。**

必须指出的是，长期的言不由衷会在一定程度上增加我们自己的心理负担，扭曲我们自己的精神状态，令我们自己疲惫不堪。因此，尽量做到真诚地赞美无论是对他人而言还是对我们自己来说都是一种有利于身心健康的良好行为。而做到这一点其实也不难，只要我们为自己培养出一双善于发现他人长处的眼睛就行。道理很简单，无论是多差劲、多恶劣的人，也总会有一两个优点，正如无论多先进、多优秀的人，也总会有一两个缺点一样。**只要我们能克服自身的心理障碍，将注意力放在发掘人的优点上面，"真诚地赞美"这件事便完全可以做到信手拈来。**

不过，还有一种心理障碍也许我们很难克服，那就是我前面提到过的面子问题。夸赞别人等于给别人面子，而给别人面子则意味着自己没面子。这一心理障碍是相当不易克服的，但也没有关系，只要我们能咬牙挺过最初的难关，局面便会豁然开朗：正因为你身边大多数人的嘴都很贱、很毒，所以如果你能成为一个嘴甜的人，你的人缘一定会非常好。尤其对一个团队的领导者来说，你将成为所有团队成员最喜爱的人，独享一呼百应、唯你马首是瞻的殊荣。如此美事，何乐而不为？！

尽管喋喋不休的赞美如此简单、如此有效，可遗憾的是，现实中很少有哪个团队领导能够做到这一点。恰恰相反，他们更喜欢做的事情是喋喋不休地批评。

我们每一个人都碰到过这样的领导，他们一旦抓住一个基层员工的小辫子，就会翻过来掉过去地训斥个没完，恨不得将后者生吞活剥。还不仅这样，更要命的事情还在后面。这些领导绝不会训完了便迅速翻篇、既往不咎（尽管他们常常会在嘴上做这样的承诺），而是会在未来的日子里只要得到机会便旧事重提，哪壶不开提哪壶，不停地戳你的伤疤，哪怕你早已改正错误、重新做人，他们也绝不会轻易放过你。这种喋喋不休的批评，对上司而言无疑是一种信手拈来的享受，可对基层团队成员来说则大大地不同，它就像一个恶疮一样长在他们的身上，恶心在他们的心里。摊上这样的领导，一个团队如何才能有生气、有士气，如何才能奢谈激励呢？

因此，**放弃喋喋不休的批评，学会喋喋不休的赞美，不但可以迅速改变一个团队领导的管理风格，大幅提升他的个人魅力与威信，更可以有效扭转一个团队的整体风气，可谓一条高效管理的捷径。**

其实，不只是赞美下属，即便是奉承下属，团队领导也应该大胆尝试一下。

毫无疑问，至少按照一般的逻辑理解，奉承谈不上是一个褒义词，可作为一种终极赞美方式，奉承也有着得天独厚的优势：

其一，**姿态**。

奉承带有讨好的意思，而讨好则意味着低姿态。所以，如果一个上司能够反其道而行之，主动奉承下属，那么他至少做到了两点：既赞美了下属，给予了对方信心；又抬高了下属，给予了对方尊严。这就叫一箭双雕，双倍效果。

其二，**程度**。

很明显，奉承的程度要远比赞美为甚，给予人的心理愉悦感也便与普通的赞美不可同日而语。

其三，**频度**。

如果一个人动了奉承之心，那么这种行为便很容易成为习惯。如果能够频繁地得到上司的奉承，下属的动力也便可想而知。

不过，必须承认，让领导赞美下属也许不难做到，但是让领导改换作风，主动奉承下属这件事在现实世界里恐怕极难操作。许多团队领导也许会认为这种想法得寸进尺、过于疯狂，几乎堪称大逆不道，必然会在实践中大力抵制。

因此，为了给我们的团队领导彻底洗脑，让他们切实参透个中的利害关系，还是得将话题拉回到激励这件事的本质上来。

我在前面说过，与理性相比，激励的效果往往是通过诉诸感性的方式体现出来的。也就是说，和"对"与"不对"相比，一般来说"爽"与"不爽"才是激励效果最重要的表现形式。而批评与奉承这两种激励方式刺激的对象都是人的感性。只不过，无论是批评还是奉承，由于发起者与接受者的角色在职场中往往是固定的，极难被撼动，所以对领导和下属而言，这种刺激的形式和内容有着天壤之别。

我们可以简单总结一下：

批评：谁爽？领导。谁不爽？下属。

正如我在前面所说，领导们在实施批评这一行为的时候，与其说是在"解决问题"，不如说是在"解恨""过嘴瘾""过领导的瘾"更贴切。所以在这一过程中，爽与不爽的主体是泾渭分明的。

奉承：谁爽？领导。谁不爽？下属。

明明心里不想这样，却不得不这样，下属心中的苦楚和不悦可想而知。我可以负责任地说，即便是对那些奉承领导已成习惯与本能的下属而言，奉承这件事言不由衷的一面所带来的精神压力与精神折磨也丝毫不会减轻。

结论一目了然了。我们赫然发现，在我们的团队里，所有正激励的对象都是坐在办公室里的领导，而所有负激励的对象都是战斗在第一线的团队成员！

这下我们终于弄明白了一件困扰我们许久的事情，知道了为什么在一个团队里意气风发、士气高昂的人总是那些领导，而灰头土脸、士气低落的人总是那些一线员工。

最需要激励的人得不到激励，得到激励的人都是最不需要激励的人，这样的激励还有什么意义？

可见，在我们这里，"激励"这玩意儿常常是一种待遇，而不是手段；常常是一种结果，而不是起因；常常是静态的，而不是动态的。而所有这一切，都是扭曲的、颠倒的、混沌的，是一种典型的资源错配现象。

所以，为了改变这一恶性现象，只有拨乱反正乃至矫枉过正，让激励真正回归其手段、起因、动态的本来面目。

为了达到这一目的，只有这样做：改批评为奉承。从今天开始，尽量不要批评，而是奉承你的下属。让战斗在第一线的他们，而不是坐在办公室里的你自己成为被激励的对象。

大胆地尝试一下吧！我保证你会有海阔天空的感觉。

那位说了：既然你自己都说言不由衷是一件扭曲精神状态的事情，而奉承又是一种典型的言不由衷，为什么你还要鼓励领导这么做呢？

原因很简单。因为和下属相比，领导更有资本和积累应对这种精神面的扭曲现象。一来在下属面前他们是上司，这种天然的立场差异可以最大化地缓和扭曲行为带来的精神负荷；二来他们的优势立场决定了他们绝不会缺少由于事业的成功和顺遂的环境所带来的良性精神积累。这一强势积累足以令他们能够相对轻松地应付某些精神压力。而这些压力对他们的下属来说则往往是不堪忍受的。

那位又说了：领导奉承下属，会不会让下属蹬鼻子上脸，从此变得目中无人、不听话了呢？

答：不会。只要你是个称职的领导，拥有良好的综合素质，而不仅仅是一个老好人、软柿子，那么你就不用担心下属造你的反。事实上，如果你真的能够做到奉承下属，只会让他们受宠若惊、视你为知己。俗话说，士为知己者死。你的行为将会令你的下属对你更加忠贞不贰，视你的目标为自己的目标、你的利益为自己的利益，甘愿为维护这些目标与利益奉献自己的一切。

刘备就是这方面的光辉典范。按照今人的标准来看，他对下属的赞美绝对堪称喋喋不休，而且几与奉承无异。对于诸葛亮、庞统、赵云、马超、关羽，甚至是没少惹是生非的猛张飞，刘备均极少吐槽，而是不吝溢美之词，许多美言已然绰绰有余地逾越了奉承的底线。但是，他的这种低姿态丝毫无损其伟人气质，更加没有引发任何背叛事件，恰恰相反，所有刘备的下属都对其知遇之恩感激涕零，甘愿为这份恩德鞠躬尽瘁、死而后已。甚至在刘备作古之后，下属们的感恩之心与耿耿忠心也未见丝毫削减，而是一以贯之，直至蜀国灭亡的那一天。

千万不要跟我讲"时代变了，人心也会变"这种话，即便时代变了，人心也是不会变的；即便人心变了，做下属的人的心是不会变的。所以，只要领导者的心不变，下属的心就一定会属于你。这件事即便再过1000年也不会变。

8."许三多"和"千颂伊"的启示

关于批评和喋喋不休的批评，以及赞美与喋喋不休的赞美这个话题，有两个经典人物的故事不得不提一下。

他们是中国人许三多和韩国人千颂伊。

这两个人的故事，我在前面的文章中曾经有所涉及，这里再深入剖析一下。

先说说许三多。

看过《士兵突击》的人都知道，许三多是一个打从娘胎里出来的那一天起就完全与"赞美"二字无缘的人。无论是亲朋好友，还是部队里的领导，他们能对许三多做的事情似乎只有一个，那就是批评，而且还是极为严厉与苛刻的批评。而许三多自己似乎对这样的遭遇也并不以为意，或者更准确地说，对于批评，许三多几乎表现出某种甘之如饴的感觉。应了那句话"每天不让人骂上两句身上就不舒服"，他似乎总是在"创造"机会让自己挨骂，然后又总是"勇于乃至急于承认自己的错误"（剧中人袁朗语）。

一言以蔽之，许三多是个典型的"被骂大"的主儿。而且重点在于，对于各种骂声，他总是能够"正确对待"，甘之如饴、安之若素。按照中国人的传统理解，这种人似乎更应该成功、更容易成功才对，可事实又如何呢？地球人都知道，别说成功，许三多的整个人生都差点儿被这些骂声毁掉。

之所以会这样，是因为许三多对批评的甘之如饴，并没有成为他改正错误的动机，而恰恰强化了他延续错误的动机。也就是说，受到的批评越多、越严厉，许三多就越不自信，愈发认为自己就是一个天生的废物点心，这辈子都不可能不犯错，不可能取得哪怕一点点像样的进步。正是这种反复的心理暗示，让许三多为自己的无能彻底定了性，毁掉了他所有改正错误、取得进步的机会，并差点儿毁了他的整个人生。

有人可能会认为这是一种自暴自弃的态度，我却觉得自暴自弃这个词用在许三多身上有些不太合适。什么叫自暴自弃？曾经好过，后来又变得不好并失去重新变好的动机和勇气，这才叫自暴自弃。许三多曾经好过吗？恐怕没有。打从娘胎里出来的那一天起他就从未真正地"好"过。因此他的状态难称自暴自弃——既然从未拥有，也就无所谓失去，更无所谓放弃。正确地说，许三多从一开始就认可了"废物点心"这一自我定位，不相信抑或从未想过自己也能"好"起来这件事。显然，这是一种自杀式的生活态度，如果任由其发展，许三多的人生悲剧将是注定的。他的人生几乎无从开始，即便能够开始也会在一个极短的时间里迅速走向毁灭。

不过，正所谓天无绝人之路，傻人有傻福，许三多的人生不但没有毁灭，相反在极短的时间里走向了常人难以企及甚至难以置信的辉煌。

这又是为什么呢？

简单。因为他得到一个重要的资源，赞美。最初，给予他真诚赞美的是三班长史今；后来，他用自己一个又一个靓丽的成绩为自己赢得了更多的赞美。

这是一个经典的良性循环——没多久，环绕许三多的氛围便彻底改变，从无边无际的批评乃至谩骂变成铺天盖地的鲜花、掌声与赞美。许三多士气大振、表现神勇，而他神勇的表现又为他赢得更多的鲜花与赞美。他的小宇宙终于爆发，不到一年的时间，便完成了从一个人见人嫌的废物点心到人人称羡的兵中之王的完美蜕变。

许三多的故事，传神地演绎了批评与赞美，以及喋喋不休的批评与铺天盖地的赞美之间到底有什么区别。

说完中国人许三多，再来聊聊韩国人千颂伊。

大热韩剧《来自星星的你》中的这位女神可是一位响当当的人物。此女号称韩国演艺界的一姐，在该国无人不知、无人不晓，以至如果有谁不认识她，将会被怀疑成外国人、外星人抑或逃北（朝鲜）者。

可想而知，这是一个在无穷尽的鲜花与掌声中泡大，极度自信乃至自恋的人。偏偏是这样一个主儿，却在自己人生最辉煌的顶点走了背字，一下子坠进无底深渊。

所以，千颂伊的故事与许三多的故事刚好相反，后者是屌丝逆袭，而前者是女神变屌丝。显然，前者比后者要更艰难、更残酷。

千颂伊失去自己的一切，从鲜花、掌声与赞美的海洋掉进讥讽、冷漠与谩骂的泥坑。有那么一段时间，她失去了所有的工作、所有的收入乃至所有的尊严。曾经对其唯唯诺诺、有求必应的老板抛弃了她；曾经对其须仰视才见，充满羡慕嫉妒恨的亲戚开始鄙视她。当她试图向影迷示好，主动表示愿意为他们签名时却遭到拒绝；当她身无分文、走投无路，跑到典当行变卖她心爱的名牌包时却遭到讥讽与驱赶。要知道，这要搁从前，千颂伊主动给影迷签名会让影迷当场昏厥，千颂伊主动给典当行供货，会让后者把她提供的包包当宝物供起来！这一前一后差距之大，不可谓不触目惊心。要搁别人，尤其是女性，恐怕别说忍耐，甚至连活下去的勇气都会失去，可偏偏千颂伊这位女神却奇迹般地化解了所有负面情绪，顽强地挺了下来，熬到了重新出人头地的那一天。

她是怎么做到这一点的呢？

很多人将千颂伊成功战胜逆境的功劳归因于外星人都教授（都敏俊）。其实这种看法完全不靠谱儿。残酷的逆境之所以没有击垮千颂伊，基本上与神通广大的都教授无关。因为都教授只是通过外星人的超能力一而再再而三地在身体上保护了千颂伊，却没能够在精神上给予千颂伊多大的支持。真正给予千颂伊精神世界强大支撑的完全是她自己，亦即"千颂伊"这三个字。

看过这部剧的人都知道，千颂伊有个口头禅"我可是千颂伊啊！"。

什么样的人能说出这样的话？

极度自恋的人。

什么样的人可以做到如此程度的自恋？

在鲜花、掌声与赞美声中浸淫极久的人。

千颂伊的自恋是赤裸裸、丝毫不加修饰的：

她认为全韩国的年轻女子都希望整容成她的样子，她认为都教授拿走她的高跟鞋绝对是出于对她的意淫（事实上人家是为了救她的小命），她认为全天下的男人15秒之内必然会对她动心，她认为……

所有这一切，都因为她是"千颂伊"。

有人觉得这种肆无忌惮、登峰造极的自恋简直是犯二。千颂伊确实也很二，所以人称"二千"。不过千万不要小看这种二，关键时刻它可以救命。它也确实救了千颂伊的命。可以想见，如果没有这种二到无可救药程度的自恋，千颂伊是绝无可能挺过那一个又一个难关的。每当千颂伊悲观绝望、行将放弃的时候，她总是会全身打个激灵，刹那间猛醒过来，对自己说："我怎么能这样？我可是千颂伊啊！"可见，正是"千颂伊"这三个字，一次又一次地拯救了她，将她从绝望的谷底拉了出来。

事实上，千颂伊并没有二到家，在她的内心深处，完全明白这是怎么一回事。她曾经对都教授说："我必须维持千颂伊的尊严，如果不这样做，也许就永远爬不起来了。"

从这层意义上讲，千颂伊的二不是缺心眼儿的表现，而恰恰是一种生活的智慧与勇气。

最后，"二千"成功地战胜所有逆境，恢复了从前的江湖地位，重新找回了所有属于她的赞美、鲜花与掌声。

她终于可以堂堂正正地做回"千颂伊"了。"千颂伊"这三个字，也将成为她永远的精神支柱。

许三多和千颂伊有一个共同之处，那就是两人都很二。只不过这种二从本质上讲与缺心眼儿无关，而是一种执着甚至是一种偏执的表现。按照北京人的话讲就是轴。很难说轴是一种性格缺陷还是性格优点，但有一点是肯定的，只要能和鲜花与赞美搭配在一起，轴绝对是一个好东西。它既可以让人的小宇宙像原子弹一样爆发，也能够让人在最残酷的逆境里仅仅凭借对鲜花与赞美的强烈记忆重新站立起来。

"千颂伊"这三个字是鲜花与赞美造就的，即便千颂伊本人失去所有的鲜花与赞美，只要她保留了"千颂伊"这个名字，就等于保留了对自己曾经得到过的所有鲜花与赞美的完整记忆，而这些记忆的力量异常强大，甚至不亚于现实世界中的鲜花与赞美。

许三多也能做到这一点。当他得到足够多的鲜花与赞美的时候，即便再遇到人生的低潮，他也会有很大的资本顺利度过这一非常时期，直至重拾昔日的辉煌。因为无论遇到多大的挫折，他也有资格对自己说："这算什么？！老子可是许三多啊！"

也许有人会说：许三多与二千的例子是挺励志的，对于这一点我没有异议。现在的问题是，得到鲜花与掌声太多的人往往会有一个毛病，那就是欠缺反省。比如说，许三多的轴就给他带来很多麻烦。这个人太认死理，不撞南墙不回头，如果他的身段能够再柔软一点儿，恐怕成功能来得更快些也说不定。千颂伊也一样。为什么她后来会变得那么惨？固然是因为遭人陷害，但这里面也有她自身的原因。俗话说苍蝇不叮无缝的蛋，那些伤害她的人之所以能如此轻松地得手，和她从不顾及公众形象、肆意妄言有很大的关系。不反省这一点，即便这次能爬起来，下一次还得掉下去。

我可以肯定地说，这样的担心是没有必要的。反省是人类的一种本能，到该做的时候一定会做，这一点用不着别人的提醒与督促。只不过，是否反省、如何反省、反省到什么程度是因人而异的。对过度自信的人和过度不自信的人而言，反省是一件毫无意义的事情。因为对前者来说，他们不是不知道自己的问题所在，而是不需要反省。即便不反省他们也不会受到太大的伤害，他们自己就有足够的能力和底气应付这种伤害。而对后者而言情况则完全相反。他们也完全知道问题所在，却对问题的解决甚至是小小的改善都无能为力。所以即便他们再怎么反省，把自己解剖得再清楚、再细致，只要他们缺乏自信的状态不从根本上改观，反省便不可能给他们带来任何有建设性的改变。

显然，前者说的是千颂伊，后者则与许三多的案例相近。

但是，当周遭环境发生突然逆转的时候，情况就会有所不同。这个时候，再自信、再自恋的人也会反省。只不过这种反省往往会以一个相对隐蔽的方式表现出来，不太为人所知罢了。也就是说，一方面，由于面子问题，当事人往往会在表面上表现出一种顽抗到底、决不妥协的姿态；另一方面，在内心深处他可能早已将肠子悔青，反省乃至忏悔了无数回。因此，在这种时候督促他反省是毫无意义的，正确的做法反而应该是安抚与鼓励，告诉他他可是那个牛×的某某某，所以一定要振作起来，也一定能够振作起来。

都教授就是这么做的。在千颂伊最落魄的时候，他没有像千颂伊的家人、朋友和老板那样督促她反省，而是一再地提醒她："你可是千颂伊，你要给我打起百分之二百的精神来！"千颂伊之所以会对都教授情有独钟，固然和这位帅哥英俊的外表、神奇的超能力有关，但恐怕更重要的，是都教授在她人生最艰难的时候给了她精神上最强力的支撑。所谓"患难见真情"，没有什么比都教授的表现更能证明这一点的了。

不过，必须指出的是，对一个无比自信的人而言，反省确实是一件非常困难的事情，或者换一个说法，这些人的反省只能是自觉自发的，一切都要看他们所遭遇的外部压力是否足以挑战他们的自信。我们经常会用"不撞南墙不回头"这句话来揶揄一个不思悔改的人，其实这个世界上的绝大多数人都或多或少有一些"不撞南墙不回头"的毛病，自信的人这一点体现得尤其鲜明。

因此，尽量不要试图督促某个人反省，反省从来不是仅靠督促便能实现的东西，而是靠"撞墙"悟出来的东西。

第四章

激励的保险：
管理中的"软创新"

这一章，我们来聊一聊管理创新的话题。

听说过"星期一综合征"这种病吗？

想必你的回答是肯定的。这是职场中人常见的一种病。具体表现为：每当度过一个愉快的周末，又到了该上班的时候，人的情绪往往会骤然低落，不但打不起精神来，而且还会发生头疼脑热、上吐下泻之类的反应。

类似的病还有很多，比如说"长假综合征""海外旅游综合征"等，都是在一段美好的时间过后，忽然又要面对日常的职场生活时，人们的心理落差与生理落差的反应。

显然，落差的产生源于环境的骤变。如果我们将"周末""长假"与"海外旅游"等美好事物统称为"友好环境"，而将日常职场生活统称为"非友好环境"，然后把这两种截然不同的环境做一下比较，我们就会得到如下结果：

友好环境：能够做自己喜欢做的事；没有时间和环境（游戏规则、责任、人际关系等）限制；可以放松，精神愉快；变幻莫测、充满刺激。

非友好环境：不能做自己喜欢做的事；有时间和环境限制；不能放松，神经紧绷；一成不变、乏味无聊。

在上述影响环境友好度的各个因素当中，"是否能做自己喜欢的事"最为重要，只要这一要素能够得到满足，一般来说人们都不会太在乎"是否受到限制""是否能够放松"这些相对次要的因素。

比如说，演艺明星所从事的，应该算是限制最多、神经最为紧绷的工作了，但在演艺明星身上，"星期一综合征"之类的病却体现得不那么明显。一般来说，甭管多么疲累，面对工作的时候他们总是能够表现得极为兴奋，好像打了鸡血一样，浑身上下有使不完的劲儿。之所以会这样，就是因为他们喜欢这份工作。这份工作带给他们所有的收获——耀眼的镁光灯，绚丽的舞台，性感的造型，无数的鲜花、掌声和尖叫，接不完的邀约，数到手软的票子……这些都对他们具有极大的诱惑力，让他们乐此不疲，就算累死在舞台上也无怨无悔。

当然，你可以把这种状态理解为"敬业"，但如果没有职业本身的强大魅力，恐怕做到这种程度的敬业绝非易事。

可见，"做自己喜欢做的事"对职场中人来说是一件多么重要的事。可遗憾的是，这同时也是一件极其奢侈的事。十个人里也未必能有一个人拥有这样的好运。

因此，"星期一综合征"的出现，对职场而言可谓一个天大的讽刺：**绝大多数人在职场中做事，都不是因为喜欢这一行，而是为了糊口。**

不过，话又说回来，正因为这样，职场中的"激励"才有了用武之地。原因很简单，一个正在做自己喜欢做的事的人，从理论上说是用不着激励的，因为他自己就可以激励自己。正如对一个视电玩如命的小男孩而言，想方设法激励他玩电玩的动机是一件毫无意义的事情一样。所以，**职场中人对本职工作的不喜欢，是"激励"这一管理手段得以在职场中存在的一个重要前提。**

显而易见，**尽可能地提高环境友好度，是激励职场中人的工作动机，降低"星期一综合征"等负面心理影响的唯一途径。**

那么，如何才能提高对职场中人而言至关重要的环境友好度呢？

答案很简单，两个字：创新。

一提起"创新"，大家的反应往往会和硬件创新即各种高科技的新鲜玩意儿联系到一起，其实真正厉害的创新和硬件无关，而与软件有关，亦即各种制度创新、文化创新、观念创新，这些"软创新"才是真正具有革命性的创新。

从某种意义上讲，几乎所有的硬创新都是软创新的产物，迄今为止人类所取得的所有革命性进步，或多或少都与软创新相关。

举个例子。世人对上海自贸区的高度评价，几乎都集中在制度创新这一点上，其实不只是上海自贸区，30多年前深圳特区的诞生与崛起，又何尝不是沾了制度创新的光？那个时候，深圳要钱没钱、要技术没技术、要人才没人才，可就是这样一个一穷二白的小渔村，区区几年的光景便一举成长为中国经济最发达、最富魅力的城市。这个奇迹是怎么发生的？就是邓小平的一句话：中央没有钱，但是可以给一点儿政策，希望你们能杀出一条血路来！

这所谓的"一点儿政策"，说白了就是新制度。千万不要小看这点儿新制度，它所带来的一系列副产品，即各种新做法、新思维、新观念所蕴含的生产力是极具爆发性的，一旦引信被点燃，将在极短的时间内引发燎原烈火，足以彻底烧毁一个旧世界，烧出一个新世界。

比如说，"时间就是金钱，效率就是生命"这句话想必大家都很熟悉。这样的理念如若放到今天几乎无异于一句废话，因为实在太过平常。可在那个非常年代里，公开说这样的话几乎要冒生命危险——即便这只是一句朴素至极的真理，可是放在一个完全不同的环境里，它的意义则是颠覆性的，绝对具有摧枯拉朽、翻天覆地的惊人能量。而深圳人就有这个胆识与气魄，敢于冒天下之大不韪，做第一个吃螃蟹的人。因为他们深知，只有彻底改变观念，才能将制度创新落到实处。无论如何这至关重要的第一步必须要迈出去，成，后面的路就会一马平川； 败，则所有的一切都有可能瞬间归零。

尽管遭遇了无数明枪暗箭，尽管曾经步履蹒跚、踉踉跄跄，但由于再次得到历史伟人邓小平的强力支持，深圳人还是顽强地迈出了这关键的第一步，走上了一条迅猛发展的王道，并最终成就了今日的辉煌。

管理一个国家如此，管理一个企业抑或一个团队亦如此。要想从一成不变、生产力低下、极度不友好的僵化环境中走出来，建设一个全新的、活力四射、极富健康性的友好环境，就必须要依靠制度创新；而搞好制度创新，离不开企业和团队领导高瞻远瞩的视野、大气磅礴的胸怀以及大刀阔斧的手腕。一句话，制度创新的成功离不开领导者的思想创新、观念创新。

那么，提升职场中的环境友好度有什么好办法呢？

给大家支上几招。

1. 全员轮岗制

强化职场环境的友好度，第一个要点是：**尽量给团队成员提供他们真正喜欢的、愿意干的工作。**

只要你是个中国人，肯定熟悉这样两句话，一句叫"爱一行干一行"，另一句叫"干一行爱一行"。这两句话可不简单，可以说高度概括了所有人的职场生态，甚至说它们高度概括了所有人的人生状态都不为过。

毫无疑问，最理想的职场生态应该是"爱一行干一行"。能够做到这一点堪称人生一大幸事，在这样的职场中工作，别说遇到几个不靠谱儿的领导，即便天上下刀子职场中人也能依旧甘之如饴。所以我们说对那些能够从事自己喜欢做的工作的职场人士而言，激励这种管理手段纯属多余，因为他们自己就能激励自己。不过，在现实世界里，让大家全都从事自己喜欢的工作不是一件容易的事。除了众所周知的所谓"僧多粥少"的原因之外，还有一个因素不容小觑，那就是：其实大部分人并不知道自己到底喜欢什么、擅长什么。许多人自以为是的"喜欢"在很多情况下都是一种错觉，完全经不起实践与时间的检验。不夸张地说，"寻找自己喜欢做的事情"这件事本身也许就将耗费掉这些人的大半生。

因此，作为一个现实问题，也许"干一行爱一行"才是职场人生的唯一王道，这也是这句话要比另一句更广为人知，更受团队管理者推崇的重要原因。但是，"干一行爱一行"不能仅仅成为一句口号，专门为人洗脑而用。因为这样的洗脑方式是毫无意义的，对一个对现在所从事的工作毫不感冒的人而言，冲着他大喊"你要干一行爱一行"，不但不能激励他的工作热情，相反只能使他更茫然、更无措、更讨厌眼前的工作。所以说**"爱"这种事很纯粹，绝对不可能通过教育得来，只能通过最真实的身心感受而来。同理，"干一行爱一行"不是说出来的，而是做出来的。**

首先，我们要明白一个道理。尽管坊间有"男怕入错行"的说法，但是任何一个行业，都会有许多不同的部门、不同的岗位、不同的工种，这种种的"不同"，就为我们提供了无数的机会。也就是说，即便我们"入错了行"，至少在理论上我们依然有大把"找对部门、岗位和工种"的机会。亦即在错误的"行"里找到正确的"事"。只要能做到这一点，"干一行爱一行"便不再是一句响亮的口号，而是会变成漂亮的现实。

切实推行"全员轮岗制"是实现这件事的唯一方法。具体内容如下：每一个员工，从其步入公司的第一天起，公司领导就要为其量身定制一套完整的行动路线图。我们可以参考旅行路线图的制定方法，将每位员工的职场生涯划分出若干个站点（景点），详细说明到达每一个站点需要哪些基本资源（知识、能力、人脉关系等）的储备、在这些站点可以欣赏到哪些迷人的新风景（新资源、新待遇、新职位的获得）、他们的终点将在哪里，而那里将有一种什么样的壮观景色（成为独当一面、叱咤风云的顶级经理人，成为一个可以有所谓"市场定价权"的高附加值人才）等着他们。

不止于此。这一路线图还应包含如下内容：公司将为每一个员工提供具有针对性的、充分的培训机会，协助他们获取到达各站点所必需的资源；为此，公司将为他们每一个人量身定制一套完整的学习计划，并对这些计划的实施担负起监督与督促的责任。

当然，所有这些计划并不一定是单向的，而是公司在充分尊重与参考员工个人意志的前提下制定与实施的，而且在具体实施过程中还可以针对员工个人发展的程度与状态做出相应调整。但是，对那些初出茅庐、毫无主见的职场菜鸟以及一天三变、缺乏定性的浪子而言，这一系列计划的制订与实行也可以是单向的、具有强制性的。

实行全员轮岗制有许多好处。除了能够帮助员工找到兴趣点和兴奋点，增加员工"干一行爱一行"的可能，还能够通过协助员工制订一个全面而完整的职场规划提升他们的职业成就感、获得感和人生质量，最大限度地激发他们的工作动机，提高他们对企业的归属感和忠诚度。更为重要的是，这种做法还能够为企业培养和储备源源不断的管理人才及业务骨干，有利于企业的可持续发展，减少乃至彻底消灭企业在上台阶的关键时刻常常会发生的"干部荒""人才断层"之类的现象。

不止如此，全员轮岗制还能提供一个意外惊喜，那就是让老板们收获梦寐以求的所谓"全能型人才"——无论哪个岗位发生人员流失或折损现象，都会有人迅速上位，弥补空缺，让企业始终都能保持正常运转，不会掉入"有缺无人"的窘境。

总之，这是一个一石多鸟的好办法，值得尝试一下。

有人可能会提出反对意见：你说的这个办法不是不可行，不过必须得有一个前提，那就是公司里的员工要具有相当大的稳定性才成。只有公司里的员工有常性，能待得住、不跳槽，才值得公司为其付出如此大的精力与资源。而如果一个公司里的员工流动性极大，今天来明天走，那岂不是白白浪费了这些宝贵的精力与资源吗？再说了，即便一个员工能待得住，享受所有这些待遇，最终修成正果成为一个顶尖人才，可是如果他自恃武功在身，叛逃而去，跑到竞争对手那里，那不是养虎伤身、给别人作嫁衣吗？

对于这个质疑，我的回答如下：首先，正如我在前面所说，全员轮岗制如果实行得好，实行得到位，这一制度的存在本身就能起到稳定军心和留人的作用。不过，必须承认，作为一个现实问题，现如今中国职场举世闻名的高离职率确实不容忽视。一般来说，对一个中国职场人而言，能在一家公司干上一年左右都算长的，若能干上个三五年，那绝对称得上资深员工了。可是即便如此，这个问题还是需要一分为二地看。

第一，高离职率的起因。

从根上说，这还是一个"先有鸡还是先有蛋"的问题。为什么中国职场人的离职率这么高，是中国人天生不安分吗？恐怕不尽然。地球人都知道我们中国人是最惧怕风险的，我们天生就信奉"安居乐业""多一事不如少一事"的人生哲学，不到万不得已绝不会轻易犯险、自己给自己找麻烦。换句话说，我们中国人最老实，忍耐力极强，但凡你不把他逼到一定的程度，他绝不会轻易造反。而现实是职场中的中国人确实经常性地造反，造老板的反，动不动就炒老板鱿鱼，这又是为什么呢？按照前面的逻辑来看，造成这种现象的原因只可能有一个，那就是现如今的老板实在是欺人太甚，几乎不给员工生路，总是把他们往墙角里逼，迫使他们揭竿而起、扬长而去。事实就这么简单。

那么，做个"好老板"显然是解决问题的最好办法。如果你实在不想、不屑或不能做个好老板，而与此同时却依然希望提高你的员工对公司的忠诚度，大幅降低他们的流失率，则办法只有一个，那就是切实落实"全员轮岗制"。原因很简单，我在前面说过，如果能为你的员工找到自己喜欢（至少是相对喜欢）做的事，亦即帮助他们实现"干一行爱一行"，他们便会立马消停下来，不再整天惦记着跳槽，而是会乐此不疲地沉浸在工作里。只要进入这种状态，别说遇到一两个不靠谱儿的领导，即便天上下刀子也赶不走他们。而全员轮岗制的实施将能在很大程度上促成"干一行爱一行"的兑现，找到了自己喜欢做的事，就不怕员工还会轻易地弃你而去。

第二，好马能不能吃回头草？

至于"人才级"员工的流失，从某种意义上讲也许是不可避免的。翅膀硬了的鹰总有飞走的一天，这是一个自然规律，不以人的意志为转移。为了这样的事情烦恼，甚至不惜牺牲将员工培养成才的努力，无疑是因噎废食的举动。

但是，正所谓良禽择木而栖，只要你能为这些雄鹰找到一片好林子，理论上留住他们的概率还是很高的，即便他们依然会飞走，迟早也还会再飞回来。

之所以这样说，有如下两个原因。

其一，**患得患失心理。**

虽说喜新厌旧是人的常性，可是千万别忘了患得患失也是人的本性。每一个人跳槽都是为追求一个更好、更完美的环境，也正因为这样，人们在更换环境之后，往往会对新环境充满挑剔，事事处处都会拿来与旧环境做比较，而这种比较的结果常常是非常负面的，这就会让当事人心生悔意，重新萌生回归旧巢的念头。

坊间有这样一种说法："离婚前想的都是老公的缺点，恨之入骨；再婚后念的都是前夫的优点，悔不当初。"它非常传神地道出了人们患得患失的心态。

因此，只要你能为你的人才级乃至人精级员工提供一个平台，让他们可以尽情地施展拳脚，他们是不会轻易出走的。即便不为感恩，只为留住那份荣耀和优越感，尤为关键的是，为了不让日后的自己后悔，他们也不会轻易选择舍弃。

不过，必须承认的是，如果一个顶尖人才遇到了发展瓶颈，觉得原来的环境已经被自己开发到极限，不可能再有更大的前途，他依然有可能选择离开。所以，**尽量消除"发展天花板"效应，让人才永远有奔头，有更好、更新的前途，是留住顶尖人才的唯一途径。**而全员轮岗制恰恰有这样的优势，理论上可以为每一位员工提供无尽的施展空间，所以说大力落实这一制度本身就是留住顶尖人才的最好办法。

其二，人与环境的关系。

我在前面说过，人是环境动物。这句话有两方面的意思，一个是说环境有改变人、造就人的威力；另一个是说环境对于人的改变与造就常常是假性的，容易让人产生错觉。

许多人在某个环境中练就一身好本领之后，往往会自信爆棚，误以为这身本领已经完全属于自己，而与环境无关。因此他们常常会自视甚高，一厢情愿地认为自己可以驾驭，甚至是改变任何新环境，包括那些完全异质的环境。说白了就是"就凭自己这身本事，到哪儿都是一条好汉，到哪儿都能找到饭吃"。可恰恰也是这些人，一旦真到了一个完全不同的环境中时，常常会发觉自己已然武功尽失，现实和自己想象的样子完全不是一回事。在新的环境里他们根本无从也无法发力，这时候他们才会猛然意识到，原来曾经引以为傲的那身本事远不如自己想象的那般真实。所有的一切都是环境赋予他们的，离开了对的环境，他们将顷刻间变得一无所有。

只要他们意识到这一点，悔不当初、重归旧巢就是一件顺理成章的事情了。

总之，人才的高流失率确实是一个问题，但是**只要你拥有富于魅力的企业文化，拥有强大而先进的制度基础，留人真的是一件非常简单的事情。**只不过，对企业和团队领导而言，你的文化与制度里必须包含一样东西，那就是"好马未必不能吃回头草"。

长久以来，"从一而终""好马不吃回头草"的理念坑害了不少人。几乎很少有哪个企业或团队能够对自身的"叛将"表现出某种宽容态度。这一理念也深深地影响了"叛将"本身，让他们对"吃回头草"这件事唯恐避之不及。他们宁可在一个不如意的环境中勉强混日子，抑或一次又一次地跳槽，以便尽最大可能找到一个与旧日环境相似的归宿，却唯独对回归老东家这件事不敢抱任何奢望。

这种现象实在是令人万分遗憾。就像我在前面说的那样，其实对绝大多数人才，尤其是那些顶尖人才而言，正因为他们的优秀程度如此之高，所以眼光一定会非常挑剔，对环境的要求也一定会异常严格。这就决定了他们一定会比普通人更加患得患失，在更换新环境后会更容易心生悔意。与此同时，也唯因他们的优秀，他们一定也是一群自尊心极强、面皮极薄的人，经不起任何冷嘲热讽的打击。因此，面对这些宝贝人才的背信以及反悔行为，割袍断义、落井下石乃至痛下杀手显然不是大将风范，宽宏大量、大门敞开、热情拥抱才是唯一的正道、王道。

别忘了，中国不只有"好马不吃回头草"的传统，还有"浪子回头金不换"的古训。凡事想开点儿，不钻牛角尖，才是一个领导者起码的素质。既然想打天下、坐天下，就得有那么一点儿王者的风范和菩萨的气度才成。

对那些曾经的"叛将"来说，老东家这种不计前嫌、以德报怨的行为也会令他们深为感动。常言道"士为知己者死"，他们一定会拿出百倍的忠诚，以更加饱满的热情和更加高昂的士气为老东家效命，回报老东家的这份知遇之恩。

所以我们说"好马未必不能吃回头草"的理念才是一个真正双赢的理念，它既能修炼领导者的身心、提升团队文化的魅力，也能强化顶尖人才的忠诚、鼓舞他们的士气，可谓一举多得、善莫大焉。

话又说回来，如果按我个人的理解，也许"吃回头草的马才是真正的好马"这句话才是一个不折不扣的真理。

不要觉得我的想法离经叛道，我是有充分理由的：

第一，忠诚不等于愚忠，对于一个真正有志成为顶尖人才的人而言，"不向往外面的世界和更大的舞台"这一心理现象是不可理解的。所谓"好男儿志在四方"，既然你想要"好男儿"，就应该理解、接受甚至鼓励他们去外面的世界闯荡闯荡。如果他们能够找到新的好归宿，你要有为他们祝福的胸怀；如果他们找不到新的归宿，你要有欢迎他们回归的气度。

第二，现如今最令企业和团队领导头痛的职场现象之一，就是员工抱怨太多，不知足、不感恩。所以，**只有彻底敞开大门，任由员工进出，才是从根本上解决这一问题的好办法**。因为只有那些真正经历过风雨的人才会懂得珍惜，与其收留一堆身在福中不知福，天天怪言怪语不离口的公子哥儿、小太妹，不如彻底放他们一条生路，主动鼓励他们出去闯荡一下，让他们经历点儿挫折，结结实实地摔几个跟头，见识一下人世间的种种不如意，回归之后他们才会更加懂得什么叫珍惜、什么叫知足、什么叫感恩。

第三，如果你的人流失到别处，尤其是竞争对手那里，你不应该感到懊恼，而是应该觉得庆幸。因为他日这些人回归之时，肯定已经经过不少历练，会比从前变得成熟许多，而且更为重要的是，他们将为你带来竞争对手的大量情报，让你在未来的日子里受用不尽。换句话说，员工的流失尽管从表面上看似乎是你为别人作了嫁衣，可如果他们有朝一日能够重归旧主，则意味着别人为你作了嫁衣。而且显然后者的含金量要远远大于前者，因为你放出去的是一个半成品，而收回来的则是一个成品。

那位说了：你这些想法实在是太天真了。你怎么就敢保证撒出去的人就一定还会回来呢？万一他们不回来，岂不成了肉包子打狗？还说要鼓励员工出走，简直是荒谬！这不是搬起石头砸自己的脚吗？

别着急，听我解释。

第一，**即便你不放人家走，只要人家心不在你这里，你也迟早会失去人家**。所谓"人心隔肚皮"，有些东西根本就不是你能左右的。以为留住人就能搞定一切，只能是你自己一厢情愿的意淫罢了。

第二，如果你怕出走的员工不回来是因为你对自己的企业和团队缺乏信心，担心别人的魅力会超过自己，令你的人乐不思蜀，忘却回归这码事，那么即便你把员工强行留在自己的身边也没用。要知道这个世界绝非被你垄断，人们有无数途径获得新的信息、新的人际关系和新的机缘，而所有这一切都将成为你的人弃你而去的重要契机。

因此，如果连你自己都对自己不自信，还是趁早收摊为妙，别再给社会浪费资源了。

其实，话又说回来，真正有出息的企业和团队领导，不妨将此作为一个试金石，大胆地把人撒出去，看看他们是否会回来。如果答案是肯定的，你便得到一个难能可贵的提升自信的机会；反之，如果答案是否定的，也能给你提供一个重要契机，令你对自身的改造产生深刻认识，获得一个转型升级的革命性机会。

事实上，尽管有些惊世骇俗，我的理论还是站得住脚的，因为我曾亲身经历过这样的案例。

曾经有这样一位老板，他对员工的背信行为极为愤怒，甚至一度公开扬言：如果你们当中有谁敢背叛我，跑到咱们的死对头（竞争对手）那里去，我就会发布一条江湖追杀令，动员我所有的社会关系封杀他，让他这辈子都找不到饭辙！

结果可想而知。这位老板的公司里有越来越多的人背叛他，跑到他的死对头那里去。而这位老板也未曾封杀过任何人——即便他真想封杀也不可能办到，除非他能够消灭所有对手。

后来，这位老板找到我，希望我能给他支几招，尽量把员工流失率降低一点儿。尤其是那些骨干员工，这些人的流失、背信与反戈一击让这位老板元气大伤，实在是有些撑不住了。

我花了整整一个下午，给他支了许多招，其中有一条就是尽快实行"放任乃至鼓励员工出走，大门敞开、来去自由"的政策。他一听大为震惊，脑袋摇得跟拨浪鼓似的，连呼"不靠谱！"。后经我百般解释和劝说，才勉强答应拿出一个不太重要的二线部门试一试，没承想一试之下效果相当理想。

第一，原本以为只要一宣布这样的政策，该部门大部分员工都会立马响应。因为这个部门待遇较低，而工作条件却比较艰苦。可出乎意料的是，平素里怪话连篇的部门员工却并没有跃跃欲试的意思，除了个别员工之外，大部分员工都选择留在公司，而且表现得比以前更踏实、更稳重了。

老板以为是他的宣传没做到位，让员工误读了他的真意。我却发表了相反的意见，认为员工的表现与老板的真意无关（因为老板日后确实兑现了他的诺言，并没有玩猫腻忽悠员工），而是"书非借不能读也"的心理现象在起作用。这一心理现象的逻辑是：人们往往只对借来的书感兴趣，会一口气读完，而对买来的书不感兴趣，常常会把它们放在书架里喂老鼠。之所以会这样，不是因为舍不得钱，而是因为借来的书需要归还，会让人产生尽快读完的紧迫感；而买来的书则不同，因为这些书的所有权属于自己，什么时候看都成，反倒会让人失去阅读的紧迫感，以至将其束之高阁，并渐渐淡忘它们的存在。

这位老板的政策也一样。当大门紧闭的时候，每一个人都会天天惦记着冲破大门，看看门外的世界；可是当你彻底打开大门，让大家随便进出的时候，人们反而会失去对门外世界的兴趣。因为反正大门开着，什么时候出去都成，也就没有了出去看看的紧迫感，反倒能够做到心平气和地在门里待着。

幸运的是，这回我的解释让老板豁然开朗、深以为然。

第二，即便是那几个积极响应老板的号召勇敢出走的人，不出仨月也尽数回归。因为他们发现外面的世界远没有他们想象的那么单纯与美好。诱惑当然有，但是诱惑的代价也是相当可观的。尤其是重新适应一个新环境所带来的重重压力令他们却步，因此溜达了一圈便乖乖回归了。

这一小小的试验令老板信心大增，很快将该政策向全公司推广，而效果也大体上与试验的结果相同。

不出半年，老板的政策便威力尽显，成功扭转了人才流失严重的局面。还有额外收获，听闻老板的新政，许多别家的凤凰也主动飞来筑巢，让老板喜不自胜。

可见，管理的关键是远见和胸怀。就像治水一样，采用硬堵的方法只能令水势更猛，而采用疏通的方法反而能让凶猛的洪水乖乖就范，波澜不惊。

2. "即战力"的陷阱

其实，之所以中国的团队领导会对全员轮岗制产生这样那样的担忧和顾虑，归根结底还是因为思想不够解放，过于倚重所谓"即战力"的缘故。

即战力，顾名思义就是"拿来就能使的人"。既然拿来就能使，也便没有费尽心思地让员工在所有岗位上历练一番的必要了。但即战力这东西看似便利，真用起来反而最麻烦，最不好使。原因很简单，当所有人都只想乘凉，而不想栽树的时候，即战力就会成为一种稀缺资源。你看上的人别人也会看上，激烈的人才竞争会极大地消耗你的资源、拉升你的人力使用成本。

不仅如此，因为不愁出路、奇货可居，即战力型人才也会对你缺乏忠诚度，高兴了在你这儿干两天，不高兴了人家可以分分钟走人，随手便将你推向下一轮即战力人才的争夺战中，让你疲于奔命、叫苦不迭。这也是现如今中国的企业中最不招人待见的职位往往是负责招聘的人事部经理的原因。

即战力型人才之所以不好留还有一个原因。那就是"家养"与"野生"的区别。正因为所有人都不愿意付出时间和精力去培养自己的人才，所以那些想成才的人只有通过孤身奋斗才能实现这一目的。这固然培养了他们的狼性思维与行为，但另一方面也助长了他们"一匹狼"的价值观。这种价值观既体现在这些人往往难以接近、不善合作与妥协的表现上面，也体现在他们不甘束缚、喜欢浪迹天涯的个性上面。所谓"野性难驯"，说的就是这种事。

所以，对即战力的过度追求不啻为一种讽刺：虽然每个人都希望能长久地留住人才，对人才的高流失率深恶痛绝，可大家最热衷的即战力型人才，又恰恰是这个世界上最不安分的群体。

人类最可悲的行为之一，就是"作茧自缚"。对所有团队领导来说，即战力也许就是那个最大的"茧"。

当然，这并不是说"家养"的人才就完全没有流失的可能，但至少和"野生"的人才相比，留住前者的可能性要大得多。从现在开始，尝试培养自己的人才，应该还不算晚。

说起这个全员轮岗制，恐怕最有发言权的还是日本企业。不夸张地说，全员轮岗制几乎称得上日式管理的灵魂，而在20多年前，日式管理曾经是包括欧美在内的各国企业争相模仿的对象，在全世界风靡一时、风头无两。

不过，随着20世纪90年代初日本泡沫经济的破灭以及随之而来的长达20多年的萧条期，曾经辉煌至极的日企管理模式也逐渐褪去头上的光环，慢慢流于平淡。时至今日，几乎已经无人提起。这实在是一件令人遗憾的事。事实上，抛弃了日式管理这项独门绝技，日本企业并没有成功地东山再起，而是颓势不减，至今不见任何触底反弹的迹象。

所以，梳理、回顾一下日式管理的精华，不仅对中国企业，即便对日企本身而言也是一件极具建设性的事情。

　　大家知道，20多年前的日本企业，实行的是"终身雇佣"和"年功序列"制度。在这两个基本的制度框架下，全员轮岗制获得了广阔的施展空间。

　　那个时候的日企经常以集团的面目出现，采用多元化经营模式，触角遍布各行各业，并且在全国乃至世界各地均设有办事处或分支机构。这也就意味着，彼时的日企个个都似一个独立王国，无奇不有、无所不包，至少在理论上为所有员工提供了无穷尽的发展空间和发挥余地。无论你的喜好有多么偏门，也无论你是否明确地知道自己的喜好是什么，只要你能为自己找到一家公司，就等于在事实上找到了自己的喜好（因为你可以对此形成极其明确的预期）和终身的归宿。

　　因此，我们说那个时候的日企员工极少跳槽，对自己的公司拥有极高的忠诚度，绝不仅仅是因为日本人的素质高，可以无条件地长期忍受一个枯燥无聊的环境；也不是因为彼时日本人才市场欠发达，让人想跳槽也找不到合适的地方；事情的真相是，那个时候的日本企业个个都像一个大型迪士尼乐园，充斥着数不清的新玩意儿、新事物以及不计其数的冒险与刺激，在这样一个大乐园里工作，怎么能感到枯燥无味呢？又或者，社会上既然有如此多的大型乐园，又何须人才市场这种应景的小公园呢？

　　所以，日本企业强大的战斗力，绝不是像我们曾经想象的那样，是通过扼杀人性，把情感丰富的人变成毫无知觉、残酷阴冷的工作机器得来的；恰恰相反，日企无与伦比的竞争力，是通过对人性的精深研究，顺人性而为，最大化地满足与激发了人性潜力的产物。

　　那么，他们的具体做法又是怎样的呢？

　　让我们以全员轮岗制为例，做一个简略的说明。

　　20多年前的日本企业里是没有"即战力"一说的，所有公司新人都是那些刚跨出校门的学生（高中生、职高生、短大生、大学生、研究生等）。从这些职场菜鸟跨入公司的第一天起，他们就要接受数周乃至数月的企业文化培训，并以走马观花的方式对企业进行一个大概的了解。然后他们会按个人的意愿以及公司的需求被安排在某个部门的某个岗位上。这时，部门领导和人事部门负责人会一一约谈他们，了解他们的特长、倾听他们的心声，为他们每人量身定制一个详细的职业发展规划。

然后，这份规划会变成一份档案乃至某种身份证明跟随员工一辈子。企业会为实现这些规划中的内容提供所有必要的资源与协助。无论是在岗培训还是脱岗培训，无论是企业内培训还是企业外培训，无论是国内培训还是海外培训，企业会为所有这些培训买单并创造各种便利。在此过程中，员工将遍历企业中的大部分乃至所有部门的各种工作，足迹遍布全国乃至世界各地，然后，他们在职场中的职位与地位将会呈螺旋形不断攀升，直至成为企业金字塔塔尖上的明珠。

顺便说一句，上述种种培训形式与内容，在我们中国的企业和团队中也并不鲜见，但是日本人的做法和我们的做法之间存在着一个巨大的区别，即人家是按照一份详细的规划以及明确的时间表和进程表按部就班地做这件事，而我们则是"随遇而安"地做这件事。不要小看这个区别，它会让两者之间的效果天差地远。

那位说了：这种招数不是老板用来培养接班人，对自己儿子使的招儿吗，怎么可能用在全体员工身上呢？

答：没错，是这样。对那时的日企老板来说，每一个员工都有可能成为自己的接班人，亦即比自己的儿子更出色。所以，"儿子与否"无所谓，"出色与否"才是他们真正注重的东西。当然，"自己的儿子最出色"是一种最理想的结果，如果做不到这一点，他们也绝不会强求。从另一方面来讲，也恰恰因为所有员工都拥有与老板儿子相同的晋升机会与晋升路线，对企业的感恩与忠诚也便成为一件理所当然的事情。

那位又说了：还有一件事我搞不明白。能成为金字塔塔尖的人毕竟是极少数，既然如此，做这样的职场人生规划又有什么意义呢，岂不是画饼充饥、自欺欺人之举吗？

这是一个非常靠谱儿的问题。从表面上看，这个问题不解决，全员轮岗制将不啻一纸空文。日本人还真就想出了办法，巧妙地解决了这个问题。那就是在企业里设置许多闲职，用以安顿那些有资历没能力的资深员工。所以那时的日本企业经常会以"机构臃肿"之名遭到诟病与非议，殊不知这一点不但不是日企的糟粕，恰恰是日企强大竞争力的奥秘所在。

　　原因很简单。这些闲职属于典型的"位高权不重"，地位很高，却没有什么实权，很大程度上就是一种待遇的象征。企业的舵把子还是掌握在那些真正的实力派手里，因此日本企业才会凭借那么臃肿的身躯，创造出如此惊人的生产力。

　　当然，这样的做法会带来成本的提升，可是这些成本所换来的生产力则是加倍的、实实在在的，当初的日企通过几十年"能征惯战"的表现早已证明了这一点。

　　顺便说一句，我们中国的职业经理人以及各路管理专家也会经常教育职场新人"要学会尽早规划自己的人生"。殊不知这种说教纯属废话，没有任何实际意义。因为这个世界上压根儿就不存在不希望好好规划自己职业人生的傻瓜，可现在的问题是，规划人生说来容易、做来难啊！即便是那些今天已然十分成熟、踌躇满志、意气风发的著名职业经理人，抑或那些名满天下、大红大紫的管理专家乃至管理大师，他们中又有几个人今日的成功是靠菜鸟时期清晰的"规划"实现的？不要轻信他们自传中的那些自吹自擂，我敢拿我所有值钱的东西打赌，他们中的大多数人在菜鸟时期的混沌与迷茫丝毫不亚于我们这些普通人中的任何一个人，甚至可能比我们有过之而无不及。也就是说，他们的成功当中充满了歪打正着的偶然性和戏剧性，这些大人物今日所获得的一切，绝非像他们自己吹嘘的那样"纯属必然"。只不过因为现如今已经功成名就，那些过去的事情也就成了"说什么是什么"，怎么说都无所谓了。

　　因此，"尽早做好职业规划"这个东西不是说出来的，而是做出来的。以居高临下、事不关己的姿态把这件事完全推给那些懵懵懂懂、浑身战栗的菜鸟，然后看着他们手足无措的样子暗暗享受一种莫名的优越感，这种思想与行为堪称卑鄙，绝不是一个成熟的职业经理人应有的风范。正确的做法，应该是手把手地教给他们，实在不行，便拿出必要的铁腕来强制他们。换句话说，**对于犹如一张白纸的菜鸟，你要亲手帮助他们规划乃至实现职业人生，而不是靠说教或命令的方式让他们自己做这件事。**

　　20多年前的日本企业就是这么做的。对那时的日企来说，"规划以及实现职业人生"是一件必须由企业出手做的事，是需要用严格的制度框架绝对确保的事。把这样一件严肃的事拜托给员工本身对那时的日企来说是不可思议的，也唯因如此，日本的新人在迈入企业之前与之后心里才会那么踏实，才会对企业抱有那种程度的信赖与依赖。

可惜，随着日本泡沫经济的破灭、日企对日式管理模式的所谓"反省"以及对美企管理模式不加甄别的盲目追求，这些支撑日本竞争力长达几十年的制度框架最后还是崩塌了。日本企业放弃了看家的"终身雇佣"以及"年功序列"体制，不再青睐"家养"的人才，转而开始一窝蜂地追求"野生"的即战力（事实上，"即战力"这个词就是日本人发明的，是地地道道的日语单词）。日企臃肿的机构被大刀阔斧地精简，所有闲职均遭到彻底的剥离与扼杀，许多资深员工被迫提前退休，让出自己在企业中的一席之地。按照一般人的理解，这些改革措施堪称"正确"，照理说应该能将日企从衰败的泥沼中拯救出来，可事实却极富讽刺意味：即便做了如此伤筋动骨的大手术，日本企业照样没有什么起色，相反却更加一蹶不振，一直到今天都没有缓过劲儿来。不信我们可以问问自己：今天的人们，还有几个记得索尼、松下、日立、东芝、三洋这些品牌？要知道，这要搁20年前，这几个品牌可是大名鼎鼎、如雷贯耳，几乎称得上全世界人民心中的名牌，拿来炫富都绰绰有余。说得夸张点儿，在那时候的中国，如果一个男人能在自己的房间里备齐这几个品牌，那可是甭管多牛的白富美都能轻松娶回家里。而今天如果还有谁敢拿这几个品牌炫富，满世界地忽悠小姑娘的话，那十有八九是他吃错药了。

日企没落之严重、之彻底，由此可见一斑。

可见，改革可以有，传家宝却不能丢。丢了传家宝，你的改革越彻底，也便越找不到北，越事与愿违。日企的遭遇就雄辩地证明了这一点。从本质上说，日企曾经的强大真的没有什么特别之处，唯一的原因就是"人"：将士用命的程度和境界不同，队伍的竞争力就会天差地远。你想啊，那时候的美企员工信奉的价值观是"敬业"，追求的最高境界是"职业经理人"；而日企员工信奉的价值观是"玩命"，追求的最高境界是"企业武士"甚至是"企业死士"。一个只求按部就班、循规蹈矩，而另一个则是一门心思地要和你拼命，这仗还怎么打？不用打胜负已见分晓。正因如此，即便20多年前的日企对自己的竞争力所在从不遮遮掩掩，甚至主动欢迎世界各地的企业到日本取经，可无论大家怎么学，日企的精髓就是学不到。人们将这一结果归因于大和民族文化的特质性，其实完全没有必要如此上纲上线，结论很简单：什么样的制度养什么样的人，日企和外企存在着制度框架的根本性不同，因此人的表现不一样也便是一件顺理成章的事情。事实上，当日企抛弃自己传统的制度框架之后，日本人的"武士"乃至"死士"精神也便丧失殆尽。今天的日企员工个个士气低迷，天天满脑袋想的都是跳槽的事情，因此，今天的全球企业，甚至包括曾经一度被日企瞧不上的中韩企业都不再把日企放在眼里，也就不足为奇了。

中国有句古话，叫作"兄弟齐心，其利断金"，这句话用在团队管理上的意思就是：无论你的招儿有多高明、多邪性，这些招儿如果不能带来"人心齐"的结果，一切都是白搭；换句话说，只有能够带来"人心齐"这一结果的招儿才称得上真正的高招儿。

日本企业用血的教训为我们证明了这一点：人心齐的时候，无论机构多臃肿、理念多滞后，日企依然能够拥有天下无敌的效率；可当人心散了、慌了的时候，即便你的机构再精简、理念再先进，效率照样起不来。

日本人的愚蠢背后，藏着美国人的聪明。美国通过忽悠日企向他们学习"先进的"管理理念，使其大玩瘦身游戏（精简机构）和美式管理（亦即"成果导向型"管理模式），彻底抛弃长期令美国人夜不能寐的"后进的"日式管理（亦即"过程导向型"管理模式），成功地缴了日本人的械，兵不血刃地灭了日企，为自己除去一个心头大患。

可悲的是，日企的教训似乎并没有唤醒世界，时至今日，全球企业依然按照美国人制定的游戏规则，以美国人最擅长、最舒服的方式在和美国企业竞争。以己之短，击彼之长，焉有能胜的道理？！

这一全球趋势中的急先锋就是我们中国自己的企业。不错，最近一二十年我们发展得确实比较理想，让世人艳羡，但我们的快速发展和起点太低以及大环境的巨变有着直接的关系，当有一天我们也逐渐发展成熟，可以和西方企业大腕一较高低的时候，以人家擅长的方式和人家打擂台，我们能有多少胜算？！

当然，"师夷长技以制夷"的想法是正确的，可是"师夷长技"并不代表着"弃己长技"，学别人的先进经验并不代表着全面否定自己老祖宗留下的传家宝。连马克思主义都需要和中国革命的实际相结合，改革开放都需要走中国特色的社会主义道路，怎么偏偏到了团队管理上面就必须得全盘西化呢？真是不可思议。

更何况，无论我们的企业成长得多么快速，我们也不能否认一点：在我们的企业里，"忠诚"是一个极为罕见的名词，为企业利益宁可战死的"武士精神"更是难觅踪迹（普遍而极高的跳槽率证明了这一点）。也就是说，我们的企业是在员工不忠不义、极度缺乏献身精神的情况下迅速发展起来的（可见拜大环境之赐，老天爷赏饭吃是一大成因），而这样的发展成果到底能有多瓷实，在多大程度上具有靠谱儿的可持续性，不得不让人怀疑。

今天的日本，人力资源市场异常发达，企业竞争力却直线下降；今天的我们，人力资源市场的发达程度亦不遑多让，企业竞争力却依然令人不敢恭维。个中缘由，值得我们的企业和团队领导三思再三思。

总之，亚洲人和欧美人是不同的。欧美人重视结果，所以注重即战力；而亚洲人注重过程，是因为重视人性。对我们亚洲人来说，保障了人性就必然会带来结果，而过于注重结果反而会扼杀人性，从而导致对结果的间接扼杀。因而在任何时候以"结果"的名义扼杀人性与过程都是愚蠢的，必定会自食其果。

3. 束缚与解放

提升职场环境的友好度，需要做到的第二个要点是：尽量减少时间与制度的束缚，让团队成员轻松起来。

从本质上来说，这是一个悖论。什么是制度？制度就是一种将人束缚起来的东西，不过与此同时，制度应该也必须是一种能够最大限度解放人的东西。拿捏好束缚与解放之间的分寸，是制度的天然使命。而实现这一分寸感的途径，只能是制度创新。

举几个例子。

案例一：

有甲、乙、丙三家公司，甲公司员工每天工作十小时，乙公司员工每天工作八小时，丙公司员工每天工作六小时，那么哪家公司的工作效率会更高、成果会更大呢？

案例二：

有甲、乙、丙三家公司，甲公司严格禁止员工上班时间聊天，乙公司对员工上班时间聊天睁一只眼闭一只眼，丙公司大胆鼓励员工上班时间聊天，那么哪家公司的工作效率会更高、成果会更大呢？

案例三：

有甲、乙、丙三家公司，甲公司严格禁止员工上班时间吃零食，乙公司对员工上班时间吃零食睁一只眼闭一只眼，丙公司大胆鼓励员工上班时间吃零食，那么哪家公司的工作效率会更高、成果会更大呢？

当然，这样的案例还会有很多，比如说上班时间织毛衣、打扑克、上网浏览一些与工作无关的网站、玩手机或电脑游戏等，这里就不一一列举，全以上述三个案例为代表了。

显然，对我们所有人而言，在上述所有这些案例当中，甲公司代表着"理想状态"，尽管有些可望而不可即；乙公司代表着"无奈的现实"，亦即我们绝大多数人所处公司的现状；而丙公司则代表着不折不扣的"垃圾"，是被我们所有人所唾弃的对象。

但是，也许出乎你的意料，真正的正解有可能是完全反着来的，亦即丙公司是真正的"理想状态"，而甲公司则是不折不扣的"垃圾"。当然，前者与后者都有些可望而不可即，所以真实的现状依然是乙公司。

或许你会觉得我的看法有些惊世骇俗，不过在听过我的解释之后，也许你会改变自己的想法也说不定。

之所以说甲公司意味着"垃圾"而丙公司意味着"理想"，我的理由如下：

案例一的情况最容易解释。一般来说，效率不是以工作时间来衡量的，而是以工作质量来衡量的。我在前面说过，我们的员工普遍对企业缺乏忠诚度，极难做到"鞠躬尽瘁，死而后已"。我们的员工善于算计，你给他规定的工作时间过长，他就必然会给你磨洋工，故意或下意识地降低工作效率和质量。

这就会带来一个恶性循环：正因为我们的企业和团队领导（在潜意识里）知道自己的员工会磨洋工，所以才会通过延长工作时间的方法以毒攻毒，尽最大可能确保工作数量（任务）的完成；可也正因如此，我们的员工才会以磨洋工的方式降低工作效率，通过这样的渠道尽量减轻工作强度，提升自己的相对舒适度。表面上看，数量是完成了，但效率的缺失必然会影响质量。最后算算总账，企业和员工其实是一种"双输"的结果：员工丧失了宝贵的私人时间和身心健康，以及对企业的满意度和忠诚度；企业则丧失了至关重要的效率与质量，以及员工对自己本就少得可怜的好感与忠诚。长此下去，企业和员工都会陷入浑浑噩噩、萎靡不振，缺乏互信，甚至是互相厌恶、互相防范、互相博弈的状态。这就是尽管在我们的企业里长时间工作以及加班现象如此频繁，几乎已经成为一条不成文的规矩，而企业的氛围却依然如此晦暗、综合竞争力和员工士气依然如此低下的一个重要原因。

总之，在我们的企业里，长时间工作或超时工作往往与生产力的强大无关，更与生产成果的美好无关，而是仅仅意味着一个"耗"字，员工和企业互比耐力、互相死磕，看谁耗得过谁，绝难见到一丝一毫积极主动、朝气蓬勃的气息。尤其联想到绝大多数企业中的超时工作都没有相应的报酬这一点，这种现象的发生也便更容易理解了。

那位说了：你说的这些确实有点儿靠谱儿，好好想想，我自己所在的公司和周围朋友的公司里好像确实存在着你形容的那种感觉。即便如此，长时间工作也好，加班也罢，这些不成文的规矩我个人认为都是好习惯。说一千道一万，勤奋工作总还不是坏事，大不了改改迄今为止的做法，给员工支付加班费不就完了吗，总比取消加班强吧？

如果你这么认为，说明你对我们的职场生态还是不够了解。

一言以蔽之，除非你能够给出相当诱人的金额，否则对绝大多数员工而言，他们更在乎的是私人时间，而不是那点儿加班费。因此，至少在我们这里，给加班费的做法其实未必能取得多大的效果，弄不好还会惹来一大堆是非，落下个花钱找骂的下场。

这还不是最可怕的，更可怕的事还在后面。我在前面说过，我们的员工对自己的企业往往缺乏忠义，极难做到"鞠躬尽瘁，死而后已"。这就意味着他们中的一些人很有可能通过磨洋工的方式巧取你的加班费，与此同时却未必会给出足够的货，让你赔了夫人又折兵。

所以，解决问题的唯一办法就是尽最大可能减少工作时间。这句话不是说说而已，而是必须做到位。你要为自己彻底洗脑，从明天开始彻底摒弃"工作时间越长越好"的旧管理理念，切实推行"工作时间越短越好"的新管理思维。

打个比方，你可以这样做。从明天开始，不再用"谁的加班时间最长""谁最晚下班"之类的指标来评价员工的优秀程度，而是改用"谁下班最早"甚至谁能做到"迟来早走"来判断员工的素质高低。当然，这样做的前提是，你的员工必须做到在一个完整工作日里彻底完成，而且是高质量地完成本人当日的工作计划。

我敢保证，只要你有勇气，敢于大胆推行这样的计划，不出半年，你的公司面貌便会焕然一新：员工精神焕发、士气高昂，企业朝气蓬勃、所向披靡，员工对企业的满意度与忠诚度将会得到根本性的改变。而一旦收获了这两样东西，企业就等于得到了一枚永远确保核心竞争力的护身符。

那位说了：你这是胡扯！在公司里实行"比谁下班最早"的政策？！想什么呢？！即便平时往死里管束我的员工，这帮孙子还经常性地找各种借口迟来早走呢，没活活气死我！就这情况要是你还主动给他们放鸭子，鼓励他们迟来早走，那他们还不得上房揭瓦，彻底造你的反啊？还说短期内"焕然一新"？门儿都没有！如果你敢这么做，我敢保证你的公司会在最短的时间里成为垃圾，怎么可能焕然一新？！

呵呵，别着急，我就知道你会这么想。不过，我当然不会信口胡说，我这样说自有我的理由。

不知你想过没有，你的人为什么会迟来早走？就是因为他们对过长的工作时间极度反感，认为这是一个"恶制度"。试想，在这样的心理状态下，即便他们不迟来早走，而是乖乖地待在公司里，他们又是否能有最起码的工作效率呢？不要告诉我你从未在公司里见过员工玩手机或电子游戏之类的东西消磨时间，更不要告诉我这些人在你提醒或怒斥之后能立马改邪归正、绝不再犯，而不是当面一套、背面一套。既然人在这儿和人不在这儿结果没什么两样，你又何必自己骗自己呢？！难不成只要把员工的身体锁在公司里就足以令你心满意足，而甭管他们的手在干什么，也甭管他们的心飞到了哪里？

要知道，归根结底人是逐利动物，有兴利除弊的本能，只要你能为他们画定红线（切实做到保质保量地完成工作任务），并开拓一个广阔的施展空间（完事即可走人），一般来说是不会有人愿意挑战你的底线的（因为这样做不符合他们的根本利益），尽量追逐你所提供的施展空间才是一个大概率事件（因为这样做符合他们的根本利益）。当然，害群之马、不肖之徒一定会有，会有人试图挑战底线，却不愿挑战施展空间。不过这恰恰是一件好事，能够让你分清良莠，做出相应的决策。一句话，只要不肖之徒敢于冒头，对他们痛下杀手、彻底清除即可。而且，如果我估计得不错，这件事基本上不用你本人费心，你的员工自己就会帮你搞定这件事。原因很简单，一个友好的制度环境对全体员工而言是难得的共有资源，没有人希望这个公共财产遭人破坏，导致一粒老鼠屎坏掉一锅汤，一人得益、全员受损的结果。所以，还是那句话，兴利除弊的本能会让其他人团结起来，帮你除掉队伍中的害群之马。这也是个大概率事件，不信你可以尝试一下。

其实话说回来，你的员工还能做到为迟来早走"找各种借口"，这本身就是他们善念尚存的表现，而不是一肚子坏水的证明。因此，你完全不必为此恼火，而是应该感到庆幸。不要小看这点儿善念，它意味着你的员工还是具备起码的职业道德和职业素养的，只要你为他们打开一扇窗口，他们一定会从善如流，让他们的善念来个彻底的大爆发，成全你的一番好意。这就是"星星之火，可以燎原"的道理，关键是你要意识到什么是火星以及如何点燃它。

当然，凡事过犹不及。**任何一种制度创新，尤其是具有颠覆性的制度创新都不适合一步到位，因为这样做的反冲力太大。**一定要摸着石头过河，先从一个局部进行试点，然后根据实际情况的进展进行必要的调整与修正，在条件成熟之后再逐步推开。这才是确保改革成功的王道。

类似的案例本书中也有不少介绍，可以找出来参考一下。

关于案例二，由于涉及的内容较为繁杂，我们将在下一节详细论述，这里便一笔带过了。

最后，让我们再来说说案例三。

一言以蔽之，上班时间吃零食这种行为是员工下意识地为自己缓解压力、强化环境友好度的举措。这样的举措不仅是正当的，甚至是值得鼓励的，不应该被禁止，而且也不可能被禁止。

也许你会说：公司不同于家里，行为规范当然也会有所不同。你把公司搞得跟家里一样，想干什么就能干什么，那公司还有没有章法？岂不乱成了一锅粥？！这样的状态大家还能安心工作吗？！

对于这个质疑，我的回答是：不必过于担心。没错，"把公司家庭化"确实是提升环境友好度的一个途径，不过，这样做并没有什么不妥。如果一个员工在公司里也能找到家庭般的感觉，这绝对是一件好事，绝对有利于提高他的工作效率。既然我们天天在嘴上宣传"爱公司如家"，而你的员工又能切实做到这一点，你为什么还要对此感到担忧呢？这不是自相矛盾吗？

当然，完全像在家中一样放浪形骸、为所欲为是不可以的，不过这种现象绝对不会发生在公司里。因为无论一个公司的环境有多么友好，正如你所说的那样，公司毕竟是公司，这里是一个工作的地方，这种环境的基本属性是不会改变的。因此，无论一个人在公司里感到有多放松，放松到放浪的程度也是不可能的，他的潜意识会制止他这么做。这就和无论在家中的表现有多开放的人，也不会一丝不挂地出现在海滨浴场是一个道理。因为"海滨浴场"与"家"是两个不同的概念，具有截然不同的属性，只要一个人没有失去起码的理智，他自然会知道如何区分这两个场所。

所以，担心员工在上班时间的某些"出格"表现会导致场面彻底失控是完全没有必要的，这样的担心过于低估了员工作为一个成年人和社会人所具有的起码道德操守。

不过，即便员工的"彻底失控"无须担心，某些基本行为规范的遵守还是必要的。比如说，"上班时间吃零食"固然可以放开，"环境卫生的确保"则完全没的商量。如果你总是弄得遍地狼藉，那一定要坚决打击、绝不手软；反之，如果你总能确保周边环境的绝对洁净，那么便悉听尊便。

说到这里，想起了一个小故事。

我的远房侄女苗苗在某家国际知名大品牌的地方分支机构谋了一个行政部经理的职位。上班没几天便遇到一个大烦恼：公司里员工吃零食的现象频发，怎么规劝也止不住。于是苗苗一狠心推出了一系列行为规范，试图通过重罚来制止这种不正常行为。可没承想平时极好相处、职业素养相当高的同事们偏偏在这个"零食问题"上和她较上了劲。他们或者"谦虚认错但坚决不改"，或者干脆破罐破摔、"爱咋的咋的"，总之是和苗苗摽上了，丝毫没有退却、认输的意思。这让苗苗很生气，把状告到总经理那里，希望领导能给她主持个公道。可领导尽管支支吾吾地答应了她，却并没有在行动上给予她任何实际的支持。这让苗苗感到很蹊跷，决定一探究竟。没过几天，她就发现了领导的秘密：原来，躲在总经理办公室的领导平时也很喜欢吃零食，且偶尔会和公司里的同人分享。同事们有恃无恐，当然也就不把苗苗的那些劳什子行为规范放在眼里了。

苗苗感到很沮丧，向我咨询下一步的做法。我的建议也很简单："同流合污"，和同事们一起分享美食就行了。但有个前提，吃零食的时候一定不能破坏办公环境的整洁，否则要严惩不贷。

苗苗感到很困惑，以为我在跟她开玩笑。在我一番耐心的解释下，她才勉强得计而去。

我以为小姑娘会很固执，对我的这个建议接受起来有困难，一定不会照计行事，所以很快便遗忘了这次对话。没想到几个月后再见面时，苗苗主动提起这件事，并兴致盎然地向我汇报那之后的经过：最开始时，苗苗确实对上班时间吃零食这件事不太适应，因为她虽然走进社会的时间不长，可是常识告诉她这种做法是错误的。明知错误，却要"同流合污"，心理上自然会有所抵触。但尝试过几次之后，她发现效果不错，不但自己与同事之间的关系变得更和睦、更融洽，而且当自己推行其他的一些管理制度时，同事们也都表现出高度的配合精神，不再为难她。现如今她的心理障碍已经完全消除，毕竟是女孩子，对零食有着先天的爱好和敏感，知道什么东西好吃、什么东西新潮，总是能找到一些新鲜玩意儿和大家分享，让大家对她愈发喜爱。公司里一派其乐融融的景象，大家的干劲儿也格外地高。

当然，苗苗的这个案例有一定的特殊性，并不一定适合所有的团队。如果在你的团队里吃零食的现象并不那么明显，那么你便完全没有必要故意煽动这股风潮，刻意鼓励大家添上这个新习惯。

总之，因地制宜、顺势而为是管理的铁则，依照这个原则做事准错不了。

4. 入静与专注

这一节，我们重点来聊聊案例二。

不知大家是否看过20多年前葛优主演的著名电视连续剧《编辑部的故事》。这部葛大爷的成名作之所以广受欢迎，成为跨越几十年、几代人心中的经典，其原因有很多，最重要的原因之一就是它的真实性。

不夸张地说，当时的人们在看到这部电视剧的第一分钟便会被它无与伦比的真实感深深地震撼：无论是编辑部办公室的布景、无数的小道具，还是剧中角色的穿着、做派和语言，都不给人丝毫"演戏"的感觉，而是一种赤裸裸的真实。相信那时候职场人的第一反应一定会是——这不就是我们公司的情况吗？！

作为这种真实性的另一个有力注脚，编辑部办公室的氛围令人印象深刻。在这间办公室里，人们似乎永远在做着一件事——聊天。无论是几位编辑彼此之间，还是编辑与领导之间，抑或编辑与作者乃至社会上的各色人等之间，也无论是谈工作、说家常、聊八卦，出现在这间办公室里的人似乎永远在聊着什么，而且还是乐此不疲、滔滔不绝，谈资永无穷尽的时候。

有人也许会说：这间办公室这么吵，工作效率一定很低！

看过这部电视剧的人可能未必会同意这种说法。相反，他们会在观剧之时产生这样一种感觉：这间办公室超有生气和朝气，令人羡慕。所有编辑均对自己的本职工作认真负责，根本不需要领导督促就能主动积极地完成工作任务。不仅如此，他们甚至还会自觉自发地为自己找事做，不断地动脑筋想办法，琢磨出不计其数的幺蛾子让自己的杂志（《人间指南》）出新出奇，始终保持十足的话题性，站在社会变革的风口浪尖上。在这样一群热心人的鼓捣下，编辑部的事业可谓蒸蒸日上、朝气蓬勃，羡煞一众媒体界同人。

可见，编辑部办公室里的聊天现象，非但没有影响大家的工作效率，相反却进一步融洽了同事之间的情感、强化了同事之间的默契，缓解了大家的工作压力、提高了大家的工作兴趣……一句话，这一现象大幅改善了编辑部工作环境的友好度，让编辑部的编辑们兴致更高、动机更强、自觉性更大，因此，也便提升了这个团队的综合工作效率。这就是这个团队给人的印象是如此自由，几乎与在自己家里无异，可却让人不会产生一丝一毫的"不靠谱"或"不专业"的感觉的原因。

从这个意义上讲，**一个优秀的团队未必不聒噪，而一个安静的团队也未必不垃圾**，以"上班时间是否聊天"这一标准来衡量一个团队的优秀程度，未免牵强。

遗憾的是，现实和想象总是有那么大的差距。由于工作关系，这两年我本人也与一些编辑部打过一点儿交道。可我所见到的编辑部，几乎都是一片死气沉沉的模样：所有的人似乎都在埋头苦干，鲜见同事之间聊天的场面。

有人颇为自得，将这种场面形容为"人员素质好，管理水平高"，我当然不便反驳，心里却总是有那么一点儿别扭，觉得有哪里不太对劲。最起码，我没有从这些编辑部的日常工作风景中感受到一点点热情的朝气，也没有在从业人员的脸上看到一点点幸福的神色，更没有从团队的整体运作中察觉到一点点家人的氛围。相反，我看到的几乎都是强做出来的客气、强挤出来的笑容，而在各种客气与笑容的背后，我能真切地感受到刺骨的寒意和瘆人的冷漠。一切都是那么机械，一切都是那么做作，令人不由自主地产生一种强烈的距离感和陌生感。

如果这就是有些人标榜的所谓"高素质、高水平"，那我只能无语了。

不过，事实胜于雄辩。据我所知，目前中国的出版界是员工满意度最低的行业，也是员工流失率最高的行业。许多编辑部不出几年就能上至总编、下至小编，所有人马彻底翻新一遍。暌违两年登门再访时几乎让你认不出哪儿是哪儿、谁是谁，此编辑部是否还是彼编辑部。

据说许多行业内的大老板对这种现象已然习以为常，不觉有任何不妥，甚至有些大佬还认为这种现象是积极的，值得鼓励。他们的理由是：能做编辑的人都是人精，既然是人精，当然就会有些自我，总是这山望着那山高。可归根结底这是一件好事，人才自由流动能够促进资源的合理分配，资源分配效率的提高最终必然会推动行业整体的发展。

尽管这套理论乍听上去似乎有些道理，如此频繁的人员流动是否对中国的出版业大有裨益却绝对值得商榷。事实上，中国的出版业不景气的状态已经颇有一些年头了，除了行业本身的客观规律之外，这一行当里极度缺乏真正的管理高手未尝不是一个重要原因。

顺便说一句，任何一个行业里都不会缺乏业务高手，但与之相比管理高手则是一个不折不扣的稀罕物。许多人错将业务高手等同于管理高手这件事本身，也许就是一个最为严重的管理问题。

从这个意义上讲，也许《编辑部的故事》里的老陈（主编），这个和蔼可亲的老头儿，是一个真正的管理高手也说不定。别看他表面上似乎在惯着自己的员工，让他们享有极高的自由度，其实这又何尝不是一种无为而治的做法，正是这样的做法彻底解除了员工身上的种种束缚，放飞了他们的思维，激发了他们的智慧和热情，让他们每天都跟打了鸡血一样地往前冲。

俗话说"姜还是老的辣"，这一点真是不服不行。

也许有人会说：编辑是一个特殊的行业，这个行业当然需要各种沟通，包括聊天都是一种获取信息、开阔视野的方式。不过，同样的模式放到别的行业可能就会有问题了，毕竟不是每一个行业都需要如此大量、如此应时的信息。如果你用这种自由度去管理企业，一定会造成混乱，让你吃不了兜着走！

对此我有不同的看法。首先，就像我在前面提到的那样，即便我们不提信息获取的问题，一定的职场自由对于提升环境友好度也是大有裨益的。比如说同事之间感情的融洽、配合的默契，以及压力的缓解、动机的提升等，都与自由度有着莫大的关系。

而且，还有一点很重要。

为什么有那么多的团队领导会对"上班时间聊天"这件事如此敏感、如此厌恶，以至于一定要制定严格的规章制度去彻底扼杀呢？

理由只可能有一个：入静很重要。因为只有入静才能带来专注，只有专注才能带来效率。

必须承认，这种观点非常具有代表性与说服力，已然是一种世人皆知的常识，极少有人对其提出质疑。但常识并不一定代表了真理，我们今天便不妨深刻地分析、质疑一下这个常识。

首先，我们要弄明白一个概念。何谓"专注"？说白了就是心无杂念地投入到某个事物中去的状态与能力。

所以说，专注应该是一种内在的意念，而不是外在的影响；或者说，专注只能靠自己创造，而不能靠外人给予。无论外人是否配合都能做到专注，才是真正的专注，必须要靠外人配合才能获得的专注则是虚假的专注。

著名儿童教育专家尹建莉老师在她的名著《好妈妈胜过好老师》一书中曾经写过这样一篇文章，叫作"学习不怕吵"，极其生动、传神地证明了"内在的专注最强大"这一理念。

她在文章中详细描述了一位高考生的家长殚精竭虑为孩子"创造"专注环境的故事：在临近高考的日子里，为了让孩子能有一个绝对安静的环境复习功课，这位家长可谓操碎了心。楼上的住户稍微有些动静，这位家长就会拿一根长竹竿敲打天花板，示意楼上的住家保持安静。结果从孩子开始高考复习一直到高考结束的几个月时间里，这位家长敲打天花板的咚咚声从未停歇过。对这位家长的苦心，尹老师格外感慨。她觉得如果这个孩子的入静是一件如此艰难的事情，那么在高考中取得好成绩恐怕会同样艰难。

对尹老师的看法我深有同感。

试想，当这位考生走进考场之后，即便考场能够给他提供一个绝对安静的考试环境，他又是否能做到真正的入静呢？恐怕未必。因为对这样有着"安静洁癖"的人来说，即便没有人的声音，其他的任何声音也都有可能让他分神。比如说风声、蝉声、树叶的响声，甚至可能一只苍蝇飞过的嗡嗡声都会严重干扰他，让他不得入静、不得专注。在这样的心理状态下，一个仍处青春期的孩子又如何能在高考这一人生的大博弈中大获全胜呢？尤其是考虑到家长在这方面殚精竭虑将会给孩子增添巨大的心理负担这一点（家长为自己付出了这么多，如果考不好实在是没脸回家），这个孩子在高考中的表现就更加令人担忧。

所以，推此及彼，如果你团队里的人必须在一个十分安静的环境里才能专注起来，这绝不是一件值得庆幸的事情，相反，你应该对此感到深深的忧虑。因为这种现象绝不代表你的团队成员专注能力有多高，相反却恰恰证明了他们的专注能力有多差；同理，这种现象绝不能证明你的团队素质有多高，有多强大，相反却恰恰证明了你的团队素质有多差，有多脆弱。

当然，反例也总会存在，而且会颇具说服力。

举一个我亲身经历的案例。

在我曾经供职的某家汽车经销公司里，有一个叫李欣的女孩，是那家公司销售部的内勤。

有过相关行业经验的人一定知道，汽车行业的内勤工作是极度需要专注的。

因为他们每天必须与种类、数量繁多的各种报表打交道，必须与天文数字一般的各种数据打交道。稍微发生一点儿差池，就会给部门乃至整个公司带来无法弥补的损失。可非常不巧的是，销售公司这种地方又是一个人来人往、极为嘈杂的环境，销售人员接打业务电话的声音、员工之间互相交流的声音，乃至投诉客户上门争吵的声音等，一天到晚耳朵不得清闲。可就在这样一个聒噪的环境里，李欣却表现得仿若置身世外桃源一般与这个世界完全隔绝。任何杂音仿佛都和她无关，她的眼睛始终盯着电脑屏幕，她的手指始终飞快地敲打着键盘，对她而言，只有自己的眼睛和手指接触的世界才是真实的，而外面的世界则完全是虚幻的，甚至是不存在的。这还不是重点，真正的重点是，虽然这个女孩在公司工作长达五年之久，却竟然没有发生过一次哪怕是最细小的失误，没有搞错过一个哪怕是最无足轻重的数据！这种程度的专注、这种水平的效率，真是令人叹为观止。

可见，完美对她而言已经是一种惯性，而无须刻意追求。这样的员工，才真正配得上"高素质"这三个字。

不过，也许是朝夕相处、见多不怪的缘故，她所创造的这个小小奇迹，几乎很少有人意识到，更别提寄希望于从中分析点儿什么出来了。

当然，并不是只有在嘈杂的环境里她才能超水平发挥，内勤加班是家常便饭，李欣常常要工作到夜里八九点钟，这个时候，全公司经常只剩下她一个人，周围鸦雀无声，而她依然能够自如发挥，丝毫不受影响。显然，外在的环境是安静还是嘈杂对她完全无碍，她已经彻底进入鲁迅先生提倡的境界——"躲进小楼成一统，管它冬夏与春秋"。

也许你会说：这个逻辑是谬论！在嘈杂的环境里入静是不得已的，因为外在的环境没的选，所以只能顺其自然。但这并不代表着"安静有助于专注"这一常识是错误的。你比方说吧，地球人都知道图书馆有个铁则，叫作"保持安静，禁止喧哗"，这条铁则古今中外从未有人质疑过，你敢说它是错误的吗？！

如果你这么想，显然是误解了我的意思。就像我在上面那个案例中提到的那样，我并不是说人只有在喧闹的环境中才可以专注，只是说人即便在喧闹的条件下也能够专注才是真正强大的专注。这两点并没有本质上的矛盾。因此，并不是说当别人专注的时候你应该去他身边喧闹一下，骚扰骚扰他才是真正对他有帮助，而是说即便旁边有人喧闹与骚扰也丝毫不为所动才是真正靠得住的专注。

但是，你的质疑里有一句话非常值得玩味，那就是："在嘈杂的环境里入静是不得已的，因为外在的环境没的选，所以只能顺其自然。"这句话很有意思，一语道出了一个颇为重要的心理学现象。让我们分析一下。

简而言之，外在环境"有的选"和"没的选"这一点非常重要，几乎可以从根本上改变我们的心理状态。一般来说，我们之所以会对外在的环境如此敏感与挑剔，会被外在环境极大地干扰工作和学习状态，原因其实非常简单，就是因为我们会在自己的潜意识里认为外在环境"有的选"。既然有的选，我们当然会产生"做点儿什么"的动机，而一旦动了这个念头，事情就糟糕了。我们就会变得心猿意马、心烦意乱、吹毛求疵，无论怎么做也无法达到我们希望调整到的完美状态；而任何一种不完美都会让我们继续萌发"再做点儿什么"的动机……这就是一个无底洞，一个典型的恶性心理循环。在这样的心理状态下，人如何能够入静？所以，"有的选"本身就是一个大麻烦，因为这种可能性最大的问题是随之而来的"做点儿什么"的动机，而一旦有了"做点儿什么"的想法，人其实就已经分心了，入静与专注自然也会成为一句空谈。

反之，"没的选"往往对人的入静和专注反而非常有利。道理和前面说的一样，就是因为"没的选"会彻底断了我们"做点儿什么"的动机，既然什么都不想做也不能做，我们也便完全释然，反倒能够更为轻松地做到彻底的放松、入静和专注。

这样的案例实在是不胜枚举。比如说，恐怕大家都曾经历过这样的事情：一个人可以轻松地在嘈杂的火车上睡着，却极难在自己安静的床上入眠；一个孩子平时睡眠极轻，稍有风吹草动便会惊醒，可是却会在父母大声争吵时呼呼大睡，摇都摇不醒……

之所以会发生这样的事情，就是因为有些环境"有的选"，所以无法入静；而有些环境"没的选"，所以反而能够轻松入静。

以此类推，恐怕挂了几百年的图书馆里"禁止喧哗"的警示牌也可以摘下来了，至少在理论上是这样。因为图书馆里的人之所以会对喧哗声如此敏感乃至深恶痛绝，就是这张招牌惹的祸——它坚定地告诉大家阅读环境"有的选"，而且"必须选"，因为这是大家神圣不可侵犯的权利，所以反而会令大家更容易心猿意马，更容易被环境的哪怕一点点波动所强烈干扰；反之，如果有这么一个图书馆，敢于大胆地挂出"欢迎喧哗"的招牌，彻底断了大家"有的选"的念想，也许反而会更有利于大家的阅读效率和阅读质量也说不定。

这绝不是说笑话，我们不妨从自己的经验当中寻找一些线索——你是否曾在人声鼎沸的机场候机室或车站候车室极为专注地看过书？如果你的答案是肯定的，那就等于认同了我的观点。

其实，即便拿尹建莉老师在书中举的那个例子来看，这个逻辑也说得通。显然，那位殚精竭虑的考生家长碰到了一个好邻居。这户人家能够充分体恤考生一家的不易，每当竹竿声响起时便彻底安静下来，积极配合考生家长为孩子"创造"良好环境的诉求。不过，遇到这样的善邻对这个考生之家是福是祸恐怕还有商榷的余地。我们可以大胆地想象一下，如果这个邻居是个黑社会，这位考生家长还会拿竹竿捅天花板吗？如果这个家长不再捅天花板，对这位考生的入静是利大还是弊大呢？

尽管大家的答案也许不尽相同、见仁见智，但是偶尔打破常规，向自己提一些这种看似荒诞不经的问题，对启发我们的思路绝对是大有裨益的。

那位说了：即便你的说法有一定的道理，我也觉得你这种逻辑很奇怪。为什么一定要鼓励员工在班上聊天，班下聊不就行了吗？

对于这一点，我的回答是：先不说现代人的班下（私人）时间有多么紧张（尤其考虑到现代人被迫加班现象之严重，这一点更是一个极为现实的问题），即便大家都能抽出充足的班下时间聚在一起聊天解闷，增进感情，这种"班上"与"班下"被严格区分的格局也是有问题的。显然，前者是极度不友好的环境，而后者是极度友好的环境。因为在班上时间遇到了极不友好的对待，所以要通过班下时间发泄心中的郁闷，平衡扭曲的心理——这是每一个人心里都明白的潜台词。但是为什么一定要维持这样僵化的格局，而不是想办法将它打破呢？如果能够将班上时间也变为极度友好（至少是适度友好）的时间，将班上环境也变为极度友好（至少是适度友好）的环境，我们的工作效率不是可以更高、人际关系不是可以更融洽、工作上的协同配合不是可以更默契吗？为什么一定要墨守成规，自己和自己较真呢？

也许有人认为环境的不友好可以增进紧张感，而适度的紧张感可以增加工作的专注度与效率；相反，环境过于友好则会破坏这种紧张感、专注度和效率，让员工彻底松弛下来，导致不思进取的结果。所以职场中不友好的环境是必需的、有益的，这是由冷酷的现实所决定的，不以人的意志为转移。可即便如此，我依然坚持己见，固执地认为职场环境友好度的提升与适度紧张感的保持之间没有根本性的矛盾。原因很简单，环境不友好，紧张感是被逼出来，甚至是装出来的；而环境友好，紧张感则是自觉自发的。显然，后者比前者更靠谱儿、更真实、更有持续性。当然，环境友好度好歹改善一点儿，紧张感便会立马荡然无存的主儿不是没有，但这种人其实你即便对他不友好，他也很难维持积极的紧张感。恐怕更大的可能，是他会阳奉阴违地敷衍你，抑或动辄演戏欺骗你，总之，他会想出无数办法自己给自己创造一个

"友好"的环境，唯独不会做的事情就是想方设法让自己紧张起来，全力以赴地投入到工作中去。对于这样的员工，你反而会觉得更累。到头来不但他的效率没提升，还白白搭上了你自己的效率，可谓得不偿失。所以还是那句话，给予员工适度的自由度，能够让你分清良莠；而清除害群之马，一定是你最明智的选择。

不过，话又说回来，我能够理解对我这些天马行空的"歪理"感到困惑的人的心情。对习惯了某种固定思维模式的人来说，任何一种新思维，尤其是那种具有颠覆性的新思维，接受起来都必须有一个过程，不可能一蹴而就。但是，只要是顺人性而为，真正具有生命力的东西，就一定能够生存下来，最终成为所有人的共识，并深刻地影响所有人的心态和生态。毕竟人性是共通的，无论多么顽固与顽强的人，也不可能与他的人性本能持久地对抗下去，迟早会臣服于人性的伟力。

《编辑部的故事》最后一集的最后一个场景颇为耐人寻味：那个头脑顽固、作风保守，曾经对办公室里的年轻人匪夷所思、天马行空的想法与做派死活也看不上眼的老编辑刘书友，最终却彻底折服于年轻人的魅力，真心喜欢上了这些年轻人。而且他本人似乎也变年轻了，居然破天荒地哼着小曲来上班。嘴上还念叨着："我发现最近一到办公室就特别兴奋，觉得上班儿还真是一件乐和的事儿！"

一上班就感到乐和，感到兴奋，一个团队如果能够达到这种境界，相信管理者唯一需要做的事就是回家睡大觉了。

至此，甲、乙、丙三家公司的案例分析告一段落。尽管在这个过程中我们只撷取了几个日常管理的侧景展示给大家，可是正所谓抛砖引玉，从这几个案例分析中得到的灵感与启发，一定会让大家在管理创新这条路上走得更灵活一些、更顺一些、更远一些。

5. "慈不掌兵，义不理财"吗？

不过，也许有人依然无法接受从上述案例分析中得出的结论，他们会发出这样的质疑：你的这些理论大都是纸上谈兵，拿到现实中来用未必会灵光。事实上，这些年来我见过许多和丙公司相仿的企业，可它们都是地地道道的垃圾企业，根本没几个像样的！相反，我也见过许多管理手段极其严格，甚至极其残酷的企业，它们的情况都与甲公司相仿，却都是行业里公认的龙头，是人人敬畏、人人向往的一流企业！这说明了什么？说明了人是需要管的！而要管好人就不能过多地考虑人性。所谓"慈不掌兵，义不理财"，说的就是这个道理。这可是亘古不变的真理，岂是你区区几个案例分析便能轻易否定的？！

对于这样的质疑，我的回答如下：关于人性化管理的话题，我已说过许多，这里不再赘述。我只想说在中国的兵法里不但有"慈不掌兵"的说法，还有"爱兵如子"的说法。这两个说法从本质上讲并没有区别，只是一枚硬币的两面而已。如果一定说有区别，那这个区别也只能是顺序上的区别、重要性上的区别。简而言之，**"爱兵如子"要排在"慈不掌兵"的前面，因为前者的重要性比后者更甚。**打个比方，在教育孩子的问题上，显然"爱"与"严"都很重要，但"爱"肯定要比"严"更为重要，一定要排在"严"的前面。相信这一点没人会提出质疑。

因此，如果你也想在管理团队的问题上贯彻"慈不掌兵"的原则，那么你就一定要首先做到"爱兵如子"。而且重点在于，你的"爱"必须要让你的"兵"真切地感受到才行。因为只有感受到你的"爱"，他们才会发自内心地接受你的"严"，而只有发自内心地接受了你的"严"，他们才会真正迸发出无穷尽的士气和高昂的工作动机。可遗憾的是，在我们的团队里极少有人能真正明白这一点。我们的团队领导往往片面地理解了这个问题，在日常管理工作中只强调"慈不掌兵"的原则，极少考虑"爱兵如子"的理念。因此，他们往往只能支配下属的人，却极难掌控下属的心。当然，也许他们压根儿就不在乎下属的心，只对下属的人感兴趣也说不定。

但是，有一点必须承认。那就是即便完全忽视员工的心，彻底贯彻没人性的管理模式，依然有许多企业获得了辉煌的成功。所谓事实胜于雄辩，这是一个令许多推崇人性化管理模式的专家学者备感困惑，同时也令许多热爱没人性管理模式的企业家和团队领导备感欣慰、信心倍增的管理学现象。

那么，这一现象又应该如何解释呢？

很简单。请看下面这段节选于百度百科的文字：

> 泰缅铁路，又称缅甸铁路或死亡铁路，是日本在第二次世界大战期间为了占领缅甸所修建的连接泰国曼谷和缅甸仰光的铁路。该铁路经过的泰缅边境热带雨林区，地形险峻、气候恶劣，劳工和战俘们在衣食无保、时疫流行、劳动和生活条件极差的情况下，以血肉之躯拼死劳作，使这条原计划6年才能完成的铁路在15个月内竣工。泰缅铁路全长约415公里，平均每修筑1公里，就有600多人付出宝贵的生命。

看了这段文字，不知道大家有什么感想？

日本人很残酷？这一点毋庸置疑。我们今天姑且不提日本人的事，不妨把视线放在泰缅铁路作为一项工程的效率上面。显然，泰缅铁路既是人类文明史上一个巨大的悲剧和污点，也是人类工程史上的一个奇迹与里程碑。既然这一奇迹是劳工和战俘们在无与伦比的艰难困苦中以及肉体与精神遭受残酷蹂躏下"以血肉之躯拼死劳作"换来的，那就足以证明一件事：没人性管理模式也能取得高效率，甚至是超高效率。显然，至少按照这个例子的逻辑来看，管理效率和人性之间似乎确实没有什么必然的联系。

不过，想必大家都不会认可这样的观点。理由很简单，这种残酷的管理方式尽管有可能在一个相对较短的时间内和相对有限的领域里发挥出惊人的效用，但是如果把它长期化、合法化，也就是说，以经营一个企业的方式彻底固定下来，这种管理模式的弊端便会一览无余。而"造反"就是这种弊端最直接的表现。因此，从结论上说，**任何没人性的管理模式，即便能取得一时的高效率，也往往不能长久。**所谓"官逼民反"，长期无视人性只能为自己埋下祸根。

历史也雄辩地证明了这一点。

尽管在日军的铁蹄淫威下，那些战俘与劳工被迫展现出超高的劳动效率，与此同时，所有人心中的仇恨之火却也熊熊地燃烧了起来。当他们终于获得解放，重新拿起枪杆子的时候，他们便一举成为日本人最大的噩梦和终极终结者。多行不义必自毙，日本人的下场完全是他们自找的。

历史如此，企业和团队管理也如此。这是一条客观规律，不以人的意志为转移。

也许你会说：你举的这个例子不靠谱儿。你怎么能拿战争年代的案例类比现代企业的管理呢？这实在是太荒谬了。要知道，战争期间的战俘和劳工是没有人身自由的，他们表现出超高的劳动效率是被迫的。你想啊，如果有人拿枪指着你的头，就算你心里有1000种愤怒、10000种怨恨，你不也得使出浑身的力气"拼死劳作"吗？这种情况和现代企业怎么比啊？！现如今有哪家企业能剥夺员工的自由，又有哪家企业敢于虐待和摧残员工的精神和肉体？所以说，即便现在的企业和团队实行没人性的甚至是残酷的管理模式，那也是一个愿打一个愿挨的事，谁也没强迫谁。把企业员工与战俘相比完全是荒谬的，两者之间根本没有可比性！

对此，我要说的是：尽管现在的企业确实没有，也不可能剥夺员工的自由，虐待与摧残员工身心的事情也比比皆是。这样的案例实在是太多了，估计是个职场人士都能随口说出一大堆。可现在的问题是，为什么一个有自由的人还需要忍受种种非人的待遇呢？理由很简单，四个字而已：生活所迫。如果在"有自由却没钱"和"有钱却没自由"当中选一个，相信绝大多数人都会选择后者。从这个意义上讲，员工和战俘其实从本质上来说并没有什么不同。他们都被某种有形或无形的锁链紧紧拴住，身不由己地用自己的身体"拼死劳作"。也就是说，无论是有自由还是没自由，这种自由都是相对的，他们"拼死劳作"的背后都有被迫的成分。与此同时，那些企业老板和团队领导也恰恰钻了这个空子，这种迫不得已的现实帮了他们的大忙，可以让他们一边假模假式地跟员工说"我没有强迫你，这可是你自愿的"，一边却又明目张胆、随心所欲地干着强迫和摧残员工的勾当。这种心态和作为，用"猥琐"二字形容，应该不算挤对了他们。

但是，也恰恰因为如此，对企业和团队而言，潜在的隐患如影随形，随时有可能侵蚀他们的肌体。这不仅是指"官逼民反"的可能，还有一种情况恐怕会更具杀伤力，那就是只要被迫的成分稍微有所减轻（比如说对钱的渴望不再那么迫切），员工便会立刻弃你而去，甚至会对你做出不仁不义的事情。

顺便说一句，"拼死劳作"现象绝不是没人性管理模式的专利，在人性化管理模式下这种现象一样会发生，甚至可能有过之而无不及。只不过前者属于"被虐"，后者属于"自虐"而已。

举几个例子。大家都知道"过劳死"一词来源于日本，说的是日企员工可以敬业到为自己的企业献出生命的程度。而且重点在于，这种死亡方式是不可预期的，也就是说，过劳死的日本人并不是刻意送命，他们是在不知不觉中，乃至对工作的无尽享受中悄然死去。这样的死法，这样的敬业程度，不得不令人叹为观止。

不只是日本人，在我们中国实行人性化管理的优秀企业里，员工自觉自愿"拼死劳作"的现象也并不鲜见。比如说现如今已然名满天下的海底捞，其员工的敬业程度就令人叹为观止。本来海底捞就是一家休息时间极少的企业，可依然有许多海底捞的年轻员工宁可放弃少得可怜的休息时间和休息日，自觉自愿地为企业加班。而且，他们这样做并不是为了多赚钱，用他们自己的话说"不上班就浑身不舒服，干什么都觉得不自在"。而这种敬业也让孩子们付出了极大的代价：据说海底捞绝大多数员工，尤其是那些资深员工身上都有这样那样的职业病，有些病已经不可能治愈，将要伴随这些孩子一辈子。

有人也许会说：你不是向来反对无节制的加班吗？那为什么还要鼓吹海底捞的做法呢？

我的回答很简单：海底捞的加班和别家企业的加班完全是两码事，前者是自愿的，后者是被逼的。如果你也有本事让员工觉得在家待着完全是浪费时间，只有来到公司才能享受到如鱼得水般的快感，那么显然你也可以挺起胸膛接受任何人的吹捧，因为你有这个资格。

其实，我们中国人既复杂又单纯。我们的人性当中有极其可憎的一面，比如自私、市侩、斤斤计较、得寸进尺等，这些特质都会给团队管理带来极大的困扰；与此同时，中国人的人性当中也有极其可爱的一面，那就是极度信奉"士为知己者死"的人生哲学。这就意味着一旦你能成功地降服他们的心，无论多自私、多市侩的中国人都会毫不犹豫地把他们家藏钱的地方告诉你，并甘愿为你两肋插刀，即使上刀山下火海也在所不辞。显然，这一点又为团队管理带来了极大的机遇和便利。

与中国人人性当中的哪些特质为敌对管理者最有害，与哪些特质为友对管理者最有利，相信聪明人一眼便知。

可见，人性化管理的威力是极其惊人的。如果你的员工心甘情愿地自己虐待自己，你又有什么必要挥舞手中的鞭子呢？

当然，这并不是说让员工勤奋、敬业到自虐乃至自残的程度才是管理的终极目的（坦白说这一现象并不值得鼓励，不是一个长治久安之计），可至少我们应该明白一点，那就是在团队管理中人性的力量远大于皮鞭、善意的力量远大于残酷、自觉的力量远大于被迫。只有明白了这个道理，才配得上"职业管理者"的称号。

不过，必须承认一点，和人性化管理相比，没人性管理要简单、省事得多，可谓"拿来就能用，用了就会灵"，所以才会赢得老板和团队领导们的如此厚爱。从这个意义上讲，没人性管理模式其实是一种专门用来服务懒人的"傻瓜管理模式"，而所有对其青睐有加的老板和团队领导都是不折不扣的懒人和庸人。尽管他们会在嘴上为自己的行为辩解，美其名曰"高效"，但无论找多么漂亮的借口，也掩盖不了他们懒惰与不作为的本性。这就好比春药，无论肾多虚的人只要吃上一粒便能立马重拾昔日雄风，其效果可谓立竿见影；可问题是药劲儿过去后肾会变得更虚。因此，人性化管理确实是一件费心费神的事情，可是如果你不付出这样的代价，企业和团队永远没办法得到真正的滋养，其体质也永远没办法真正强健起来；同理，没人性管理确实省时省力，但其效用却与春药无异，药劲儿上来时也许你会觉得自己的团队神勇无比，可是待药劲儿过时你的团队将会变得更加虚弱、更加不堪一击。更何况，如果你的团队嗜药成瘾，直接把春药当饭吃，那恐怕后果就不仅仅是伤肾这么简单了，更大的可能是，团队的五脏六腑都会被损耗殆尽，生命之火也燃烧不了几天了。

看到这里，相信所有人都会对一个结论心照不宣：在我们周边的企业和团队里，"吃春药"早已不是什么秘密，即便是"把春药当饭吃"也已然成为一种流行，早就泛滥成灾了。因此，我们的企业和团队中肾亏、早衰乃至早死现象会如此严重、如此频发，其原因也便不难理解。

说到这里，想必那些对甲公司的管理模式还残存着些许幻想的人，应该能够彻底清醒过来了。

除此之外，还有一点必须强调一下。

之所以在现实世界中许多与丙公司类似的企业在管理和业绩方面表现得都很垃圾，并没有像我所描述的那么出色，原因其实也并不复杂。

让我来解释一下。

我们来聊聊"负罪感"。什么叫负罪感？就是明知某些事情不能做，却由于种种原因做了这些事情，由此而生的心理阴霾。很显然，负罪感是一种强大的心理压力，能够极大地妨碍人们的正常工作和生活状态。同理，一个企业或一个团队里如果有太多的负罪感，那么高效率对这个企业或团队而言就会成为一个不折不扣的奢侈品。

再回过头来看看现实世界中大量与丙公司类似的企业，也许它们身上最不缺乏的特质恰恰就是这个负罪感。

无论是上班时间聊天，还是上班时间吃零食，抑或其他一些"出格"的事，一般来说，这些东西都是为企业所不许的，一般的企业制度都会明文禁止类似的行为。因此，在员工打破这些行为规范时，他们就会产生一种负罪感。不要小看这种感觉，它对人的负面心理影响是极大的。"明知有错而故意犯错"的心理暗示会彻底摧毁人的道德堤坝，让人产生破罐破摔的堕落心态。心态堕落了，行为自然也会变消极，因此团队里有许多这样的人，当然不可能获得高效率。

也就是说，错误的制度本身就是一个大问题。只要它横在那里，人的心理状态便不可能积极起来，工作效率自然也会一塌糊涂。因此，要彻底改变这种局面，办法只有一个，那就是大胆地执行制度创新。把以前不合法的东西合法化，把以前关上的门彻底打开，让大家消除消极的负罪心理，重拾强大的生产性与建设性。这才是正道、王道。

话又说回来，其实员工能产生负罪感是一件好事，这就说明他们的本性并不坏，依然具备最起码的个人素养和职业素质，有明确的是非观念。因此，只要你的政策对头，他们一定会以实际行动给予你最坚强的支持，而不大可能做出那种蹬鼻子上脸、过河拆桥的事，因为把这样一个团队彻底搞乱对他们没有任何益处。

所以，有些企业看似与丙公司相仿，却没能呈现出良好的效率与业绩，原因就在这里。因为两者之间的相仿之处有些是基于"合法"的背景，有些则是基于"非法"的背景。背景不同，呈现出的面貌自然也会截然不同，不值得大惊小怪。

事实上，现如今全世界市值最高的企业，就是一家与丙公司极其相似的企业，它的名字叫谷歌。

众所周知，谷歌是一家很奇特的企业，它的员工不仅可以迟来早走、上班时间随意聊天、吃零食，甚至如果员工乐意，上班时间打扑克、织毛衣都没人管。如此自由的氛围并没有让谷歌成为一家垃圾企业，相反却让它站在了人类历史上最牛企业排行榜的巅峰。

不要和我讲"谷歌是一家IT企业，和其他行业的企业没有可比性"这样的陈词滥调。我当然懂这一点，别说和其他行业比，即便在IT行业内部，谷歌的做法也远称不上一统江湖。行业不同、企业不同，个性当然不同，管理模式也会有所不同，这是天经地义的事情。但无论有多少不同，一些根本性的规律是完全相同的，绝对值得我们大力借鉴。谷歌既然能贵为世界第一，当然有它的道理，而这些道理中的某些元素称得上普世真理，必然会给我们带来许多有益的启发。

其实，许多老板和团队领导对过于自由的管理模式会带来"放鸭子现象"的担忧实在是有些多余。事实上，这种情况并不会像他们想象的那样容易发生。我在前面曾经提到过一个"书非借不能读也"的心理学现象。它说的是当一个人借到一本书时，他会一口气读完，因为这本书不属于他，他拥有这本书的时间有限；可是，当他从书店买回这本书时，由于书已经属于他，拥有书的时间是无限的，所以他反而不着急读，会将其束之高阁并彻底遗忘。同理，当一个人没有自由的时候，自由是一个极富魅力的东西。他会极度渴望自由，按捺不住那颗蠢动之心；反之，当他彻底获得自由的时候，自由便会魅力尽失，对自由的渴望会消失殆尽，蠢动之心也会恢复平静。

就是这个道理。

所以我们会发现一个有意思的现象：尽管网络上和各种新闻媒体中有关谷歌公司的信息、图片和视频极多，但那种传说中的迟来早走、随意吃喝、玩扑克、打游戏的场面却相当少见，至少不像我们想象中的那么常见。大多数时候，我们看到的都是谷歌员工埋头苦干、沉浸在工作中的场面。相信这绝不仅仅是一种巧合，更加不可能是一种作秀的表现。谷歌人之所以会展现出这样一种精神面貌，和他们极度开放与自由的职场环境是密不可分的——既然已经有高度的自由，那么什么时候享受都成，也便没有了践行自由的神圣感与紧迫性；既然没有外人管，那么只能自己管自己，也便具有了高度的自觉性和自我管理能力。

这就是一种境界，一种高手的境界。谷歌能有今天，称得上实至名归。

6. 就是要"喜新厌旧"

改善职场环境友好度的第三个要点是：**大力推行管理创新，让职场中充满有益的刺激和勃勃生机。**

制度创新和管理创新之所以具有生命力，一个最重要的原因就是可以消除审美疲劳，盘活生产力。

总的来说，**人是一种喜新厌旧的动物，对一成不变的事物最反感。**无论多么好的东西，过于近距离接触、过于一成不变也会让人产生审美疲劳，而审美疲劳必然会带来激情的丧失和效率的降低。这个时候，就需要做出改变。哪怕是换汤不换药，这个"换汤"的动作也绝对是必要的。

打个比方。我媳妇有一个令我深感头痛的毛病，那就是每隔一段时间她就要把家里所有的家具都换个地方，来个大变样。我之所以感到头痛，是因为她每次都要拉上我做苦力，而对我这种一身懒筋、宅到极限的主儿来说，这件事不只意味着劳累，更加意味着麻烦，尤为重要的是，我觉得这是一种毫无必要、纯属自找的麻烦。可您猜怎么着，尽管每次干活的时候心里都有一百个不情愿，但是回回忙活完了以后，看到焕然一新、仿若新房一般的家居环境，我居然感到格外受用！

如果你一定要用"贱"这个词来形容我，那么至少在这件事上我心服口服。但有一点我敢肯定，我们两口子这情况绝无可能是独一份，相信天下有不少夫妻都会对这种情况心照不宣。

这样的案例有很多，随手就可以抓来一大把。比如说，甭管你的电脑桌面上是林志玲还是范冰冰的倩影，也甭管你是否两位靓女的铁杆粉丝，短则仨月，长则一年，你肯定会换上一个新的电脑桌面，否则那两张过于熟悉的脸能让你对美的所有感知能力变得麻木不仁；同理，无论你与你的爱车之间有多么深厚的感情，当初买这部车的时候有多么兴奋，只要你具备起码的经济实力，短则三年，长则五年，你一定会为自己换一辆新车，否则你会产生将爱车弃之荒野的强烈冲动……

可见，**人人都有求新求变之心，人人都对一成不变有本能的抵触**。从某种意义上讲，一成不变是反人性的，它对人的神经系统而言无异于一种折磨。在这样一种折磨下，人的生产力将受到极大的挫折，不可能体现出高效率。

就拿"星期一综合征"或"长假综合征"来说，僵硬的制度所导致的环境不友好固然是这类病形成的一个重要原因，工作环境过于陈旧、枯燥、缺乏必要的刺激恐怕也是一个不可忽视的成因。

我们可以简单地想象一下：当人们从变幻莫测、充满刺激的假期中回过神来，忽然意识到自己不得不重新投入那个陈旧得有些发霉的老环境，会产生什么样的感觉？答案一目了然，当然是生不如死的郁闷。这就好像你对一个正在迪士尼乐园玩得不亦乐乎的孩子说："别玩得太疯了，你要留点儿体力，因为明天就要上学喽！"你想他会有什么感觉？在这一点上，其实成年人和孩子并没有什么区别。

说到这里，想起了一个小时候看过的电影，喜剧大师卓别林的经典名作《摩登时代》。习惯扮演小人物的卓别林在这部影片中出演一位流水线上的蓝领工人，由于每天都要在自己的工位上成千上万次地重复一个简单而枯燥的拧螺钉的动作，他的精神彻底崩溃，居然拿着扳手在工厂里四处流窜，将别人衣服上的纽扣看成螺钉一通乱拧，造成了不小的混乱。尽管这些情节是以喜剧的形式演绎出来的，但是大多数观者在笑过之后一定会感到一丝苦涩。没错，卓别林就是希望通过这种笑中有泪的观影效果，控诉资本主义生产方式对人性的冷漠，试图唤醒社会大众对这个议题的严肃反思。

不过遗憾的是，时间过去了将近100年，卓别林当年的愿望却依然没有实现。何止没有实现，当今社会的现实几乎可以说已经距离这个淳朴而简单的愿望越来越远。我们今天的管理者依然顽固地信奉着那个原始的管理理念，一厢情愿地认为人能够并且必须像钟表一样精确，像机器一样持久。可人毕竟不是钟表，也不是机器，如果总是长时间地处于过于同质化的环境，总是长时间地重复过于简单而枯燥的劳作，人的身心健康会受到极大的伤害，工作效率的保持也将会变得极为困难。

所以，如果你想让自己的团队永葆蓬勃的朝气和高昂的士气，唯一的办法就是要尽情地折腾，让你的团队里始终满溢着新鲜的空气，永远与枯燥乏味无缘。

那位说了：我能理解你的意思，可是这玩意儿在现实中不具有可行性啊！你想啊，公司毕竟不同于迪士尼乐园，再怎么出幺蛾子也不可能给员工带来那么大的刺激啊！再说了，有些企业情况特殊，你也不可能三天两头给它们动大手术，让它们变得对员工来说更刺激些。所以说有些事只能忍，既然你干了这一行，接受了这个行业的游戏规则，那就不能抱怨。

没错，我们的公司确实不可能像迪士尼乐园那样充满刺激，也没有必要做到那种程度。但是，只要我们肯开动脑筋想办法，至少也应该能够做到不让公司的氛围那么枯燥无味，那么不可亲近，让人想起来都会不由自主地感到郁闷；同样地，我们也没有必要过于频繁地对公司做一些伤筋动骨的大手术，但完全可以在不动摇根本的情况下玩一些小折腾、小把戏，尽最大可能给员工找刺激，使他们的神经不致麻木不仁，能够永葆活力。

举两个我亲身经历过的例子。

我曾经在一家润滑油公司任职管理副总。有过相关行业经验的朋友应该会知道，这个行业有一个特点，那就是季节性极其突出，旺季与淡季的工作量有天壤之别，也就是大家常说的"闲的时候闲死，忙的时候忙死"。按说这种特性属于行业规律，本来也没什么，可问题是这家公司的老板管理手段太僵化，无论淡旺季员工的出勤时间完全一致，没有丝毫回旋的余地。这下可苦了广大员工，一年到头无论公司有事还是没事、事多还是事少，都得按点上下班；而且更要命的是，在淡季里明明没事做，所有员工也必须天天到岗、天天加班，极难获得一个完整的休息日。无奈之下，员工只能消极怠工，基本上白领来公司就是上网玩牌，蓝领来公司就是蹲在地上抽烟聊天。老板似乎也对员工的心态和生态心知肚明，因此尽管嘴上常念叨"有时间多学点儿业务知识"，私下里却睁一眼闭一眼，对员工的消极怠工现象采取默认的态度。可令这位老板郁闷的是，他的一片好心似乎并没有换来员工的感恩，相反却被员工当成了驴肝肺。除了老板本人，这家公司的每一个人几乎都变成了牢骚狂，一年到头各种抱怨声不绝于耳。这种情况让老板非常气愤：我又没让你们白干，平常一分钱都没有少给你们，你们有什么可抱怨的？！——坦白说，这是一句大实话。至少在这个行业、这座城市里，这位老板还算蛮大方的，这家润滑油公司的待遇基本上算得上高薪。可即便老板如此慷慨，也没能阻止住员工的连连牢骚。所以他希望我能助他一臂之力，扭转这种"不仁不义的不正之风"。

对那时的我而言，这个任务可是个不大不小的难题。一方面，将心比心，我能够理解老板的苦闷；可另一方面，换位思考，我更能理解员工的牢骚。本来嘛，旺季的忙碌已经让员工身心俱疲，可好不容易熬到了淡季，却依然得不到休养生息的机会。这样日复一日、年复一年，员工怎么可能受得了？！不揭竿而起造老板的反已经算对得起老板了。

我决定变招，将工作时间与工作量挂钩，大胆地实行"灵活时间出勤制"。具体做法如下：

旺季和淡季分开、工作量大的部门和工作量小的部门分开、工作量大的个人和工作量小的个人分开，前者延长工作时间，后者缩短工作时间。为达此目的，我亲自设计了一份《工作量与工作时间预估申请表》，将每个部门以及每个岗位在一个固定时间段内可能会产生的工作量以及与其匹配的最适宜工作时间做一个事前评估（评估数值可以根据实际情况的变化做出适当调整），以此为依据制定出公司全体员工的出勤表。当然，为了防止员工作弊，在具体的指标设计和评估环节，我们参考了大量历史数据以及公司和部门领导的意见，这就确保了数据指标的相对公平性。而且提前完成指标没奖励（之所以这样做，是为了防止员工为了获得奖励故意留一手，人为地降低指标）；不能按时完成指标有惩罚，那就是无偿加班。

其实，说是没奖励，但是对员工来说，尽最大可能提前完成工作指标的动机还是存在的，那就是"能早走"。从某种意义上讲，这件事也许比奖励本身更重要。这就确保了员工竭尽全力、不断提升工作效率的动力，比那些"鞭打快牛"、迫使员工"留一手"（一方面通过奖励诱使员工提升效率，另一方面又因效率的提高不断抬升奖励门槛）的激励措施效果要好得多。

这份申请表分为月报和周报，个别特殊部门甚至还有日报（当天预估第二天的情况）。这样一来，员工的时间资源就可以完全盘活，既为公司节省了成本，也为员工赢取了宝贵的经营私生活和休养身心的时间，可谓皆大欢喜、互利双赢。

但是，可以很容易地想象，最初推出这个计划的时候，最大的阻力还是来自老板。他提出了三个反对理由：第一，大家出勤的时间参差不齐、凌乱不堪，显得公司太没有章法，长此以往"国将不国"。第二，公司的业务具有很强的随机性，不可能完全提前预估得到。万一有件急事找张三，而这个人却不在公司，这不是耽误事吗？第三，并不是所有的人都对公司的老制度不待见，毕竟多来上班就能多挣钱，而许多基层员工的家境都不太好，他们对钱还是很在意的。可要是实行你这个新制度，不可避免地会让这些人的收入减少，他们未必会配合。

对于老板的这三点疑问，我耐心地一一做了解释：

第一，采用了这个管理方法后，每一个部门的每一个员工都会拥有一份量身定制的出勤时间表，这就是章法的最佳体现。因此，只要认真负责地推行这个新方法，尽管大家的出勤时间也许会出现参差不齐的现象，却绝不会表现得凌乱不堪。相反，老板看到的，一定会是一幅井井有条、生机勃勃的画面。

第二，虽然公司业务具有很强的随机性，用大量的人力和时间去押注这些不可预估的随机性事件也是一种极大的资源浪费。因此，这是一种典型的守株待兔的做法，性价比太低，完全不可取。

第三，据我所知，由于长期得不到休息的时间，所有员工都已经对目前这种僵硬不堪的出勤制度表现出了一种神经质的麻木和反感。许多人都说为了休息，他们宁可放弃挣更多钱的机会。毕竟和钱相比，命更重要。

不过，为了最终能够彻底说服老板，我还是做了一些妥协。

第一，为了缓和老板的疑虑和焦虑，我做了一个小让步，同意将两个对他而言至关重要的部门从我的新制度中独立出来，依然实行老制度。即便是这个小妥协，我也是暗藏机关，为将来的变革埋下伏笔。道理很简单，"待遇与别人不一样"是管理的大忌，只要我的新政能够彻底落实下去，迟早这两个部门会造反，自觉自发地加入到我的阵营里来。当然，前提是这个新政必须成功，而我对此有绝对的信心。

第二，我同意为新政做一个小补丁，加上一个新的规定：凡法定休息日以外的时间，禁止员工去外地。必须保证手机联系畅通，如公司有需要，必须随叫随到，否则按旷工、渎职处理。

这一条从本质上说也属于表面文章。与其说是给员工看，不如说是给老板看。因为这种情况在具体实践中发生的概率并不大，即便发生了，其他的员工也会想方设法主动"填空"，帮助当事人解决问题。毕竟谁都保不齐会遇到这样的事情，为了大家都能舒舒服服地享受难得的休息时间，互惠互利显然是一个最佳选择。

第三，为了给大家创造多挣钱的机会，允许员工在"表外时间"来公司上班，并按照常规标准支付报酬。但是有一条，除非情况特殊，或者同部门的同事和领导主动提出要求，严禁"表外"人员上岗工作。他们在公司里只能做两件事：第一，到培训室接受培训或自习业务知识。第二，配合保洁人员做公司办公环境的清洁工作。

最后，面对立场已经有所松动的老板，我使出终极撒手锏，重点强调了"钱"的问题。我告诉他，他真的运气很好，选择了一个最容易赚钱的行业。除了产品本身的高利润之外，行业特点还给他提供了大把地赚取管理利润的空间。你想啊，淡旺季的区别是一个多好的赚钱机会啊！有钱赚的时候拼命赚利润，没钱赚的时候尽情省成本，这一来一去一年下来得多赚多少钱啊！我给他仔细算了一笔节省成本的经济账，结果果然是一个不可小觑的数字。这一下，老板没话说了，只好让我试一试。

可以想见，在具体推行过程中，我将遇到无数麻烦。除了心有不甘的老板时不时地使个绊子之外，这项工作的工作量之大、内容之庞杂也远远出乎我的意料。结果，在最初的那些日子里，我自己反而成了超时加班的"最大受害者"，只能在"自讨苦吃"的自嘲中硬着头皮苦撑。这还不算完，最大的障碍还在后面。我发现无论我怎么努力，指标评估和执行的环节都无法顺利进行。各种粗制滥造、各种敷衍了事、各种小心眼儿和小算计始终层出不穷，令人应接不暇。有的时候，看着一张张不靠谱儿的申请表，你简直会有骂街的冲动。

不过，即便如此，我始终没有放弃必胜的信念。我承认，中国人有"占便宜没够"的小聪明，可同时也会犯"贪小便宜吃大亏"的大错误。许多员工都想钻我这个政策的空子，恰恰说明这个东西对他们有很强的吸引力。而只要确认了这一点，就不愁新政不会成功。同理，各种粗制滥造和敷衍了事的表现也不是因为这些人对这个政策不感冒，而是不太相信这个政策真的能够成功落实。换句话说，他们正用敷衍的手段考验我的诚意。只要我能拿出实际成绩，这些人自然会改弦更张，端正自己的态度。毕竟人都是自私的，不可能对唾手可得的好处视而不见。

我决定将计就计，临时变招。我开始给各部门的执行情况打分，只有分数合格的部门才能够适用新政，有资格生活在"新社会"，分数不合格的只能在老制度和"旧社会"的水深火热中继续挣扎。

当然，最初的时候所有的部门都是半斤八两，看不出谁比谁强多少。我硬着头皮矬子里面拔将军，找了两个相对好一些的部门，亲手把它们拉到了"新社会"，同时也将其他所有部门推向了"旧社会"。两相对比，差距就显出来了。虽然有些不服气，但是中国人天生的羡慕嫉妒恨情结还是让其他部门慢慢地跟了上来。

不过，即便是那些相对而言表现比较好的部门，也不能掉以轻心，一定要保持适度的紧张感，因为在这种新政下，"辛辛苦苦三十年，一夜回到解放前"的事情是常有的，何去何从，大家心里自然有数。

这样过了一段日子，效果便慢慢显现出来了。所谓"水涨船高"，所有部门的新政落实质量开始呈现交替上升的局面，渐渐地都达到了一个比较高的标准。

还有额外收获。那两个老板无论如何也不肯让步的重要部门，最后果然起来造反，逼着老板采取"一视同仁"的态度，自觉自发地加入到新政的行列中来。至此，新政总算比较圆满地完成了"天下成一统"的大任，公司的整体面貌也有了颠覆性的变化。

只不过，有一点还是让老板说中了：出乎我的意料，"表外时间"上班的员工还真不少，至少占到员工总数的两到三成。看来多挣点儿钱对这些多为农民工的年轻人而言还是一件相当重要的事情——幸亏当初给他们多留了一条路。

总之，这次的改革之所以比较成功，其秘诀就在于在整个改革的过程中我都忠实地遵循了"利益导向"的原则——**甭管闹多大的动静，有多少潜在的阻力，只要你能用利益去诱惑所有的当事方，就不愁他们不乖乖就范。**

说到这里，想起了一个现如今颇为流行的名词——既得利益集团。一般来说，只要这个词一出现，往往意味着"强大的阻力""巨大的麻烦"，是一个让人颇感头痛、颇具贬义的词。不过对于这样的看法我却不敢完全认同。我认为这样的理解方式过于偏激了，无形中人为地制造了许多本来并不存在的尖锐对立。

首先，"既得利益"这个概念就很值得商榷。什么叫"既得利益"？既得利益并不是一种奢侈品或特殊权利，只有某些人可以拥有，其他人则完全无法染指。事实上，**每一个人都有自己的既得利益，区别仅仅在于既得利益的立场和程度不同。**张三的利益在A方面比李四多，李四的利益在B方面比张三多，仅此而已。因此，无论是张三还是李四，他们的利益都是正当的，都应该受到保护，而不应该是一种"非恶即善""有你没我，有我没你"的零和游戏。而做到这一点其实并不难，只要你拥有最起码的数学常识，能够在看似彼此不搭界抑或严重对立的各种局面中寻找"最大公约数"就行。当然，如果一定要说难度，恐怕唯一的难度就在于，有些"最大公约数"不是"找"出来的，而是"制造"出来的。没错，你不仅要善于捕捉那些往往隐藏较深的既存最大公约数，还要学会无中生有，积极主动地为尖锐对立的各当事方"创造"出大家都能接受的最大公约数。只要你能做到这一点，所有的利益相关方都会被你轻松摆平。

常言道"冤家宜解不宜结"，如果你想做一个合格的团队领导，那么你就不能总是本能地幻想那些充满对立的东西，或者换句话说，即便这个世界上确实存在着许多尖锐对立的事物，你也要拥有一双善于发现它们之间和谐之处的慧眼。然后，剩下的事情就简单了：你只需要完全无视对立要素，竭尽全力地渲染、放大和谐要素，一切事物就会变得皆大欢喜、充满和谐，仿若那些对立要素从未存在过一样。反之，如果你反其道而行之，总是强调这些事物的对立面，那么没鬼也会被你搞出鬼来。本来还算勉勉强强过得去的事务，也会被你人为地煽起火来，变得更为对立且充满戾气，最后演变成你死我活、刀剑相向、血雨腥风的凄惨局面。

所以，"既得利益集团"这种说法不是不能用，但一定不能滥用。因为这个词煽动性太强，有种强迫所有人站队的意思。一旦用错，就会挑起不必要的事端，最终让你得不偿失。切记，切记。

最后，再顺便提一下，我在前面那个案例中介绍的方法不仅对淡旺季鲜明的企业有用，没有明显淡旺季之分的公司也不妨拿来一试。因为这样的操作方式不但可以节省劳动和管理成本，还能在公司里形成一种良性竞争的局面，大幅提升全体员工自觉自发地改善工作效率的动机。毕竟"早完事就能早下班"这一点对中国的职场中人来说还是具有极强的吸引力的。不夸张地说，部门或公司里只要有一个人拥有这种"特权"（而且这种特权只与能力有关，与那些上不了台面的潜规则无关，属于那种只要肯努力每一个人都能得到的东西），其他所有员工就会本能地向他看齐。所谓"星星之火可以燎原"，这句话用在这里实在是再合适不过了。

但是，有一点需要注意，那就是当员工的综合效率明显提升后，虽然可以在他们的工作数量指标上适当地加加码，加码的幅度却不宜过大，切忌造成"鞭打快牛"的现象。因为这种现象会从根本上动摇乃至破坏员工的上进心，最终得不偿失。

举个简单的例子。如果有个员工通过自己的努力大幅提升了个人工作效率，从前需要一整天才能完成的工作量现在只用半天时间就能圆满完成，你应该怎么办？

有五个答案。

答案一：给他的工作负荷加码，确保他一天的工作时间完全与别人一样，且薪酬待遇不变。

答案二：给他的工作负荷加码，确保他一天的工作时间完全与别人一样，且薪酬待遇翻倍。

答案三：允许他每天只上半天班，且薪酬待遇不变。

答案四：适当地为他的工作负荷加码，但允许他的工作时间比别人少两到三小时，且薪酬待遇不变。

答案五：适当地为他的工作负荷加码，但允许他的工作时间比别人少两到三小时，且相应地提升其薪酬待遇。

显然，在这五个答案中，答案一的情况最常见，是一般的老板和团队领导最喜欢的选项，不过与此同时，这也是一个最糟糕的选项。因为这样做无异于逼着员工偷懒，毕竟没有谁会蠢到"拿一份钱，干两份活"的程度。如果你总想这么做，员工的应对之策一定会是"拿一份钱，干半份活"，因为他们永远比你聪明。

与答案一相比，答案二要好一些。毕竟在这种情况下，劳动效率与劳动报酬统一起来了，管理手段确实做到了"奖勤罚懒、公平公正"。

但是，这个答案也有两个缺点。

缺点一：**还是具有强迫性，且过分强调了物质的价值，相对忽略了时间的价值。**

毕竟不是每个人的眼里都只有钱，对许多人而言时间的魅力也许更大。尤其在中国的职场中，由于超时工作的现象实在是太严重，许多人都对拥有更多的私人时间抱有极度的渴望。显然，在这种情况下还要强制性地用钱买员工的私人时间，是一个颇为不合时宜之举。

缺点二：**奖励的副作用。**

奖励色彩太鲜明、力度太大往往会具有副作用，那就是诱使员工留一手，即便能使十分力，也要打两分的折扣，以便为自己谋取更大的奖励空间和更强的奖励力度。

也许有人会说：既然如此，那就干脆把奖励力度和一系列标准的效率指标挂钩，出一分力、给一分钱，明码标价、公平买卖，谁也没法儿玩猫腻，这样做不就能让"留一手"现象彻底丧失存在的空间了？

尽管在理论上这种做法看似可行，实际操作起来难度却不小。问题就出在这个"标准"应该如何定上面：定得太高，大家都够不着，目标就等于形同虚设；定得太低，大家都能轻易达标，激励也便失去了意义。折腾来折腾去，最后还得因地制宜，从员工的实际情况出发制定标准。而这样做，就恰恰掉进了他们的陷阱，给了他们许多玩猫腻的空间。

总之，奖励，尤其是物质奖励往往是一个充满悖论的危险话题，可谓陷阱重重、杀机密布，弄不好就会适得其反，伤人害己。所以，不是说奖励不好，而是说奖励的话题太复杂，如果有机会的话还是应该尽力回避。

既然答案一和答案二都不甚理想，最佳答案就只能从三、四、五里找了。经验告诉我，答案五是理论上的最佳答案，可实际操作起来却比较麻烦；而答案三和答案四都是性价比比较高的选择，且具有较强的可操作性。当然，不出意外的话，相信绝大多数老板和团队领导都会更为青睐答案四。尽管这个做法有些狡猾，可平心而论，确实它的性价比最高。

所以说，只要让员工在提升工作效率之后能够明显感受到"下班时间早了"这一点，即便不给他任何额外的物质奖励，他也会拥有充足的动机提升工作效率。不过前提是，如果你想让他继续提升工作效率，就一定要不断地缩减他的工作时间。一定要有魄力，要敢于兑现承诺，因为这种姿态对确立领导者的管理权威意义极为重大。只有"说了算"的领导，他的话在员工心里才会真有分量；而"说了不算"的领导，他的话在员工心里无疑跟放屁没有什么区别。

7. 日企的智慧

再举一个例子。

在日本留学的时候，我曾经在一家地方上的面粉厂工作过。我们知道，西方国家的制造业相当发达，基本上都采取流水线生产方式。而正像我在前面提到的那样，流水线生产方式的最大特点就是单调、枯燥和重复，在这样的环境里工作，工人的神经系统将遭受极大的挑战。尽管《摩登时代》中卓别林演绎的那种情况也许有些夸张，但是长时间重复简单枯燥的动作确实有可能让员工患上严重的职业病，导致注意力分散、出错率上升的现象频发，严重影响员工的工作效率和质量。

为了避免这种局面发生，日本人可谓动足了心思。值得我们借鉴的主要有三条：

第一，**实行全员轮岗制。**

为了避免线上工人产生审美疲劳，这家工厂采用了典型的全员轮岗生产方式。他们的做法是：比如说某个车间的生产线有十道工序，每道工序需要一个员工。他们会给这些工序起个有趣的名字，比如说"超级累""一般累""不太累"，通过这种方式来增加工作的节奏感，让大家在工作中既有挑战的项目，也有放松的空间；又或者"和面"（制作原料）"拣菜"（挑拣不良品）"传球"（传递半成品），通过这种方式来增加工作的情趣，消除不必要的心理疲劳。然后，他们还会给每道工序编上一个号码，每隔一段时间（一般是半个小时到40分钟左右）所有员工必须轮岗一次。不出意外的话，每个员工在一天之内至少可以遍历一次所有这些工序，这就大大降低了审美疲劳发生的可能。此外，由于每个员工每天进入流水线的工序序号都是不同且不可预期的（由计算机随机决定），而不同的序号则意味着不同的轮岗顺序，因此，员工每天到岗之前心里都会充满忐忑和期待，希望自己能有个好运气。显然，这种不可预期性本身也极大地增加了流水线工作的魅力，大幅减轻了员工的心理压力。

但是，就算你鼓捣出再多的幺蛾子，一个车间里的工序毕竟有限，如果只是干几个月的话还能维持一定的新鲜感，可要是干上一两年下来也难免会心生倦意。因此，为了避免老员工的审美疲劳，这家工厂还另有高招。那就是不但要轮岗，还要轮车间：厂子里一共有五六个车间，平均每个车间的工序都有十个左右。这样算下来这家工厂的工序总量就有五六十个，按照排列组合的基本原理，总的轮岗方式的可能性就是一个天文数字。如此庞大的数字足以确保无穷无尽的刺激和新鲜感，这就意味着员工的身心健康几乎可以做到万无一失。

不仅如此，这样的做法对厂方而言还有其他的好处。最明显的好处就是回旋余地极大——任何车间的任何一个线上岗位都不会发生"活等人"的现象，换言之，即便某位员工离职，或由于生病等原因不能到岗，其他任何一位同事都有能力迅速填补他的空缺，不会给厂方带来任何不便，造成任何直接或间接损失。套句管理学的时髦用语，这家企业的工人个个都是"全能型人才"，个个都能独当一面，这就极大地分散了企业的风险，确保了企业的经营安全。

顺便提一句。许多人也许会认为这样的全员轮岗制在中国也不鲜见，并不是日本人所独创。可我想说的是，在我们的很多工厂里，除了那些干部和候补干部之外，普通的线上工人往往极难获得轮岗的机会，更不用说轮车间了。工厂管理者麻木不仁，任由各种严重的职业病侵蚀工人们的健康，还美其名曰"专业、协同、高效""大工业化生产模式"。殊不知恰恰是在这种过度"专业"、过度"大工业化"的生产模式里蕴藏着极大的风险，反而更容易酿出不必要的祸端。因此，与这种"大工业化"生产模式相比，其实日本人那种"小作坊式"的生产方式要更为先进、更为高效。可见生产效率和产品品质不但与硬件（设备和技术的先进性）相关，更与软件（管理的先进性）有关。

时代变了，管理也在变。许多以前的老思维在新时代里已经过时，希望我们的老板和团队领导不要掉队。

第二，保证充足的休息时间。

为了确保员工的身心健康，这家工厂在休息时间方面也是做足了功夫。每次轮岗之前，员工都能获得10到15分钟休息时间。这种情况有点儿像学校里的课间休息制度，尽管每次休息的时间都相对较短，由于次数多，总的算下来平均每个工人每一天的休息时间也相当可观。如此频繁的休息，自然会大幅降低线上工人的痛苦指数，极大地刺激他们的工作动机，提升他们的工作效率。

然而，现实的情况是，无论是我们的公司还是我们的工厂，往往都固执地坚守着那些迂腐的管理制度，没有一点儿通融的余地。结果，不但伤了员工的身，更加伤了员工的心，让员工对企业充满怨愤的情绪，毫无感恩之心。

说到这里，想起了一个案例。我认识一个女孩子，在一个一线城市的超有名商场里工作，专职销售名牌服装。这家商场的管理制度十分不近人情，无论什么时间段，也无论有无客人，所有销售人员必须无条件站立，并且必须保持最标准的站姿，稍有差池就会受到商场巡视人员的严厉处罚。要知道，商场里做一线销售的女孩子上班时可是要穿高跟鞋的，这么个站法时间长了就不仅是个"累"的问题，而且是严重的健康伤害问题。

很早以前我就听说过教师、医生和商场销售员是几个最容易罹患静脉曲张病的职业，因为他们都需要长时间的站立。我觉得，如果是这样的站立法，至少商场售货员得静脉曲张病实在是太冤了。我真是想破脑袋也想不明白，商场管理人员为什么不可以实行轮岗制，给每个员工都创造出充分的休息时间呢？如果是因为希望节省人力成本，所以人手不够用的话，那至少应该随机应变，在客人较少的时候给员工灵活地安排一些休息时间才对。

那位说了：你可是不了解一些员工的脾气秉性，但凡你给他们安排一点儿休息时间，他们就会得寸进尺、歇起来没够。即便客人大批进来，他们的屁股也不会从凳子上挪窝。这样一来一是耽误生意，二是影响不好。你想啊，客人都进来了，售货员还跟大爷似的在凳子上坐着，让客人怎么想我们的工作人员，怎么想我们的品牌、我们的公司？

坦白说，这确实是一个问题。我们中的一些人是有这种"经不起别人对自己好"的毛病，别人对自己好一点儿，就有可能表现得得寸进尺、恩将仇报。不过，正因为这样，我们应该向日本人学习，想方设法将轮岗和岗上轮休这两件事制度化起来。一旦实现制度化，就有了遵守的依据和奖惩的标准，管理起来也会更为便捷。

其实，话又说回来，即便你不执行这样的人性化管理制度，强行坚持那些僵化古老的管理方法，也未必能达到你想达到的目的。这不仅是指职业病的频发可能会带来的效率下降及意外减员问题，更为重要的是，身心受到严重摧残的人往往会罹患严重的心理疾病，精神沮丧、心不在焉、愤世嫉俗、充满戾气等表现都直接或间接地与这些心理疾病有关。这就意味着，商场管理人员犯了一个根本性的错误：他们试图通过虐待一线销售人员的方式为自己换来最大化的利益，可却偏偏遗忘了一个极端重要的现实，那就是所有客人都掌握在这些一线销售人员的手里，你虐待他们，他们就会虐待你的财神爷（客人）。这才叫搬起石头砸自己的脚，自讨苦吃。

经常会看到某家商场在每天清晨的早操时间严肃地要求一线销售人员练习微笑，同时严厉地警告缺少微笑将会受到什么样的惩罚。每每看到这样的场面，我总会哑然失笑，止不住地摇头。显然，让员工练习微笑是为了博取客人的欢心，但微笑这东西靠训斥和惩罚是换不来的，你让员工不开心，他们又如何能让客人开心呢？如此简单的道理，贵为公司管理层的高级职员居然毫无概念，实在是令人慨叹。

事实上，恰恰就是这些商场往往会给客人带来非常不爽的感觉和十分糟糕的购物体验。我们常常会在这些商场中看到许多面无表情的扑克脸，受到许多莫名其妙的冷遇和虐待。这种时候，如果我们能强压怒火尝试一下换位思考，也许就会瞬间释然：那些员工的扑克脸并不是冲我们来的，而是冲他们的老板去的，我们犯不着为他们老板的错误买单。

可悲的是，老板们自己却未必会这么想。他们会一厢情愿地认为"全都是员工的错"，然后基于这种认识变本加厉地继续虐待他们的员工，再然后，就是另一个恶性循环的开始……

真诚地期待我们的老板能够早一些醒悟。

第三，确保相对宽松的工作环境。

为确保员工消除审美疲劳，时刻保持清醒的头脑和旺盛的精力，这家日本面粉厂拿出最后一个绝招，那就是为员工创造极为宽松的工作环境。这种宽松主要体现在两个方面。

其一，所有员工可以任意迟来早走。

一般来说，日本的企业实行的都是"小时工资制"，日语叫"时给"制。这就意味着尽管在制度上存在着明确的上下班时间，这个东西却并没有绝对的强制性。理论上你可以随时来，也可以随时走，只要你上下班时打卡，确认你的出勤时间就行。当然，出于礼貌迟来早走的人总要向线上的同事和管理员打声招呼，请大家"多多关照"，而所有的同事也总是会愉快地"关照"这个人，自觉地接过他手中的活计，填补他留下的空位。整个过程犹如行云流水一般一气呵成，几乎看不到半点儿停顿。

如果你认为日本人的迟来早走是因为他们天生散漫，那你就错了。许多国内的朋友可能不太清楚，现如今的日本企业极少雇用正式员工（日语称之为"正社员"），而是大量采用"派遣员工"和"临时员工"（我们所谓的"打工者"）。这些工人中的绝大多数都是家庭主妇、高中或大学生、失业者、流浪汉，甚至是残障人士。他们中的许多人为了生存一人身兼数职，同时在几家公司打工，难免会发生时间安排上的矛盾，因此只能通过迟来早走的方式进行调节。另外，家庭主妇因为照顾家庭的关系、学生因为学校和学习的关系，总会有这样那样的原因无法完全预知能够出勤的准确时间，因此发生迟来早走的事情也很正常。可不管怎么说，日本人的高素质决定了他们之中极少有人会溜奸耍滑，干那些损人利己的事。正是因为彼此之间有着绝对的信任，所以同事之间互帮互助也便成了一件极为自然的事情。

当然，这一点我们中国的工厂未必能够全部复制，但起码潜心研究一下人家的做法，一定会让我们有所启发。

其二，**所有员工可以随意聊天。**

这一点令我在初入这家工厂时颇感意外。我原本以为日本人都比较古板、不善言辞，想聊也聊不起来；再者说蓝领工作不同于白领，在流水线上谈天说地不是闹着玩的，必然会导致注意力分散和失误频发的结果，照理应该被严格禁止才对，没承想这家工厂居然会对此大开绿灯，实在是不可思议。

后来我才渐渐弄明白了这件事。

第一，日本人确实性格内向，一副不善言谈的样子，尤其在陌生人面前更是如此。但是，一旦成为同事，大家彼此熟悉之后，打开话匣子的日本人会立马变成话痨，天南地北无所不聊，且个个口才惊人，和央视体育频道解说员有一拼。这一点令我颇为惊异，也颇为受用。因为那个时候我正在苦练日语口语，正愁和纯种日本人接触的机会太有限呢！刚好碰到这样一家工厂和这样一种宽松的氛围，可以随心所欲地大说特说，真是老天有眼，快哉快哉！拜这家工厂所赐，我的日语口语和听力水平短期内突飞猛进。既挣到了钱，又学到了东西，可谓收获颇丰。

第二，线上聊天行为其实完全不会分散工人的注意力或增加操作的失误率。恰恰相反，这种行为甚至有利于降低失误率，提高工人的注意力。

原因很简单。流水线工作的重复性和枯燥性常常会令人昏昏欲睡，如果线上太过安静，只有机器在隆隆作响的话，不出十分钟，相信绝大多数工人都会开始打瞌睡甚至梦周公。这样一来反而更危险、更容易出错，甚至是出事故。事实上，这样的事故确实发生过。有一次，一个兼职过多的日本女孩子由于太过疲劳在线上打起了瞌睡，不慎将手卷入传输带，差点儿受重伤，幸亏有同事手疾眼快关掉电源才避免一场大祸。这个场面是我亲眼所见，当时也是惊出一身冷汗。

所以说，在那样的环境里，不停地说话绝对是必要的。这样做能在很大程度上帮助员工保持一个清醒的头脑，绝对有利于注意力的集中和工作效率的维持。当然，凡事总有一个度。如果聊得太嗨以至达到忘乎所以的程度还是有一定风险的，但这种风险和线上打瞌睡造成的潜在风险相比显然是小巫见大巫。

其实，生产线上的聊天行为在这家工厂的明文制度中是被禁止的，只不过这种禁止几乎形同虚设，工厂管理层完全是睁一眼闭一眼，只要你别闹得太凶，板子就不会打到你的屁股上。在我的记忆里，即便因为练习口语的缘故不顾时间地点场合地疯狂与日本人聊天，在长达三年多的打工岁月里我也只受过一次比较严厉的训斥。而且那次训斥还不是直接挨的，而是线上管理员私下里把情况反映给老板，由老板亲自操刀完成的。记得那天走进流水线前，老板很和气地叫住我，说有点儿事要跟我说，然后将我带到一个僻静的场所进行了两三分钟的说教，让我注意自己的言行。

说出来恐怕你不信，那是我生平第一次对来自上司的批评感到心悦诚服，完全没有任何抵触情绪。

原因有三：

其一，我属于"明知故犯"。知道自己的做法不好，可为了尽量争取练习外语的机会完全豁出去了。说白了就是在不断地试探公司对我的容忍底线。所以，这一天的到来是迟早的事，我已做好充分的心理准备。而且对人不义的是我，挨骂纯属活该，自然也不会心生半句怨言。

其二，我一点儿都不记恨那位私底下"出卖我"的线上管理员。何止不记恨，我甚至有点儿感激他。我觉得他的做法很人性化，没有当面、当众给予我惩罚，给足了我面子。现在想起来，正因为他这样做了，我才会对他深感内疚，在之后的工作中尽力配合他的管理，再也不敢为难他；反之，如果他当时采取相反的做法，当众让我出丑的话，尽管我依然会认可他的行为不乏正当性，强烈的逆反心理也会让我讨厌他，在未来的日子里处处和他作对。可见，管理这东西既是一门技术，也是一门艺术。同样的事情，不同的处理手段所带来的效果可能会有天壤之别。

其三，老板的说教堪称温和，而且绝不拖泥带水，两三句话解决问题。尤为重要的是，打那之后这位老板再也没有提起过这件事，好像这是一件从未发生过的事情一样。正因如此，我才愿意有所收敛，开始认真注意自己的言行。试想，如果那位老板把我叫到办公室，喋喋不休地训上一两个小时，而且事后有点儿契机便旧事重提，不断地揭我的短的话，我能将他的说教听进去吗？恐怕不会，如果他那样做，他的话对我而言则无异于放屁，除了臭气熏人之外，没有任何可取的价值。不过，令人遗憾的是，这种不靠谱儿的说教方式对我们中国的老板来说则完全不会陌生。

总之，在这一系列人性化的管理创新中，喜剧大师卓别林的未竟心愿得以圆满实现。一个本来应该枯燥无味、僵化呆滞的不友好环境，在这家日本工厂里发生了神奇的化学变化，成为一个充满刺激、新鲜感与温馨人情味的友好甚至是美好环境。

平心而论，我认为这家工厂真的已经达到了管理的终极境界——让员工对上班这件事没有任何抵触情绪，或者换句话说，让员工能够每天发自内心地盼着去上班。我想，做到了这一点，也许这家工厂的员工就不会染上"星期一综合征"之类的毛病了。

要知道，这家工厂能够做到这一点是极为不易的。除了蓝领工作本身的枯燥与乏味之外，日本打工者的复杂背景也让工厂管理这项工作变得极其艰难。毕竟许多日本人（包括我们这些留学生）都是在完成了一天的忙碌之后，拖着极其疲劳的身体，在本该休息的情况下硬撑着走进工厂的。不夸张地说，许多人在上班的那一刻，心里就已经开始盼望下班的那一刻了。在这样一种情况下还能让所有工人甘之如饴，长年坚守在自己的岗位上，绝少发生跳槽的事情，不得不说这家工厂的管理确实有其独到之处。

当然，对于这家日本企业的成功管理模式，许多中国的老板和团队领导可能会不以为然，他们会说：人家日本人是什么素质？我们中国人是什么素质？拿日本的例子对比中国的国情实在是太搞笑了。说实在的，你要给我几十个日本人员工，我也能做到他们那种程度！所以说，归根结底我们和人家之间的差距还是因为一个"人"的问题，与管理水平的高低完全不搭界！

　　不能否认，日本工人的平均素质是比我们要高一些。但我要说，这种素质上的差距绝对没有大家想象的那么大。事实上，还在日本打工时我就发现了一个颇给中国人提气、长脸的现象，那就是无论在哪座城市、哪个行业、哪家企业里，那些表现最出色，堪称台柱子的角色往往都是我们中国人（当然，主要是留学生）。连日本人都对这一点高度认可，甚至佩服得五体投地。尤其是考虑到巨大的语言、文化和行为习惯方面的障碍，我们中国人能够做到这种程度便显得殊为不易。其实，即便是那些在国内表现得吊儿郎当、浑身上下一堆坏毛病的主儿，一旦出了国，进了日本人的企业，也会摇身一变，成为一个不折不扣的模范员工。这样的例子也绝不鲜见。所以我们说，**人和人之间可能确实会有一些素质方面的差距，但这方面的差距真的不重要，真正重要的还是管理上的差距。**因为先进的管理能够为企业和团队营造一个特殊的、具有某种神奇魔力的文化氛围，让任何一个进入这个氛围的人身不由己地乖乖就范，言谈举止想不靠谱儿都不行。

　　事情就这么简单。

这样激励，人们就会追随你

第五章

金钱激励:
这是一把双刃剑

对于团队激励问题，马云说过一句相当经典的话，他说：如果你的团队成员选择离你而去，那只能有两个原因，一个是干得不爽，一个是钱没拿够。

关于"干得不爽"的问题，我们已经做了许多细致的讨论，现在让我们来说说"钱没拿够"的问题。

毋庸置疑，对任何一个团队来说，薪资体系的设定都是至关重要的大事，直接决定了员工的斗志和团队的综合竞争力。

不过，钱这个东西有一种魔力，就像水一样，既能载舟，也能覆舟。换言之，如果你认为"只要给钱就能摆平一切"，那么十有八九你将掉进一个巨大的激励陷阱，最后是赔了夫人又折兵，花了钱都讨不着好。

可见，"拿够"的"够"字没那么简单。这可是一个大学问。它**不仅是一个数量的问题，更是一个质量的问题，一个平衡的问题。**这个问题的解决，需要团队领导具有极其高超的"走钢丝"的本领，能够在极小、极复杂、极其敏感的回旋空间内巧妙地掌握平衡、拿捏分寸；既要具有极强的原则性，更要具备极高的灵活性。

那么，这个"钱"，到底应该如何"给"才能做到"够"呢？

在这一章里，我们不妨换个角度，跳脱一般的逻辑范畴来探讨一下这个问题。

1. "比较"的力量

问你一个问题，假设你是一位老板，你们公司所处的行业里有30家公司，头十家平均工资5000元，中间十家平均工资4000元，末尾十家平均工资3000元。那么，你觉得你们公司的工资标准应该定到什么程度才是最理想的呢？

显然，答案有三个：5000元、4000元和3000元。

让我们从后往前分析一下。

选择3000元的老板，其内心世界最容易解读，他无非是想最大限度地节约成本。不过这样做的弊端也显而易见——一般来说，他只能指望自己招揽来一大堆三流人才，至于那些一流人才则绝对吸引不来。

让我们再来看看选择4000元的老板的内心世界：毫无疑问，这位老板自以为很精明，认为自己的做法达到了一种两全其美的效果——既最大限度地节约了成本，又最大限度地提升了人才的成色（二流人才）。但是，也许这种折中的办法更为愚蠢也说不定，因为"两全其美"是一个极难达到的境界，弄不好就会变成"两头不搭""两边俱损"，到头来付出了较高的成本却招来了一大堆庸才，真是赔了夫人又折兵。

所以，看来只有第三种选择，即5000元最靠谱儿。只有这个办法才能招来一流的人才。尽管成本较高，潜在回报率却也相当可观，绝对是一笔合算的买卖。而这个选择，就是我想强调的薪酬设计中必须遵守的"最好者之一"原则。具体地说，这个原则的含义就是：**一人之下，万人之上。不求"唯一的最好"，只求"最好者之一"。**

也许有人会问：你怎么敢保证你这个"最好者之一"原则就一定会招来一流人才而不是二三流的庸才？如果花了大价钱找来的却是庸才，岂不更是赔了夫人又折兵？

这个问题问得好。实事求是地说，"最好者之一"原则确实可以在很大程度上提高招揽到英才的概率，可是不能完全确保这一点。这就意味着，花了不菲代价找来的却是庸才的可能性确实存在。这是令身为老板的人最为忌惮的一点，也是令他们在面对人才提高价码的要求时往往会表现得异常踟蹰的一个重要原因。

不过也没有必要过分担忧。"最好者之一"原则本身已经为这个问题的解决提供了一个天然的出口，那就是"要挟"——我给的待遇是最好的，你别无选择。换句话说，即便有人（那些相对的庸才）钻了"最好者之一"原则的空子，混进了你的队伍也没有关系，因为这一原则本身就创造了一种倒逼机制，能够逼迫这些人主动谋求上进，如果他们不想失去巨大的既得利益的话。

反之，其余的两种选择（3000元和4000元的选择）则没有这样的效果，甚至会有反效果——事实上，在这两种选择的制度框架下，真正的人才会留一手，因为他们觉得自己的付出和获得不成比例，既然如此，又何必倾尽全力呢？

不仅如此，更大的问题在于，就算在这两种选择框架下的二三流人才也能拼尽全力，让自己不断进步，最终成为一流人才，可真正成为一流人才之后，他们也往往会迅速流失，跑到"最好者"的行列中去。

这就是在中国的企业界非常经典的"培训学校"现象，即白费了半天力气，净为竞争对手作嫁衣了，自己没落到半点儿好处。

从本质上说，这也是中国的企业如此青睐即战力的一个原因。这种现象之所以如此盛行显然不仅是出于企业家的懒惰，也是对人性的普遍不信任，对人心不古现象的普遍无奈心理使然——既然迟早会落下个养虎伤身的下场，为什么还要自己养小老虎，而不是直接从外边找现成的大老虎呢？

这就是恶性循环。你以为野生的老虎会比家养的老虎更善良吗？如果你这么想，那就大错特错了。因为越是野生的老虎就越没有人性，越残忍冷漠，说翻脸就翻脸，说咬人就咬人。到时候大家一起吞苦果，都没有好下场。

那位说了：那你敢保证已经身处"最好者"行列中的那些人就能对自己的境遇完全满意，不会发生流失现象吗？

当然不是这样。人的欲望是无止境的，即便你给一个截至昨天还一文不名的人100万元，他的满足感可能顶多也只能维持两三个月，然后就会产生不满，认为自己的价值应该值1000万元。**人类的这种贪婪本性既可悲又可敬。可悲是因为不知感恩，可敬是因为永不放弃。**正因为这种不放弃，人类才进步到了今天。对此我们要有充分而全面的认识。不过，即便如此，身处"最好者"行列中的人发生流失的概率还是相对较低的。道理很简单，因为他们只要还想在这个行业里混，就比较容易做到心理的相对平衡，毕竟当他们环顾四周时，他们会发现自己拥有得天独厚的地位，堪称"一人之下万人之上"。换句话说，如果他们依然想换个地方，那就只能改行了，因为在同样的行业里、同样的职位上他们已经站到最高点，没有更好的地方可去了（当然，职位变动引发薪酬变化造成的跳槽现象确实大量存在，不过这方面的内容涉及的范围更为广泛，已经不是"金钱激励"这一个要素所能涵盖的话题，我们这里暂不就此做进一步的论述，仅对不同企业的相同职位在金钱激励方面的效果做横向比较）。

这就点出了**薪酬设计的一个重要依据——比较。**

"比较"这两个字在心理学方面，当然也包括薪酬心理学，具有极为重要的意义。一言以蔽之，**在薪酬设计方面数量是一个相对次要的因素，质量才是一个绝对重要的因素。而决定薪酬设计质量的唯一依据就是"比较"。**

比较也分两个方面，一个是横向比较，和别人（同事、同行）比；一个是纵向比较，和自己比。

只有在这两方面的比较都满意或接近于满意的情况下（亦即自己的待遇比同事和同行好，比昨天的自己好），薪酬设计才能达到效果的最大化。

显然，"最好者之一"原则最大限度地实现了横向比较的优化——既然自己已经站在了同行业的最高峰，那么即便对数量有所不满，也能够较为容易地找到相对的心理平衡。

也许有人依然会产生这样的疑问：既然如此，那为什么我们追求的目标仅仅是"最好者之一"，而不是"唯一的最好者"呢？后者不是比前者站得更高，拥有更强大的优越感吗？

这里的问题出在纵向比较上面。简单点儿说，如果一个人觉得"今天的自己已经比昨天更好，甚至是史上最好"，那么这个人便有相当大的可能失去继续前进的动机，惰性发作，躺在功劳簿上睡大觉了。

人是一种很奇怪的动物，既容易表现得贪得无厌，也容易表现得安于现状。关键在于在"比较"这件事上是否留有足够的刺激因素。

如果有，人就会力争上游；如果没有，人就会消极懈怠。

我们经常说"最大的敌人就是自己"。为什么会这样？就是因为缺少有效的刺激。人生的价值就在于不断地追求，当我们已经站到了最高峰，前面再也没有目标可以追寻的时候，生命之火便会渐渐熄灭，所有的动机与欲望也会随之离我们远去。这是一件最可怕的事情。

所谓"高处不胜寒"，就是这个道理。

既然如此，我们就不能彻底断了自己的念想，把自己往绝路上逼。因此，如果"自己"才是那个不可战胜的最大障碍，那就不妨绕过"自己"，绕过纵向比较的煎熬，通过横向比较，亦即在我们的前面人为地预留一个现成的追赶目标，让我们得以保持不懈的追赶动机，这才是一个真正的王道。

"最好者之一"原则，就是这个王道的生动体现。

顺便说一句，现在有许多企业，甚至是外资大企业都倾向于把每年中国的通胀率甚至是GDP增长率作为衡量员工薪资增长幅度的一个重要标准，这个办法看似科学，其实本质却是反科学的。原因很简单，宏观经济的数据往往会和百姓的生活实感脱节，而百姓对于自己"薪资收入水平是否合理"这件事的一个重要判断依据就是生活实感。因此，用这种纯学术上的数据去设计一家企业的具体薪资标准体系是一个荒谬的做法，可谓"驴唇不对马嘴"。但是，"比较"有所不同。从某种意义上讲，"比较"具有某种超越生活实感的特殊功能。具体地说，即便生活实感不尽如人意，只要比较方面不出问题，人们也能够相对容易地接受某种薪资水平，不会产生"不公平"的感觉（当然，前提是最基本的生活需求可以得到满足）；反之，即便生活实感已然相当富足，但是只要在比较方面出了问题，人们也会对自己的薪资水平产生强烈的不满。所以，和理论上的数据相比，现实生活中的"比较"对员工的满意度而言具有更为强大的影响力。巧妙地利用这一影响力显然是一条设计高效薪酬体制的捷径。

不过，必须强调的一点是，任何比较都是相对的，不能把它绝对化。就像100%的满意不值得，也不应该去追求一样，绝对化的比较也是有害的，个中的分寸感一定要好好把握。

说不上什么理由，我个人对"70"这个数字非常感兴趣。凡事不要追求100分，70分万岁。至少对于管理这项工作，我认为这个理念具有很强的现实性与可操作性。

有关纵向比较的话题，我们后面还会进一步详细阐述，这里姑且告一段落。

2. 父辈的工资单

就像我们反复提到的那样，薪酬体制的主要功能不仅在于为劳动者的劳动提供回报，更在于为劳动者的劳动提供强大的精神支撑，也就是我们常说的所谓"激励"。如果说前者体现的是一个"数量"的概念，那么后者体现的就是一个"质量"的概念；如果说前者为劳动者提供的是"物质"，那么后者为劳动者提供的就是"温暖"。

很显然，与"物质"相比，作为人类最基本的需求之一，"温暖"的价值往往更突出、更重要——很多时候，如果没有"温暖"，即便"物质"再丰富人们也不会得到满足；反之，只要得到了足够多的"温暖"，那么，即便"物质"方面有一点儿小小的欠缺（当然，是在最低限度的物质需求得到基本满足的前提下），人们也能获得充分的劳动动机。所以，在确保物质"够"的同时，尽最大可能地追求温暖"足"，对薪酬体制设计者来说是一个绝对不应回避也无法回避的重大课题。

遗憾的是，尽管这是一个尽人皆知的朴素道理，在现实世界里却极少有人能够充分地认识这一点，更别提认真地履行了。

事实上，我们的很多团队领袖在这个问题上都在开倒车，他们总是试图走捷径，却恰恰选择了一条南辕北辙的错误道路。比方说，许多老板深信"钱是万能的"，总以为只要给够了钱，就不欠员工的了，员工就应该无条件地接受他的所有苛刻要求，并且不能有任何怨言，因为那将意味着"不公平"甚至是"忘恩负义"。可殊不知，钱这个东西是个典型的两面派，一旦用错了地方，既能伤人又会害己，最后落得个"花钱找骂""人财两空"的下场。许多老板对此痛心不已，他们习惯于将所有过错推给自己的员工，认为这是一种人性堕落的表现。其实，忽略人性的恰恰是老板们自己，而不是他们的员工，既然连你自己都不尊重别人的人性，又有什么资格要求别人对你奉献崇高的人性呢？这显然是一个根本性的矛盾。这个矛盾不解决，任何对人性的要求都是枉然。

那么，如何做才能解决这个根本矛盾呢？简单，把员工的工资单尽可能地变长就行。

记得在我小时候，经常有机会看到父母的工资单。那是一条长长的工资单。尽管这份单据最后的数额是一个小小的阿拉伯数字，也许只是区区几十元钱，但是工资单上罗列的项目却有十几项之多。各种补贴应有尽有，几乎涵盖了人类生活的方方面面，比如说工龄工资、取暖费、防暑费、交通费，甚至连家属的生活津贴和小孩子的教育补贴都涵盖在内。更为重要的是，许多补贴的发放都十分人性化，与家庭人口的数量、年龄和生活状态直接挂钩，用"无微不至"这四个字来形容也绝不为过。所以，即便每项补贴的数字都极为有限，也许只有区区几块钱，可那时父母拿到工资单的喜悦和心里的踏实，就连我这个小孩子也能切实感受到。或者说，就算我这个不更事的小孩子，每当父母拿到工资单时，也会油然而生一种莫名的安全感，知道自己的生活"绝对有保障"了。因此那个时候每当父母发工资的日子，不仅是大人，就连我们这些小孩，也会情不自禁地将其视为一个不大不小的节日，整个家庭满溢着一种浓浓的幸福感。

当然，即便是今天，发薪日对绝大多数中国百姓来说也堪称一个月中最幸福的日子，不过这种幸福已经变了味，失去了往日的浓烈，更加不用奢谈什么安全感。诚然，这一现象的背后有许多深刻的社会原因，不可能在这里一一尽述，也不可能仅仅从薪酬体制这一个角度寻找到所有问题的症结和解决方案，可有一点是毋庸置疑的，那就是"工资单越做越短"、我们的薪酬体制越来越脱离人性是造成这种现象的一个重要成因。

就拿我自己的亲身经历来说，从小习惯了父辈的工资单所带来的充实感与幸福感，心里自然会期待有朝一日当自己走向社会的时候也能够享受到与父辈相同的待遇。因为对我而言，似乎只有这样才能品尝到长大成人的真实感和成就感。可遗憾的是，一直到今天为止，这种真实感和成就感都始终与我无缘。记得大学毕业步入社会后拿到的第一份工资是90多块钱，其中有70块钱的基本工资和20多块钱的奖金。可以想见，我当时的心情是极度兴奋的，不过兴奋之余也有一丝小小的遗憾。我发现，自己拿到的工资单很短，只有区区几个项目，基本上就是"基本工资加奖金"，以及几个干瘪无趣的阿拉伯数字——显然，这和我记忆中工资单的印象大相径庭。这种感觉极大地挫伤了我的幸福感，缩短了我的兴奋时间。我甚至产生了一种错觉，觉得自己只是一个临时工，而不是正式工；我对企业的归属感乃至归宿感瞬间失去，觉得它并不十分需要自己，自己也并不一定需要它。从那一刻起，我感到自己随时都有可能离开它——或者被它抛弃，或者抛弃它。事实上，我在那家企业仅仅工作了三年便选择了离职，而这与我最初想象的职场生涯完全是两码事，因为自己，乃至身边所有同龄人的父母都是从一而终，一辈子从不知道跳槽为何物。可后来，我又慢慢发现了一个更为惊人的事实——自己为第一家公司奉献的三年时光已经算是相当"专一"了，几乎堪称一个纪录，因为那之后的职场履历极少打破这个纪录。当然，可以想见的是，我的工资单也越来越短，甚至有的时候根本没有什么工资单，只不过取工资的时候需要在一个拿在别人手里的表格上的某个干瘪无趣的数字后面签个名。

　　这实在是太可惜了。也许那些公司这样做是为了所谓的"效率"——既然钱数没什么区别，何必大费周章地去设立那些毫无用处的名目呢？可他们恰恰忽略了一个至为简单也至为重要的道理——这些名目一点儿都不多余，而且还能够收买人心，增强人的归属感和忠诚感。一张如此简单的小小纸条就能够达到收买人心的目的，何乐而不为？！

　　很久以后我才知道自己的经历只不过是一个更大范围内的时代潮流的小小波纹。相信许多人的经历都与我相似，对我的切身体验能够做到感同身受。尽管我不否认时代大潮和历史车轮的合理性与不可逆转性，在这一时代背景下发生了许多矫枉过正甚至违逆真理的事情，也是客观存在的事实。

　　比如说，对于普遍存在于中国企业界，令无数老板头痛至极的频繁跳槽现象，难道仅仅应该被归因于时代潮流的变化吗？显然这个答案不具备完美的说服力。

　　因此，为了尽最大可能留住人才、稳住人才、用好人才，我们要拿出智慧、放出眼光、拨乱反正，将矫枉过正的东西重新"矫"回来。

显然，在这一点上，薪酬体制能做的事情不少。

我们可以举几个简单的例子。

其一，**工龄工资。**

现在的职场中人，已经极少有人谈及所谓"工龄"的概念了。人们普遍认为这是一个过时的概念，强调这个概念似乎就意味着抱残守缺，意味着走形式主义和对实际能力的漠视。这实在是一个天大的误解。工龄是对一个人职场生涯的记录与肯定，尽管工龄长未必代表能力强或经验丰富，对工龄的记录与肯定也意味着对一个人职业生涯的尊重，意味着对这个人人格的尊重。这就好像是过生日，年纪的增长未必能够带来见识的增长，可无论是否有见识，过生日都是必要的，因为这种行为本身就意味着对人生的尊重，也意味着对人格的尊重。所以无论是否有相应的收获，过生日这件事对我们每一个人都极为重要，就是这个道理。工龄也一样，**承认工龄的价值等同于承认（职场）人生和人格的价值，这是一件极其人性的事情，将其视为形式主义和对能力高低的漠视显然是一种没有见识的、极端粗暴的认知方式。**

不仅如此，对现在的中国企业而言，工龄工资还有另一个层面的意义，即它能够在一定程度上安抚人心，缓和人员流失的烈度和强度。因为没有人会选择厌恶乃至遗弃一个尊重自己人生和人格价值的公司。

现在的许多企业都有一个传统，那就是在员工过生日时送上一个生日蛋糕。其实将这种方式延伸一下，我们还可以有新的选择，即给员工过"工龄生日"，也就是说，每当员工为公司服务的年限增加一年的时候，不但要为他们提升一级工龄工资，还要为他们发放一笔特殊的"工龄生日津贴"，用以奖励他们对公司的奉献和不离不弃。尽管这仅仅是一个小小的举动，其浓浓的人情味也将极大地融化员工的心，增强他们对企业的归属感。

在我们父辈的工资体系中，工龄工资是一个至关重要的环节。那个时候，每一个人都会热切地期待新的一年的到来，因为无论你对企业的贡献是大是小，抑或是否有贡献，只要你在企业多待一年，你就能得到相应的好处，而且还是看得见摸得着、实实在在的好处。尤为关键的是，这种好处具有极强的可预知性，而这种可预知性为人们提供了极大的安全感。尽管这也是造成所谓"大锅饭"现象的一个诱因，但又何尝不是人们能够自觉地将自己的一生委托给一家企业的巨大动因之一呢？更何况今非昔比，时至今日现代化的管理模式已经深入人心，成为一种强大的思维和行为惯性，在这样的背景下，"大锅饭"现象已经极难找到生存的土壤了，因此，我们可以认为工龄工资的负面效应已经得到了天然的抑制，剩下的事情，就是如何让它的正面效应最大化地发挥出来了。

其二，**各种生活补贴。**

生活补贴，顾名思义，就是对员工的生活状态进行补贴，是一种对员工生活关怀和体认的表现。这一着棋走好了，会起到事半功倍的效果。

那么，怎么做才能走好这着棋呢？

这里面有两个关键点，**一个是创新，一个是贴心。**

先说创新。除了大家耳熟能详或略有印象的一些项目，如交通补贴、住房补贴、防暑降温补贴、取暖补贴等传统项目之外，还可以针对员工的具体状态和需求方面的差异性设计一些特殊的项目，比如说，对于那些夫妻双方均来自外地，孩子的照料成为一大棘手问题的员工，可以发放"育儿补贴"，补贴他们的托儿费或保姆费；对于那些家里人口多，尤其是老人多的员工，发放"赡养补贴"，补贴他们的赡养费；对于那些暂时买不起房，租房住的员工，可以根据家里的人口和所需最低住房面积情况发放"租房补贴"，补贴他们的房租；对于那些有意提升自己的综合素质，参加成人考试或进修的员工发放"教育补贴"，补贴他们的学杂费；等等。

这样的创新手段能够有效避免薪酬体制落入形式主义的窠臼，会更具针对性和刺激性，能够最大限度地让员工切实感受到来自企业的关怀，大幅提升他们对企业的归属感和忠诚度。

再说贴心。

创新就是为了让薪酬体制更贴心，更有针对性。与此同时，在具体执行方面要恪守公平公正的原则，要在个性中寻找共性，在共性中体现个性，制定出一系列切实可行且令人信服的标准。总之，要让每一个员工产生这样的错觉，即企业的薪酬体制是为自己一个人量身定制的，但在与其他员工做横向比较时又不会有吃亏的感觉。达到这一境界需要做深入的调查和长期的摸索，不可能一蹴而就。尽管这是一项浩繁的工程，却绝对值得我们的企业付出大量的资源和精力去做一下尝试。

当然，由于这样的尝试对现在的绝大多数企业来说都颇具颠覆性，从一开始便试图全面推开是不现实的。还是那句话，摸着石头过河，不妨从局部开始做一些有益的试验，然后通过不断的调整和完善将这个试验引向深入，这样做会更稳妥些。

有人可能会说：你的想法固然好，却完全脱离国情。要搁20年前，这些措施肯定管用，可如今已经不会有人再吃这套了。现如今的人们在乎的就是钞票，讲究的是"落袋为安"，根本不会搭理那些乱七八糟的项目。所以说你搞这些幺蛾子只会起反作用，只能招人烦，根本不可能有任何的激励效果！

必须承认，现在的人们确实对钞票情有独钟，满脑子想的都是落袋为安，似乎看不出来对金钱激励质量的重视，而是将更多的注意力放到了金钱的数量上。这确实是一个事实。可是不知有人想过没有，人在什么样的情况下才会简化对金钱质量的要求，而将绝大部分注意力放到金钱的数量上？

答案很简单：在极度缺乏安全感的情况下。

这种安全感的缺失体现在两个方面：**一个是对现在的不安，一个是对未来的不安**。在我们的很多企业里，拖欠员工薪水已经成了家常便饭，乃至某一次企业如能按时足额发放薪水，对员工来说简直有如中彩票一样不可思议。近在咫尺的钱都未必能搞定，遑论未来的可预知性与安全感。在这样的背景下，员工急于确定金钱的数量，高度重视落袋为安也就不足为奇了。也就是说，我们的员工不是不重视金钱激励的质量，而是重视不起。对一个吃了上顿不知下顿在哪儿的乞丐而言，要求他重视饮食的质量完全是一种可望而不可即的奢侈。换言之，我们的企业在这方面的表现实在是欠债过多，太过原始，逼得员工只能最大限度地追求起码的物质温饱，难以产生更多精神上的奢望。

所以，在这件事情上员工不领企业的情，责任不在员工，恰恰在于企业自身。为了更好地达到薪酬体系的激励目的，企业必须放下身段，倾听员工的声音、理解员工的心情，以极大的诚意和耐力去安抚员工躁动的情绪，给予他们缺失已久的安全感。正所谓"精诚所至，金石为开"，只要企业肯付出持续不懈的努力，一定能够赢回员工的心。从这个意义上讲，这依然是一个企业文化建设范畴的问题。文化建设从来不是一朝一夕的事情，需要付出持续而巨大的努力，而一旦形成了一种强大的文化，一切不可能都会变成可能。

记得一个朋友曾经说过这样的话"中国人是被吓大的"，这句话对现今的职场文化而言似乎尤为贴切。显然，对一颗颗处于惊吓中的心灵而言，竭尽全力地予以安抚是唯一正确的做法。愿我们的企业和团队领导能够从中悟出一些有益的道理。

即便如此，有人可能依然会提出这样的质疑：你说的这些话似乎有些道理，不过有点不现实。要知道，有些人可是最善于玩猫腻的，总在想着如何钻企业制度的空子。打个比方，如果企业向员工提供教育补贴，那么他们会这样做：明明没有升学和进修的想法，也会巧立名目，伪装出一副好学上进的样子，骗取企业的这笔费用；又或者，即便学期已经结束，他们也会以"成绩不好留级了"之类的理由达到相同的目的。这样的手腕对现在的年轻人而言可谓驾轻就熟，他们可以轻而易举地钻制度的空子，在所有项目上和你玩躲猫猫游戏，为自己套取不义之财，令你防不胜防。所以，不是企业不愿意尽心尽力对他们好，而是你的一片好心根本就会被他们当成驴肝肺，让你竹篮打水一场空！对这样的人讲仁义，岂不是掩耳盗铃、对牛弹琴吗？

坦白说，发出这种质疑之声的人的心情我可以理解。在某种程度上，很多人确实有着小市民的一面，喜欢时不时地展露一下自己投机钻营、损人利己的特长。这一点在职场中体现得尤为明显，令无数职场领导伤透了脑筋。可是这个问题也得一分为二地看。从本质上来讲，天下没有天生的小市民，也没有天生的慈善家。人心都是善良的，人心也都是复杂的，而任何的复杂，背后总有一个深刻的原因。

就像我在前面所说，在很大程度上，我们中国人都是被吓大的，并一直处于惊吓之中；不出大的意外的话，也许未来惊吓也会一直与我们相伴下去。在所有的不确定性之中，似乎只有这件事是相当确定的。

在这样的心理环境下，"自保"也许是获得安全感，让自己暂时远离惊吓的唯一途径，因此我们难免会表现得有点儿自私自利、损人利己。当然，这么说并不是为这些人类共同的缺点找借口开脱，而只是想证明"万事皆有因，解铃还须系铃人"这个道理。这就意味着，与其把这些问题归因于人性的恶劣，从而心安理得地固守道德的高地，原谅自己的无所作为，不如把这些问题看作环境的产物，然后积极作为去改变环境。这才是唯一有建设性的做法。

当然，通过改变环境来影响人性是一个漫长的过程，不可能在短期内取得理想的效果，所以，对企业管理者来说，必要的应急之道还是值得考虑的。这里面的要点在于"制定规则"与"加强监管"。只要这些工作做到位，就不怕你的员工会逆天。

其三，补贴的发放方式。

这是一个有趣的话题。话题的灵感来源于海底捞。

据说，海底捞的薪酬体制有一个与众不同的地方，那就是工资不但会发给员工，还会发给他们的父母亲人。而且重点在于，发给员工父母的工资并不需要假借员工本人之手，而是直接打到父母的账户上。如果父母深居深山老林没有银行账户（这种情况对绝大多数员工都来自大山深处的海底捞而言可谓相当普遍），海底捞还会以企业的名义代其开办账户，切实做到服务到家、责任到人。

这一制度的效果是相当惊人的，主要体现在三个方面：

第一，极大地笼络了员工的心。

对这些山里的苦孩子而言，"为家人能过上好日子而打拼"几乎是他们所有人共同的精神支柱。所以，海底捞善待员工亲人的举动极大地温暖、俘获了员工的心，让他们对企业产生了强大的归宿感和感恩心理。众所周知，海底捞的员工是自觉自愿地为企业拼命，他们中的大多数人都为此或多或少地患上了职业病，有些职业病甚至终身难愈。而他们之所以能为自己的企业奉献、牺牲到这种程度，"士为知己者死"的中国古训无疑起到了决定性的作用。

可见，中国人的人性是复杂的。"人不为己，天诛地灭"与"士为知己者死"都是我们强大的本性。尽管这二者之间存在着尖锐的冲突，却如此神奇而和谐地存在于我们每一个人的血液里。

显然，做到"人不为己，天诛地灭"易，而做到"士为知己者死"难。绝大部分企业都能轻松地让员工做到前者，而唯有海底捞居然能让自己的员工做到了后者，因此胜负高下从一开始便没有了悬念也就不足为奇了。

第二，**极大地笼络了员工家属的心。**

海底捞的高明，不仅在于笼络住了员工的心，更在于成功地赢得了员工家人的心。对那些世世代代生活在大山深处的穷苦农民来说，有一个城里的大企业不仅把自己当人看，而且还给了自己巨大的人性关怀，这是何等的荣耀、何等的感动啊！据说许多海底捞一线员工的父母都给自己的孩子下了死命令："除非我不在人世了，否则绝对不许你离开海底捞！"

对那些淳朴、至孝的农民的孩子而言，这些来自亲人的话语具有某种神奇乃至神圣的力量，将他们的身与心死死地钉在了海底捞这家企业中。有了这样一支对企业死心塌地、忠心耿耿的队伍，海底捞又怎么可能不会战无不胜、攻无不克？

所以说，通过搞定员工的亲人来搞定自己的员工，海底捞这步棋实在是高明至极。

第三，**极大地诱惑了竞争对手员工的心。**

海底捞向员工父母亲人发工资的做法还有一个好处，那就是将海底捞"仁义之师"的招牌擦得铮亮，吸引了无数江湖豪杰的目光，赢得了无数绿林好汉的青睐。大家都知道，**在这个同质化竞争色彩越来越鲜明的时代里，有的时候决定胜负的招数可能只有一个。只要你有一招与众不同，可能就足以令对手满盘皆输。**而海底捞对这一点可谓心领神会，区区一个向员工父母发工资的创意，便令海底捞具有了极大的魅力，使它在业内尽人皆知。各路高手纷至沓来，在壮大了海底捞实力的同时，也削弱了其竞争对手的元气。这就叫"一箭双雕"。当然，海底捞的强大绝不仅仅源于这个小细节，但正是无数小细节的成功积累，造就了今天的海底捞。而且尤为关键的是，这些小细节看似简单，却极难模仿。因为这是一个浩大的系统工程，是一种文化的积累，凝聚了海底捞人几十年的心血，个中的奥义绝不是片段性的模仿所能参透的，也许这就是人们常说的所谓"核心竞争力"吧！

现在，我们可以做一个简单的想象，假设有这样两个员工，他们的月工资都是3000元，只不过其中一个是将3000元都发到个人手里，另一个是将其中的1000元发到父母手里。尽管钱数一样多，哪个对员工的激励效果更大？

当我们忽略个例的存在，从整体上考虑这个问题的时候，答案将会一目了然：后者。

就这么简单。

总之，**解决薪酬体制缺乏人情味的方法之一，就是把简单的东西复杂化**起来——既然"最好者之一"原则已经解决了数量的问题，那么在工资单的项目上多玩一些花样，就可以解决质量的问题。

如此双剑合璧，自然会取得最大化的效果。

当然，这样做确实会在一定程度上影响薪酬体制运行的效率，增加人事部门的工作成本和负担，可这种成本绝对值得付出，因为它所换来的综合效率和战斗力是成倍的。

当我们算算总账，会发现这是一笔绝对划算的买卖。

3.为"额外"保鲜

现在，让我们回到激励的原点，看一看激励的本质到底是什么。

既然是激励，就要从人性出发考虑问题，而人性的两个最大特点一曰"追求稳定"，二曰"追求刺激"。中国有句谚语，叫作"饱暖思淫欲"，还有一句颇具意识形态色彩的名言，叫作"物质基础决定上层建筑"。这两句话都说明了一个道理，即人类的需求分为两个层次，一个层次是基本需求，另一个层次是高级需求。前者要求"可预期性"，后者则与"不可预期性"有关，因此，前者意味着"安全"，而后者则在很大程度上意味着"不安"。也就是说，只有同时满足基础需求的可预期（"安全"）和高级需求的不可预期（"不安"），激励这码事，才可以在人的身上发生。

深刻地理解这一点，对肩负设计团队薪酬体制责任的领导者来说，具有极为重要的现实意义。

也许有人会有不同看法。他们会认为从根本上来说激励的来源在于不确定性的存在：人只有在一个充满不确定性的环境中才会产生危机感，而恰恰是这种危机感为人类提供了激励元素，所谓"置之死地而后生"，就是这个道理。

坦白说，这种看法虽然不无道理，却也有失偏颇。

"置之死地而后生"的心理学现象确实存在，可这是一个不折不扣的小概率事件，不能把它当作普遍规律来看待，否则后果不堪设想。也就是说，"死地"这样的环境太过特殊，尽管偶尔存在确实会对人激发自身的潜力具有一定的促进作用，但是长期存在则不同，长期置于"死地"之中只会令人感到绝望沮丧、焦躁不安，不但达不到"鼓气"的目的，甚至会让人"泄气""丧气"。

因此，持这种观点的人视野太窄。他们只看到极其罕见的"置之死地而后生"的案例，却完全看不见更为普遍的"置之死地而后死"的案例。用这样狭窄的视野和小概率事件的思维去思考和处理团队的管理问题，只能将团队引向邪路乃至绝路，是万万不可取的。

举个例子。曾几何时，市面上的招聘广告中经常会出现这样的话——本公司待遇优厚，每月工资加奖金多少多少元。当然，这个"多少多少元"是一个相当有诱惑力的数字。不过，聪明人一眼便知，这句话里藏着一个显而易见的猫腻：它没有说"工资多少，奖金多少"，而是"工资加奖金多少多少"，这就意味着即便工资是一个很低的数，甚至完全没有，人家也不算忽悠你，因为人家许诺给你的数字主要指的是奖金。可问题是，一旦你着了道，进了这样的公司，那么无论你如何努力拼搏，你都甭想拿到这样数额的奖金，因为那根本是一个不可能发生的事。而且，这个猫腻最阴险的地方在于，明明你受了骗，却无法指责骗你的公司，因为人家早做好了铺垫，彻底堵住了你的嘴。你唯一能做的就是自认倒霉，走人了事。

不过，换个角度来看，这么做的团队管理者并不明智，他们只不过是一些试图耍小聪明的人，终归成不了大器。

事实上，他们的这些伎俩没能支撑多久，因为身经百战的职场中人早已识破了他们的那点儿小心思，根本不买他们的账了。时至今日，市面上的招聘广告中类似于"工资加奖金多少多少元"的表述方式已经相当少见了，因为任何一个敢于这样操作的公司都会被人视为不折不扣的大骗子，而且还是那种愚笨到家、素质极低的骗子。

有人也许会说："工资加奖金多少多少元"这样的说法没什么问题啊！你想啊，如果我付给对方一个满意的工资，他还会为我尽心尽力地拼搏吗？即便什么都不干也能获得一个不错的报酬，谁还会拼命干活啊，那不是傻子吗？

这个问题提得好。正因为有这样的疑问，所以我们要对"可预期性"与"不可预期性"、"安全感"和"不安全感"有一个客观而深刻的认识。

一言以蔽之，"可预期性"与"安全感"太过强烈，人会失于"懒惰"；而"不可预期性"与"不安全感"太过强烈，人会失于"失落"。

还拿前面的那个例子来说，在许诺"工资加奖金多少多少元"的企业里，也总会有一些成功者，拿到公司许诺的数字，但是由于这个数字的不确定性太高，即便是这些少数成功者也会表现得焦躁不安，业绩极易发生起伏，很快便会对企业失去信心。所以，这样的公司往往具有极高的人才流失率，企业的经营长期处于不稳定的状态之中，稍有风吹草动便会濒临崩溃。

我见过这样一家经营某英国豪华品牌汽车的公司，其销售员工的月薪动辄达到数万元，但是却有着极其惊人的流失率。我感到十分不解，便问那些离职的员工：这家公司的工资这么高，别人羡慕还来不及呢，你们为什么还要选择离职呢？他们苦笑着回答：高什么呀高，这玩意儿完全得看运气。一年当中月薪过万的时候也就那么几个月，其他月份连2000块都没有！我又问：即便如此，就凭这月薪过万的几个月的收入，你们的收入水平就要远超同行了，还有什么不满意的呢？他们答：这个东西谁也说不准，保不齐哪一年一整年都拿不到过万的月薪呢，就凭这每月一两千块的工资可怎么活啊？

我能理解他们的心情。他们要的是一份稳定的预期，而不是朝不保夕的日子。可见，"置之死地而后生"这招儿偶尔使使还行，长期靠这个吃饭实在是太不靠谱儿了。

但是，必须承认，预期太过稳定，基本工资过高是不可取的。因为这样做会引发人的惰性，令人不思进取。所以，真正合理的做法应该是这样的，"工资"这一块，一定要给人一个稳定的预期，一份靠谱儿的安全感（而这一点，可以通过前面提到的"最好者之一"原则去解决）；与此同时，"奖金"这一块可以另辟蹊径，通过不稳定的预期与安全感的欠缺去创造一种充满刺激的氛围，从而尽最大可能地达成激励的目的。这就是"物质基础决定上层建筑"的道理。

解决了"物质基础"的问题，现在让我们来说说"上层建筑"。

在这个领域里，激励的产生和程度的强弱只与一个词有关——额外（或意外）。

一般来说，**在满足了最基本的需求之后，人们只对额外或意外的事物感兴趣，任何"额内"和意料之内的事情都无法给人带来真正有效的刺激。**

举个例子，现在九成九的公司其实都将奖金"工资化"了。名义上是奖金，每个月的奖金数额却都差不多，对员工而言，他们便会自然而然地将每月的奖金视为必得之物，也就是说，将奖金本身视为工资的一部分。既然如此，那么奖金也便失去了其"奖励"意义，起不到任何激励的效果了。这种自欺欺人的把戏居然天天在我们的职场中上演，没有任何人觉得不妥，提出异议，实在是一件咄咄怪事！

因此，如果你想让奖金不流于形式，而是能真正起到奖励和激励的作用，那就要彻底给自己洗脑，重起炉灶。

这是一条非常简单明快的逻辑线：**既然是"奖金"，其本质就是奖励，既然是奖励，就一定是额外的东西；既然是额外，就一定要意外，要让员工无法准确预期，这才能产生刺激，创造激励。**

有些人可能会提出这样的质疑：我知道你想说什么，你的意思无非是"创造惊喜"，通过惊喜来催生激励。可是这里面就有一个问题，即意外并不总是能带来惊喜。也就是说，惊喜只有在意外超出期望值的时候才能产生，而在意外低于期望值的时候，人们则不会有惊喜，只会感到失望。而这种失望的情绪绝不会产生激励的效果，只会有反效果。

这种质疑看似颇合逻辑，却未免有失偏颇。不错，每一个人都喜欢超出预期的意外，可是如果每一次都超出预期，意外也便不再是"意外"，而成了"意内"，这样的结果会让人感到索然无味，反而会失去激励的作用。所以我才会说"意内"是激励的最大杀手。如果你想让你的激励效果最大化，就必须竭尽全力地为"意外"保鲜。

这就像玩游戏。什么样的游戏最刺激？有输有赢的游戏。总是输或总是赢的游戏没人愿意玩。赢固然很带劲、很爽，输却往往更刺激，更能激起人们力争上游、努力翻盘的强烈动机。也就是说，**尽管意外不仅意味着超出期望值，低于期望值也是一种意外，但是这种意外也能够产生足够的激励，甚至后者的激励效果有时会不亚于前者。**

这才是激励的真谛，也是广大团队领导应竭力追求的东西。

这里面的关键，在于"游戏规则"四个字：游戏规则可预期，而游戏结果不可预期，这才是最刺激、最好玩的事情。

世界上所有的娱乐项目、文体活动，无论是打扑克还是下棋，也无论是观看体育比赛还是欣赏影视剧，这些事情之所以会让人流连忘返，就是因为这一点。所谓"意料之外，情理之中"，说的就是这个意思。而这个所谓的"情理"，说白了就是一种"规律""规则"。规则可预期，结果不可预期，规则一成不变，结果千变万化，游戏才会有无穷无尽的魅力，令人沉迷其中无法自拔。

当然，这个游戏规则必须公平，是一种被所有人接受的规则，只有这样游戏才能玩得下去。如果连游戏规则都做不到公平，那么输的人固然会感到沮丧甚至愤怒，赢的人也会备感索然无味，不会产生任何被激励到的兴奋情绪。

所以说，在"奖金"这个领域里，不妨把玩游戏的理念引入，让员工彻底沉湎其中，流连忘返、不能自已，这才是真正高明的做法。

为了玩好这个游戏，还有一点需要特别注意。那就是处理好"盘子"（奖金总额）的规模，务必使其在一个相对稳定的期间内保持相对稳定的状态，切忌大起大落、变化过于频繁。

我们现在的绝大多数企业在处理奖金问题的时候都容易犯盘子变化过频、过大的毛病。一般来说，它们喜欢将奖金总额与企业业绩（市场情况）挂钩，市场好奖金就多，市场不好奖金就少。这种逻辑看似合理，好像是一种严格按市场规律办事的做法，其实却犯了管理学的大忌。原因很简单，市场表现与员工的主客观努力往往是脱节的，容易发生不努力也会有回报（靠天吃饭）抑或努力了也没有回报（徒劳无功）的现象。而这两种现象对于员工的激励都是极为不利的。要知道，你希望激励的对象是人，或者说得更准确一点儿，是人的主观意志和主观努力。而无论是靠天吃饭还是徒劳无功，这两种情况对人的意志与努力都是一种沉重的打击。前者会让人懈怠，后者会让人沮丧。

因此，**尽可能地从激励体制中将与员工的主观意志与主观努力无关的因素剔除出去，是确保激励效果的关键。**

我们还可以从另外一个角度理解这一点。

就像我在前面所说，激励效果的产生来源于比较，而比较分为横向比较（和他人比）和纵向比较（和自己比）两个种类。如果奖励的盘子变化过频、过大，尽管不会对横向比较产生太大的影响，但是纵向比较的激励效果将消失殆尽，而这种情况对于一个激励体制的完整性和可持续性是极为不利的。

道理很简单，如果对一个员工而言，市场好的时候即便不怎么努力也能得到较高的报酬，市场不好的时候即便使出吃奶的劲儿拼命努力得到的报酬也乏善可陈，那么"努力与否"将变得不再重要，"靠天吃饭""混日子"也许才是真正聪明、性价比最高的做法。

还有一点。盘子相对稳定，输赢关系就会体现得更为清晰一些，大家你争我夺的气氛也会更热烈一些。这种氛围的形成，对一个团队而言不啻一种理想状态。

当然，盘子的稳定是相对的，不是绝对的。当市场环境或企业经营状况等外部条件发生巨大变化的时候，盘子的大小还是要跟上，不能严重脱节。否则也会极大地挫伤员工的锐气和士气，令激励的效果大打折扣。

有鉴于此，我将激励体制中的这个"盘子原理"分为三个层次，亦即"斜坡形态""台阶形态"和"梯田形态"。

"斜坡形态"：盘子的大小随着企业内外部环境的变化随时发生变化。

"台阶形态"：盘子的大小具有一定的稳定性，不过，当企业内外部环境的变化累积到一定程度时，也会随之发生变化。

"梯田形态"：盘子的大小具有较强的稳定性，同时也保持着对环境变化的适度敏感。

可以看出，在"斜坡形态"中，盘子的变化太过频繁也太过剧烈，是不可取的。从某种意义上讲，这也是对游戏规则稳定性的一种破坏，是兵家之大忌。显然，与之相比，"台阶形态"稍好，"梯田形态"最好，是团队管理者应该努力追求的一个境界。

总之，在激励这个问题上，团队的领导者一定要把好关、掌好舵。为了保持盘子的相对稳定，在企业业绩不彰的时候也要适当做到"还利于民"，反哺员工，千万不能过分小气。反之，在企业业绩气势如虹的时候也要适当压抑住"重赏群臣"的冲动，千万不可过分豪气（这就意味着"堤内损失堤外补"，苦日子里的损失，可以在好日子里补回来）。要记住，你要做的是百年企业，不是皮包公司，有些事情必须深谋远虑、从长计议，切不可恣意冲动，伤了大局。

关于激励效果的问题，许多团队管理者还会抱持着一个心结，那就是经典的"激励陷阱"，也就是人们常说的所谓"花钱找骂"现象。这一现象尤其体现在年终奖上面。许多团队管理者发现，每年到了该发年终奖的时候，自己都会头痛万分。无论怎么努力也拿捏不好发放年终奖的分寸：有的时候即便少发钱甚至不发钱，员工也会领情，表现得甘之如饴；而有的时候即便大派利，员工也会不满，甚至怪话连篇。对于后一种情况，许多团队领导表现得大为不解，甚至以"白眼狼"称呼自己的员工。可为什么这种"白眼狼"现象会在团队中频繁发生呢？问题还是出在了比较上面。

先说横向比较。

举个例子。比如说有甲、乙两个员工，甲员工认为自己的工作表现比乙员工好，那么即便你只给甲员工发10块钱年终奖，只要乙员工的年终奖不超过他，比如说乙员工的年终奖是8块钱，他也会感到十分满意；反之，即便你发给甲员工的年终奖是10万块，但只要乙员工的年终奖超过了他，比如说乙员工的年终奖是10万零1块钱，那么他也会感到十分不满，心里充满怨气。

当然，同样的心理状态在乙员工身上也有可能存在，其本质也是横向比较出了问题。

再说纵向比较。

举个例子。如果甲员工认为就凭自己的努力程度，年终奖至少要达到10万块，那么即便你给他发99900块，他也会感到十分不满；反之，如果他对自己的期望值是10块钱，那么哪怕你只给他发11块钱，他也会感到十分满足。

这就是诱发"白眼狼"现象的心理学原理。

那么，如何才能克服这种心理学现象呢？

这是一个有趣的话题，每一个人都会有不同的思维方式和应对方法。

比较常见的方式有两种。

第一，对于横向比较，有些团队管理者倾向于采取说服的方法，亦即通过做思想工作的方式解决员工的心理症结。

第二，对于纵向比较，有些团队管理者试图通过"事前摸底"的方式解决这方面的问题，亦即提前掌握员工的心理预期，并尽量向这一心理预期靠拢。

当然，还有一种更为普遍的应对方式，那就是大撒把，破罐破摔：你爱咋的咋的，反正钱发给你了，我对得起你了。你怎么想是你自己的问题，反正我不欠你。

还有更离谱儿的。我见过一个老板，在品尝了几次"白眼狼"的滋味之后，干脆发誓"永不发年终奖"，省得惹得一身骚，吃力不讨好。

显然，这几种方式都是不可取的。首先，在激励这个问题上，尽管比较是一个重要决定因素，但这种比较的主体只能是当事人。当比较的结果一旦产生，外人无论付出怎样的努力都极难改变这种结果。因此，试图事后扭转或弥补比较的结果往往是徒劳的，只能让你陷入一个无底洞，无论怎样挣扎也爬不出来。另外，破罐破摔的做法也是危险的。无论你发还是不发年终奖，底线是不能得罪员工，得罪了员工你的**激励**就会变成空谈，甚至有可能成为一把双刃剑反过来伤到你自己，令你得不偿失。

其实，解决"白眼狼"问题的方法很简单，我们在前面已经提到过，那就是制定一个相对公平的、大家都能接受的游戏规则。只要这个规则确定下来，就意味着愿赌服输，无论怎样比较，也无论比较的结果怎样，大家都没有话说。

所以，游戏规则很重要。你可以拿出一年甚至几年的时间去和大家反复切磋、打磨这个规则，直到它日臻完美，就可以基本上杜绝白眼狼现象的发生了。

遗憾的是，在实际操作中，我们的管理者往往会忽略这一点。他们太喜欢闭门造车，将游戏规则的制定与打磨视为管理者的特权，极少邀请员工参与到这一过程中来。顶天了，是在游戏规则确定之后"传达"给基层员工，让他们被动地接受和领悟上司的意图。

也许有人认为，员工的过分参与会造成扯皮现象，让许多制度成为烂尾工程，永远不会有诞生的机会。但我对此却有不同的看法。诚然，大多数企业决策不需要员工过分参与，坚决贯彻精英决策层的意志便已足够，可唯独和激励有关的政策不同，这方面的政策必须最大化地汲取员工的意志。原因很简单，你想激励的对象是员工，而不是你自己。因此你不可以拿自己的意志去代替员工的意志，除非你希望自己的身边出现大批的"白眼狼"。

当然，汲取与满足是两个概念。**员工的意志必须被汲取，同时却并不意味着必须被满足。**这是两码事。在这个过程中一定会有大量的沟通和说服工作，其实说白了就是一个讨价还价的过程，这其中一定会有大量的艰辛和不易，但是一旦达成协议，也就是说，形成一个相对公平、大家都能基本接受的游戏规则，后面的事情就会一马平川，所有的艰辛与不易都将物有所值。

总之，激励是一门学问，也是一项苦差事，容不得投机取巧。既然你想让员工为你两肋插刀，就一定要做好付出艰辛与不易的心理准备。

4. 如何应付"不差钱"的超牛员工？

关于激励，还有一个问题不得不谈，这个问题与纵向比较有关。

通过前面的文字，我们已经理解了"最好者之一"和"唯一的最好者"这两个原则对于激励意味着什么。但是，至少在一个团队内部，"唯一的最好者"是有可能存在的。这就是那些顶级员工。对他们而言，由于已经站在团队的最高峰，感受到了高处不胜寒、独孤求败的意境，所以很难再为自己找到新的奋斗目标，容易发生懈怠现象。我称这种现象为"不差钱"。

事实上，别说"唯一的最好者"，即便在团队内部达到"最好者之一"标准的优秀员工里面，也会存在大量由于"不差钱"而表现得不思进取的人。他们的存在，往往令领导者备感头痛，爱也不是、恨也不是，不知如何应对才好，只能诉诸苦口婆心的思想工作。而这些员工也往往自恃功劳盖世，容易将领导的好心当成驴肝肺，对领导苦口婆心的劝解或充耳不闻或阳奉阴违。久而久之，领导们也便泄了气，不再跟这些骄傲的小公鸡磨嘴皮子，随他们去了。

那么，对于这些"不差钱"的超牛员工，我们到底应该如何应对呢？

有些人也许会认为，既然这些员工都是个儿顶个儿的拔尖者，那就意味着他们对团队已经做出了巨大贡献。因此，对于这样的功臣没有必要过分苛责求全，完全可以采取大撒把、放鸭子的态度处理。

我认为，这种态度是错误的，对团队的发展具有极大的危害性。

道理很简单，对团队而言，优秀员工意味着什么？意味着极高的效率和大把的票子。

每一个团队领导者都会有这样的经验：往往团队里的一两个优秀员工，就能撑起全部团队业绩的1/3甚至是半边天。

他们一天的工作效率或业绩，也许许多后进员工一个月都赶不上。这就是所谓"以一当十"，甚至是"以一当百"。

所以，**对于那些顶级优秀员工，团队领导者唯一应该做的事情就是两个字：压榨。哪怕多榨出一分一毫来，对团队而言都是了不得的利益。**（当然，这种压榨和休养生息不矛盾，因为休养是为了更好、更多地压榨。）

从这个意义上讲，对顶级优秀员工仁慈，就是对整个团队利益最大的犯罪，万万使不得。

那么，团队领导应该如何做，才能最大限度地起到压榨优秀员工的效果呢？

这里面主要有三点：

第一，拉大收入落差。

总的来说，"不差钱"现象产生的根源依然在于比较方面出了问题。

对那些产生了"不差钱"心理的顶级员工来说，如果他的收入已经达到了1万块的水准，那么13000块对他而言便没有那么大的吸引力了；同理，如果一个顶级员工的月收入是1万块，那么对于同事的13000块月薪，他也不会激起多大的羡慕嫉妒恨情结，更不会产生任何赶超的冲动。

所以，为了消灭这种"不差钱"心理，一个好办法是拉大数字的差距，让顶级员工重回"差钱"的起跑线上来，对超越自己和他人重新提起强烈的兴趣。

还拿前面那个例子来说，如果一个顶级员工的月收入是1万块，那么如果经过进一步的努力可以拿到2万块的话，他一定会非常感兴趣；同理，如果一个员工的月收入是1万块，那么如果他的同事一个月能拿到2万块，也一定会激起他强烈的羡慕嫉妒恨情结，从而产生强大的追赶动机。（当然，前提是游戏规则一定要公平，能够让所有人基本接受。）

就这么简单。

总之，只要在横向比较和纵向比较两个方面拉大收入的差距，让这一差距具有足够的诱惑力，就不愁你的顶级员工不会乖乖就范，甘愿跳到你的麻袋里，任你尽情压榨。

在这里，有一点需要特别强调一下。许多团队管理者不是不明白收入落差过小对激励的负面影响，可是却往往由于舍不得钱而不肯拉大数字上的差距。这实在是一种短视至极的做法。其实，只要稍微拨一下算盘就能轻易算出个中的利害得失：千万别忘了，这些人是你的顶级员工！他们的能力是无与伦比的，无论你给这些顶级员工多少钱，怎么比得上他们给你赚的钱多？！

这么简单的算术题都算不出来，只能用"扼腕叹息"这个词来形容了。

第二，**做减法**。

以上的做法，基本上是一个做加法的过程，是通过向这些员工提示一个更大的数字来刺激他们的进取心。但是，这种做法也有一个先天的不足，那就是这个更大的数字并不总是具有可操作性。在实践当中，由于市场环境和企业经营状况的束缚，没有人可以保证更为丰厚的回报的可行性，更不要说可预期性乃至稳定性了。因此，作为加法方式的一个有力补充，减法方式也必不可少。

具体操作方法如下：

还拿前面那个例子说事。比如说"不差钱"的超牛员工甲的月薪水平是1万块，那么显然13000块的月薪对他不会有什么吸引力。这个时候，假设你的薪酬体制能够给他发出这样一个警告：如果继续甘于现状、不思进取的话，他的月收入将会被下调3000元，变成每月7000元。这样一来，对他而言收入的落差就会变成6000元，而这个数字显然要比区区3000元的落差更具说服力，足以倒逼他继续进取，去追求13000块这个数字。

说白了，这其实还是一种依靠拉大收入差距刺激进取心的做法，而且具有更高的现实性和可操作性。

有些人也许会提出这样的质疑：你这种做减法的手段岂不是鞭打快牛，有失公平，这不是你一向反对的事情吗？

诚然，这种做法由于具有较强的针对性，属于对付那些超牛员工的专用招数，确实有一些鞭打快牛的色彩。不过，这一做法与那种彻头彻尾的鞭打快牛还是有一些区别的。关键的区别就在于，它并没有单方面地做减法，而是通过做减法的威胁手段刺激做加法的结果发生。也就是说，它在关上一扇门的同时，也打开了一扇更大的门，只要那些顶级员工愿意努力，推开这扇大门并不是一件多难的事情，因为他们有这个能力。

但是，还是那句老话，这里面依然存在一个游戏规则的公平性问题。如果你对这些顶级员工的要求过高，远远超出了他们的能力范围，这种做法就会变成彻头彻尾的鞭打快牛。那样的话，事情就会有反效果。也就是说，**对于优秀员工必须要压榨，可压榨的方式也一定要合理，切忌压榨过度**。因为过度的压榨会适得其反，非但让你捞不到油水，还会激起他们强烈的逆反心理和消极情绪，这就等于将你的最优秀员工群体彻底废掉，让他们"混同于一般老百姓"。

在现实世界的职场江湖当中，被压（榨）废了的优秀员工比比皆是，这样的教训实在是太多，也太残酷了，值得引起我们的团队领导者高度注意。

第三，**管理的强势介入**。

最后，我们来说一说管理的作用。如果由于种种原因，上述几个方法不灵光（当然，这种情况发生的概率并不大），那么作为最后的一个手段，就只能寄希望于强势的管理了。

具体做法如下：

制定出明确的管理规则（业务流程和监控制度），然后一插到底，重点关照顶级员工的规则执行情况。稍有偏差便要强力扭转，让他们无所遁形、无法偷懒，乖乖地将封存已久或试图封存的剩余价值毫无保留地奉献给自己的团队。通常情况下，顶级员工在任何一个团队中都是极少数，因此这样的监控程度未必会大幅增加管理者的工作强度。

一般来说，只要严格执行业务操作流程，相应的业务结果便会如期而至。许多顶级员工的业绩之所以会停滞不前，很大程度上就是因为对流程的疏忽乃至漠视。常言道，"淹死的都是会游泳的人"，往往那些最违背流程的人，恰恰是那些最了解、最熟稔流程的人，这真的是一个莫大的讽刺。**因此，对付这些骄傲的老江湖，反而常常需要拿出对付菜鸟的认真与耐心，非如此不能真正降服他们。**

不过，必须指出的是，这一招是所有招数中的下策，不到万不得已绝不要轻易使用。因为它是建立在不信任的基础之上，而这种不信任本身就是对激励效果的最大伤害。

总的来说，激励分为内部激励（自觉自发）和外部激励（被动强迫）两种方式。显然，前者的效果要远大于后者。在许多情况下，后者甚至还会有巨大的副作用。因此，**一切的管理手段都应该侧重于优先实现内部激励的目的，只有在某些极端情况下才可以尝试外部激励的方法。这是一个铁的原则，万万不可违背。**

遗憾的是，现实生活中的真实状态恰恰相反，绝大部分团队都过于迷信外部激励，认为只有被动强迫才是管理唯一应该追求的东西，这真的是一个莫大的悲剧性认知方式。之所以绝大多数团队都存在巨大的管理问题和管理烦恼，很大程度上原因就在这里。

有人也许会问：你说的这几个方法我觉得有些道理，可还是有一点疑问。在我的团队里确实存在着由于"不差钱"而不思进取的优秀员工，但正如你所说，这种员工是极少数，就有那么两三个而已。不过，我发现了一个不可思议的怪现象，如果是那些"不差钱"的顶级员工、富裕户不思进取也就罢了，可即便是在那些"差钱"甚至极其"差钱"的中游乃至下游员工，也就是那些不折不扣的穷光蛋群体中似乎也普遍存在小富即安、不思进取的情况。这让我十分烦恼，不知道为什么连这些员工都不想挣更多的钱。难道他们天生和钱有仇，不想过更好的日子？我真是想破脑袋也想不通。所以，我的问题是，你的方法除了那些优秀员工之外，是否对那些不那么优秀乃至表现较差的员工也有效呢？

答案是肯定的。一言以蔽之，除了极个别的王公贵族、亿万富翁和看破红尘的主儿，我们这个世界上不存在和钱有仇的人。问题的关键不在于和钱有仇，而在于比较方面出了问题。

对那些即使很差钱也无心进取的人来说，这种比较上的问题表现为如下几个方面：

第一，"阶级固化"现象的影响。

具体地说，就是横向比较方面出了问题。比如说某位员工的月收入只有2000块，可另一方面公司里的某些优秀员工却可以得到上万块的月薪。在这种情况下，如果他的收入水平是固化的，基本上长年如此，没有什么变化，尤为重要的是，在他身边同样收入的同事还有不少，绝不止他一人，他便不会将那些月收入上万的员工作为追赶的榜样。因为在他的心中，已经形成了某种"阶级固化"心理，亦即他已经将自己和他人的阶级属性做了自觉的划分。强者恒强、弱者恒弱，天经地义，没有什么可抱怨的。

所以，要想解决这个问题，还得从横向比较的根源上下功夫。方法也很简单。既然员工心目中有了阶级意识，那么就将计就计，在他认可的所属阶级内部挑起波澜。比如说，两位月收入同为2000块的员工彼此自认对方和自己属于同一个阶级，那么只要想办法将其中一个员工的月收入提升到3000块钱，不思进取的问题也便迎刃而解。

第二，自我判断、自我认知方面的影响。

具体地说，就是纵向比较方面出了问题。比如说某位员工的月收入虽然只有2000块钱，但是如果他认为就凭自己的能力和潜力，能够走到这一步已然相当不易，没有什么可抱怨的，那么他便很难再激起力争上游的动机。

一般来说，对于纵向比较方面的问题，许多管理者都倾向于采取说教的手段，亦即通过启发员工改变对自我能力认知的方式来解决问题。可是这种说教的方式往往收效甚微。尽管从理论上讲，每个人的潜力都是无穷的、相仿的，不存在很大的落差，但与此同时，没有人能够很好地认知这一点，因为人们只对已经发生的事情有感觉，而对尚未发生的事物完全无感。这种无感的状态绝不是通过口头说教或洗脑的方式能够改变的。

因此，纵向比较方面的问题，还是要依靠横向比较方面的手段来解决。

举个例子。比如说员工甲的月收入只有2000块，而他对自己的潜力极限的认知，就是这2000块钱，因此不会对现状产生任何不满。这个时候应该怎么办？简单，找一个和他水平相当的员工，比如说员工乙（注意，这种"水平相当"的状态必须是他本人认可的），想方设法将乙的收入提升到3000块钱。这样对甲来说，横向一比较就出了问题，便会产生巨大的心理落差，想不力争上游也不行了。

但是，做此类操作时一定要注意一个问题，那就是尽量将"水平相当"的状态保持得长久一些，将"水平相当"的比较对象的范围尽量扩大一些。换句话说，一来不能将横向比较的落差拉得太大，二来这种横向比较的对象不能太单一。否则，员工会认为那些收入升上去的人（比较对象）都是一些幸运儿或潜在的天才，发生在他们身上的事都是小概率事件，不可能落到自己身上，自己无论怎么赶也不可能赶得上，因此也便失去追赶的动机。事情到了这种状态，就等于一个新的"阶级固化"或"阶级平衡"现象发生，一旦到了这一步，你所有的努力就会前功尽弃了。因此，对团队领导者来说，在操作的时候一定要谨小慎微、步步为营，尽量把控好所有的细节，发生问题时一定要及时调整，切勿贻误战机，务必让你所有的布局都能最终开花结果。

只要你能运用好这些手段，一定能成功地调动所有团队成员的积极性，在你的团队里形成一种无处不在的良性竞争的局面。一旦进入了这样的局面，你的团队也便拥有了梦寐以求的核心竞争力。

总之，这个世界上确实不乏懒人，可即便是懒人，在比较方面也会甘拜下风，无法抗拒比较的威力。这招可谓一试就灵，百试不爽。

所以，比较的威力是无穷的。只要你能过比较这一关，并能巧妙利用比较的手段，至少在激励这个领域里，便没有你搞不定的事情。

5. "进化"与"退化"

在我曾经服务过的一家大型汽贸集团公司里，有一个经营三线日系品牌汽车的公司。由于这个品牌属于三线，销量情况一直不太理想。集团董事长着急，将这家公司视为鸡肋，各种大会小会上少不了敲打这家公司的总经理。而这位总经理也很委屈，他认为汽车行业是一个靠天吃饭的行业，许多汽贸公司之所以业绩好，不是因为总经理能干，而是因为经营的品牌好。要是给他一个足够牛气的品牌，他也能取得良好的业绩。但是这种心理活动显然有些孩子气了，断断不能跟董事长直说，因此只能将一腔怨气闷在心里，整天价长吁短叹。

董事长隐隐意识到了他的心理活动，便让我去他那里蹲蹲点，帮他解决一些经营和管理方面的问题。

一见面，这位经理便向我大吐苦水，除了吐槽公司的"先天不足"和"命运不公"之外，还有一点令他大为不解："我现在每天都在想着一个问题，那就是如何才能让我的这些员工多挣点儿钱，可迄今为止一筹莫展，完全没脾气！我把脑袋想破了都没想明白，明摆着多卖车就能多挣钱，这些人怎么就这么顽固不化，弄不明白这么简单的道理呢？难不成他们和钱有仇？"

我笑着摆了下手，让他别着急，容我看上几天再说。

经过几天的调查研究，我认为自己找到了问题的症结。我发现，由于是三线品牌，这家公司的员工收入普遍偏低，平均收入也就是3000块左右。这种水平对汽车行业而言堪称不折不扣的低薪，根本就拿不出手。所以许多员工的工作表现都显得有些萎靡不振，对自己的收入状况羞于启齿。不仅如此，品牌层次较低还带来了两个比较严重的问题。一是消费者不太买账，销量很难上去；二是单车提成太少，费了半天劲卖出一台车，提成还不如别的品牌的1/3。这样就造成了一种结果，那就是员工的收入差距拉不开。低的两三千，高的也就四五千，大家基本上半斤八两，所有人都过着撑不着也饿不死的日子。

即便完全没有管理知识的人也会明白，这样的一种收入结构是最要命的，基本上同时具备了"大锅饭"（干好干坏一个样）和"低端平衡"（在贫穷这一点上，大家绝对公平）这两种对激励来说最为恶劣的特征，难怪这家公司的氛围会如此了无生气，员工如此顽固不化。

所以，要想彻底改变这种状态，办法只有一个，那就是一口气拉大贫富差距，允许一部分人先富起来，也允许一部分人更穷下去。由此彻底打破"大锅饭"和"低端平衡"这两种群体性心理桎梏，让团队重新找回久违的生气。

我将自己的想法告诉了这位总经理，没想到他将自己的脑袋摇得跟拨浪鼓一样。

他说："这个念头不是没动过。不瞒你说，我也无数次地想过拉开收入差距这一招，也知道除了这招没有更好的解决问题的办法，可问题是现实不允许。你想啊，我们是三线品牌，车价便宜，利润也薄，哪有空间给员工提供更优厚的销售提成？要知道，老板给压的利润指标都是死任务，你根本就不可能有投机取巧的机会，除非你不想干了！"

我答："这个问题好解决啊！如果说让一些人先富起来会抬高经营的成本，那么把另外一部分人的收入压下去不就能找补回来了吗？让富的更富，穷的更穷，这事不就解决了？"

他一听便乐了："看来您确实是一个管理专家，可对汽车这个行业实在是不太摸门。你想啊，哪儿有这么容易做到的事情？这么说吧，张三卖一台车给80块，难不成李四卖一台车给50块？这么玩谁还会给你干活？没两天人就会走光了！也就是说，只要你的提成标准是一样的，那些表现一般的主儿该卖多少车还是多少车，该挣多少钱还是多少钱，让他们变得更穷是不可能的事！要想减少他们的收入除非让他们少卖两台车，可那样做不是有病吗？"

说到这儿，他无奈地摇了摇头："所以说，如果想改变现在的收入结构，就只有提高单车提成这一个办法。而现在的提成水平已经逼近成本线了，根本没有操作的空间。总而言之，这事就是一个死结，根本不可能解开！"

也许是被自己翔实的分析深深地触动，这位总经理长长地叹了一口气。

我也乐了，半开玩笑地跟他说："你犯了一个严重错误，就是居然可以相信'活人能被尿憋死'这种鬼话！你怎么这么木啊，脑子不能灵活一点儿？这样，我给你支一招。你不妨来他一个'阶梯提成法'。打个比方，卖出第一台车，提成只给10块钱，第二台20块，以此类推，如果能卖出十台车，第10台的提成可以达到100块。当然，具体的数字还要靠你自己去计算。总之，车卖得少，等于员工向企业让利；车卖得多，等于企业向员工让利。这不就把所有问题一举解决了吗？其实这招非常普通，在销售行业里屡见不鲜，怎么到了关键时刻脑袋瓜子反而掉链子呢？"

这位总经理恍然大悟，摸着脑袋不好意思地笑了："可不是嘛，刚才我还笑你不专业呢，看来真正不专业的是我，连这么常识性的东西都想不起来。"

我忙安慰道："没关系，别介意。这种事很正常。人们遇事往往容易本能地往远里想、往复杂里想，其实答案恰恰就在自己的眼皮底下，伸伸手就能够到了。"

他忙附和道："可不是！就像我在家里找东西，常常翻箱倒柜，找遍所有犄角旮旯都找不到，结果刚想放弃的时候却发现那个东西就放在客厅的茶几上！常常弄得我哭笑不得，恨不得给自己两拳！"

我也笑着爆料："没错，是这样。有一回我找袜子，找遍全家都没找到，后来才发现那只袜子就穿在我自己的脚上！你说离谱儿不离谱儿？"

两人拊掌大笑。过了片刻，这位总经理忽然沉下脸来，悠悠地叹道："虽然这块心病解决了，但我还是有个心结没解开。"

"什么心结？"我问道。

他幽幽地说："前两天我看了一本书，叫《海底捞你学不会》。这本书写得真不赖，看得我眼泪都下来了。书里说海底捞的员工都是一些大山里的苦孩子，出山前连火车长什么样都不知道。可就是这样一群孩子，身上却有着强烈的改变命运的动机，相信靠自己的双手一定能在城里打出一片天。所以他们拼死劳作，即便小小年纪累出一身职业病也从不叫一声苦。要说我的这帮员工也是农村来的孩子，怎么就没有这样的心气呢？真是人比人，气死人啊！"

我笑了："那本书我也看过。人家的员工和你的员工确实有不小的差别，可还不至于到'人比人，气死人'的程度，因为两者之间根本就没有可比性。比方说，海底捞的孩子们在出山前从未见过火车什么样，你的这些员工在出村前是不是也不知道火车长啥样？恐怕不至于吧？估计他们中的大多数从小就没少坐火车。所以，人的成长环境不同，经历的东西不同，见识当然会不一样。就好像最近大家似乎都对'农（民工）二代'有意见，觉得他们不能吃苦，没法儿和自己的父兄辈（农一代）比。但我敢保证，20年后的农三代在吃苦这方面肯定还不如现在的农二代呢！

"所以说，在团队管理这件事儿上，把希望寄托在人的素质，甚至是人的见识上面往往是不靠谱儿的，这事必须看人下菜碟，因地制宜才成！"

听了我的分析，他还是坚决地摇了摇头："尽管你这话似乎有点儿道理，可还是不能彻底说服我。我自己就是一个农二代，但我觉得自己的心气一点儿不比我哥低，更别提和我爸比了。我哥和我爸都是彻头彻尾的农民工，一辈子没混出什么样来，我们家只有我做到了总经理这个程度，所以说归根结底长江后浪推前浪，时代这玩意儿总应该向前走，而不能向后退不是？你是个文化人，难道你不相信进化论？"

"我当然相信，可问题是'进化'这玩意儿应该如何评价？"我耐心地解释，"你以为是退化的东西，其本质很可能就是进化；你以为是进化的东西，却有可能恰恰是一种退化，关键在于你看问题的角度是什么。就像我刚才说的那样，过去的农一代，表面上看是吃苦耐劳的典型，其实却是一种蒙昧不开化的表现。也就是说，他们没有什么知识和见识，只能无条件地付出自己的苦力，无论环境多么恶劣也没有什么怨言。看在老板的眼里，这就叫'好使''素质高'。可现在的农二代不一样，他们一早就进了城，见多识广，不再喜欢任人摆布，凡事都有自己的想法，自己的主见。看在老板的眼里，这就叫'不好使''素质低'。所以，说句不客气的话，老板们的'进化论'恰恰是'退化论'，人越愚昧素质越高，天底下哪有这样的道理？现在的问题是，多愚昧的人也会有开化的那天，多老实的人也会有不安分的那一天，你要老是想着靠员工的愚昧来维持一个较高的管理效率，总是不能长久，迟早有一天要遇到大麻烦。你说是不是？"

"你是文化人，我说不过你，"他摇了摇头，"但我还是相信自己的进化论，对现在的很多事情就是想不通！"

这回，轮到我陷入沉思了。

6."真励志"与"假励志"

这位总经理的话，涉及一个重要的、与激励有关的话题，就是所谓的"改变命运的动机"，也有人将刺激这一动机的手段和过程，称为"励志"。

从表面上看，励志似乎可以称得上所有激励的终极手段乃至终极目的。如果一个人从根本上产生了强烈的改变命运的动机，而这种动机又与某个团队的利益和命运息息相关的话，至少从理论上讲，这个团队几乎已经不用对这个人进行任何激励了，因为他自己就能激励自己。

正是因为这个理论、这样的前景如此完美、如此诱人，所以无数团队领导和企业老板才会对任何有关励志的激励内容趋之若鹜，乐此不疲。这就是有关励志的书籍、讲座和课程在很长一段时间里能够如此大行其道的根本原因。但不可否认的是，这两年消费励志话题之风已然逐渐平息，时至今日几乎已经很少有哪家企业会再主动买励志的书、听励志的课、做"励志大师"的粉丝了，或者说得刻薄一点儿，如果有谁再将"励志"二字挂在嘴上，几乎要受到人们的嘲笑——显然，今天的"励志"，已经成为"天真幼稚"的代名词。

为什么会这样？就是因为人们在经过几年不加辨别的狂热之后，终于意识到了一点，那就是励志这个东西不太靠谱儿，至少远不如那些所谓的"大师"吹嘘得那样靠谱儿。它就像一种兴奋剂，吃的时候极其给力，甚至能让人热血沸腾、热泪盈眶，可是那个兴奋劲儿一过，整个人就会立马打回原形、一切照旧，所有的一切仿若南柯一梦，根本就和现实没有任何交点。

久而久之，人们也便对励志失去了信赖和信心，不但将其拽下神坛、扔进臭水沟，还要再狠狠地踏上一只脚，让其永世不得翻身。

其实，从基本上来说，励志确实是一个好东西，只不过它有自己的客观规律，遵守这些规律，才能最大化地达到励志的目的；而违背这些规律，励志就会成为一片虚无缥缈的浮云，让你看得见、抓不着。因此，无论将励志神圣化还是妖魔化的想法和做法都是不科学的、有害的，必须坚决抵制。

那么，在什么样的情况下，励志才能真正发威呢？

在回答这个问题之前，我们先看两个例子。这两个例子中的主人公，都是被激起强烈的改变命运的动机，并将这一动机与自己的事业和团队的利益紧密结合起来，从而成功创造团队与个人双赢局面的典型人物。因此，这两个案例都是励志成功的经典故事，值得我们反复思考与品味。

第一个故事的主人公是本书中多次提到过的许三多，他所属的团队叫作"钢七连"。看过《士兵突击》这部剧的人都知道，许三多是一块扶不上墙的烂泥，是"混"进部队的孬兵（战友语）；而钢七连是一个顶级连队，是令所有尖子兵都充满敬畏、无比向往的圣地。这样的一个组合，显然极不般配。照理说，许三多根本不可能也不应该进入这样一个团队，即便侥幸进入了，也绝无可能有任何像样的发展。不只旁人这么认为，就连许三多自己也这么认为。可奇迹还是发生了。许三多不仅迈进了这个团队，而且以令人不可思议的速度登上了这个团队的最高峰，成为人人艳羡的兵王、无可争议的钢七连的台柱子。

第二个故事的主人公是一群来自大山深处的穷苦孩子，他们所属的团队叫作"海底捞"。看过黄铁鹰老师的经典管理大作《海底捞你学不会》这本书的读者都会被贯穿此书的一个理念深深感动——用自己的双手改变命运！当那些曾经自己都不把自己当人看，更不要指望城里人能把自己当人看的大山里的穷孩子终于走进城市，走进海底捞这个顶级团队，第一次面对几乎触手可及的改变命运的契机的时候，他们的潜力爆发了！就好像有一股神奇的力量驱动着自己，他们不知疲倦地拼命劳作，最终成就了海底捞，也成就了他们自己。

现在，我们可以正式回答刚才那个问题了。

如果你想让励志成为一件靠谱儿的事情，必须要具备如下两个条件：

第一，**落差极大的环境。**

一般来说，成功的励志故事里都会有这样两个元素：一个超凡脱俗的顶级团队和一个平淡无奇的凡夫俗子乃至先天不足的所谓"孬人"（当然，这里所讲的"孬"不一定指天分与资质，还与环境、资源等因素有关）。

孬人与顶级团队，是一个极不般配、落差极大的组合，可也唯有如此大的落差，才能给人们提供彻底改变命运的希望，激发人们彻底改变命运的强大动机。

这样的例子有很多。比如说考上清华的农村学生，一般来说总会比同校的城里学生，尤其是大城市的学生更为用功，取得的成绩也更大。原因无他，落差够大而已。只有落差够大，才能激发出足够强烈的动机、足够强大的行动。

也许有人会说：你说得不对。改变命运的动机不仅和客观的环境落差有关，还和人的主观意志有关。那些成功改变了命运的人，归根结底是因为他们有强大的改变命运的意志。对那些从主观上就不想改变命运的人来说，无论把他们放在什么样的环境里，也无论环境变化的落差有多大，他们也照样不可能产生任何力争上游的动机。就拿你前面讲的那两个励志故事来说，不可否认钢七连和海底捞这样的环境对许三多和那些山里的苦孩子有极大的刺激作用，但是更主要的，是这些苦孩子（包括许三多）自己就有强大的改变命运的意志。总之，好运是为那些有出息的人准备的，没出息的人不可能得到好运的青睐，就这么简单。

对此，我的回答是：所谓出息与否，说白了就是一个勤快与否的概念。而一个人是勤快还是懒惰，归根结底要由环境来决定。换句话说，人的主观意志不可能脱离环境单独存在，它必然是环境的产物，也必然要受环境的影响。

举个例子。比如说有一个极其贫穷、极其懒惰，且对影视表演完全不感兴趣的人，有一天遇到了张艺谋，后者给了他一个在影视圈发展的机会，他会怎么做，会以主观意志不对路为借口推掉这个机会吗？答案是否定的。如果他是一个头脑正常的人，能够准确预知投身影视圈的前景，尤其是这一前景所预示的那些个荣华富贵的场面，那么我相信，无论他有多懒，也无论他对影视表演多么不感冒，推掉这个机会的概率也无限接近于零。而且不出意料的话，他接下来的表现也会完全与"懒惰"二字无缘，无论多大的苦也能甘之如饴，无论遇到多大挫折也能勇敢克服。总之，他的表现会是一种脱胎换骨的感觉，令他自己都吃惊不已。

这就是环境落差的威力，这就是赤裸裸的人性，事情就这么简单。

当然，单凭巨大的环境落差这一点有时确实还不能具有完全的说服力，就好像即便是清华大学里的农村学生，也未必个个都能表现出色一样。

这里面的原因是复杂的，不过与激励原理相关的原因只有一个，我们将在下面详细阐述。

第二，一个伸手可及或至少远非高不可攀的目标。

无论是钢七连的许三多，还是海底捞的那些苦孩子，尽管他们进入了一个顶级的团队，所处的环境发生了翻天覆地的变化，但是他们所面对的任务以及前进的目标并非遥不可及，而是在一个几乎触手可及的水平上。不夸张地说，尽管完成这些任务、达到这些目标需要付出极其艰苦的努力，这种艰苦却未必意味着艰难。因为对他们而言真正的艰难来自内心，只要过了自己内心这一关，付出任何的艰苦都是小菜一碟，完全构不成任何障碍。

打个比方。对许三多而言，吃苦完全不是问题。对一个在苦水里泡大的孩子来说，吃苦是生命的常态，根本不值得大惊小怪；真正的艰难在于自信心的缺乏，而这一点几乎毁了许三多的军旅人生。幸亏他遇到生命中的贵人——三班长史今，并通过这位贵人的倾力相助彻底找回自信。然后他便一发不可收，以火箭般的速度在极短的时间内成功登顶，彻底改变自己的人生轨迹。

海底捞的那些苦孩子也一样。尽管他们一离开大山便一脚跨进一个名满天下的顶级团队，这个团队要求他们做的事情却恰恰是他们最擅长做到的——吃苦。这样一来，对他们而言命运之门便轰然打开：在一个顶级团队里居然有自己最擅长做的事情，这等天赐良机岂容错过？！

假设我们换一个角度看问题，将许三多和海底捞的那些苦孩子的环境改变一下，看看会发生什么。

比如说，当初许三多要进入的团队不是钢七连，而是老A（A大队的俗称），他的命运会怎样？

再比如说，当初那些大山里的苦孩子没有进入海底捞，而是直接迈进了某家世界500强企业，他们的命运又会怎样？

答案似乎很明显。他们的人生也许会改写，但至少不会像他们后来所经历的那样辉煌。

为什么会这样？

就是因为尽管环境的落差足够大，等待他们的任务和目标却过于遥远，过于高不可攀，因此这种环境的落差也便失去激励的作用。或者更准确地说，这一落差反而会极大地挫伤他们的自信心和积极性，这会让他们重归平庸，乃至永无出头之日。

因此，**仅有环境的落差还不够，要想让励志这件事真的在现实中发生，一个触手可及的目标绝对是不可或缺的。**

所以，如果许三多当初不是必须跨过钢七连而是直接进老A，抑或那群山里的穷孩子当初不是必须绕过海底捞而是直接进世界500强，那么，如果想让这两个崭新的故事充满励志的色彩，方法只有一个，那就是在老A或某家世界500强公司中为这些苦孩子创造一个相对"宜居"的环境。先给他们一个过渡空间，让他们安顿下来，然后再徐徐图之，假以时日，他们的优秀一定可以淋漓尽致地表现出来，在这两种更为极端的环境中成功登顶，谱写出新的传奇。

这样的励志故事，才是真正靠谱儿的故事。

让我们简单总结一下。通过上面的论述，我们明白了这样一个道理：如果你不能够向自己的员工提供一个落差极大的环境，抑或即便你提供了这样的环境，却无法让他们找到一个伸手可及或至少不至于高不可攀的目标的话，想通过励志的办法激起他们强烈的改变命运的动机，几乎是一件不可能的事情。除非你的员工自己就具备超级强大的价值观和超级厉害的自律能力，否则励志将是一个极其不靠谱儿的激励手段。事实上，由于拥有超强价值观和自律能力的人永远是极少数，所以即便存在个别成功的例子，这些例子也不足以成为励志靠谱儿的理由，更加没有普及推广的空间和必要。

那么，对我们的团队和企业来说，现实情况又如何呢？

我们有多少企业，能够给员工提供巨大的环境落差？

答案是不乐观的。先别说像钢七连和海底捞这样的顶级团队在现实世界里本来就凤毛麟角，即便是员工自身的小环境也不容乐观。试问，现如今还有几个在苦水里泡大的孩子？随着中国越来越发达、越来越富有，"出身大山深处"的苦孩子早已成为稀缺资源，并已逐渐演化为一种传说。这一点，就连身为"苦孩子大本营"的海底捞自身都深有同感，并将其视为一个巨大的经营风险。尽管这种情况颇具讽刺意味，却是一个残酷的现实。有许多团队领导者和企业老板都将目前的困境视为"世道变了""年轻人堕落了"，殊不知"世道"这个东西不存在堕落与否的问题，因为世道是事物发展的客观规律，不可能以人的意志为转移。你喜不喜欢是你的事情，但你喜欢与否绝对与世道无关。自己落后于时代那是自己的堕落，将堕落的罪名推给时代完全是贼喊捉贼的做法。

所以，年轻人最烦听过来人讲"我们那时候如何如何"之类的话，自有他们的道理。发牢骚于事无补，面对现实、与时俱进才是唯一的正道和王道。

总之，既然无法通过励志的手段，即通过提供足够的环境落差来激发员工改变命运的动机，有效的激励手段便只剩下一个，那就是我反复提到的"比较"。

有关比较与激励的关系问题，我们在前面已经做了充分论述，这里便一笔带过了。

现在，让我们做一个最后的总结。

一般人所理解的励志，存在着这样的思维误区：他们认为励志的目的可以通过"情境转移"或"情境置换"的方式达到。具体地说，就是拿张三的情境置换李四的情境，拿从前或未来的情境置换现在的情境。总之，是希望被激励对象对一种他从未经历或从不期待经历的情境产生强烈的身临其境的感觉，并从这种感觉中感受到强烈的激励要素。

显然，这种思维和行为方式是极为荒谬的，颇有一点儿"拉郎配"的蛮横、牵强与尴尬。

从本质上说，一个人不可能对离他太远、完全不熟悉的情境产生感觉，即便在外部力量强烈的渲染下对这种情境产生了感觉，这种感觉在很大程度上也是一种幻觉，稍纵即逝。

这就好像每个人都会被一场电影、一本好书、一次激情澎湃的演讲感动，甚至热血沸腾、泪流满面，但是只要一回到现实世界，方才的感动便会消失得无影无踪。

正因如此，我向来不大相信一本书、一次演讲就能改变一个人的人生这样的话，我认为这样的案例即便存在，也绝对是一个小概率事件，不值得当成普遍规律那样去推广。

　　总之，任何有价值、可持续的改变都不可能发生在虚构的世界中，只能发生在现实世界里。或者换一种说法，即便虚构的世界可以被指望，通往虚构世界的道路也一定存在并唯一存在于现实世界里。

　　有些东西，作为心灵鸡汤喝下去补补脑子未尝不可，把它们彻底当饭吃则断断行不通，因为这种做法无异于慢性自杀。

　　对这一点，务必要有最清醒的认识。

　　显然，"比较"才是最有效的东西。它之所以有作用，其根本原因还是在于情境的近似性。只有身边的人和事才是最真实、最接近自己的环境。身处这样的环境，人才可能将自己的情境与需要与之比较的情境一一对应起来，才能真正被环境的落差（由比较产生的落差，而且是一个触手可及的落差）激励。尽管产生于这种落差的动机不一定十分强大，但却非常靠谱儿，一点一滴地积累这样的动机，假以时日，翻天覆地的变化一定会发生。

　　这个东西并不十分励志，却绝对有用。

　　这就好像教育小孩子。如果他摔倒了不肯爬起来，那么与其拿"红军爷爷爬雪山过草地"的故事激励他，不如给他讲"隔壁的小胖昨天摔倒了是自己爬起来的"故事效果更好；如果他不肯好好吃饭，那么与其拿旧社会"吃不饱穿不暖"的悲惨故事教育他"忆苦思甜"，不如给他讲他的同班同学小丽"前天曾经含着泪吃完了一整碟炒胡萝卜"的故事对他的刺激更大。

　　教育如此，团队与企业管理也是如此。关键在于要弄懂人性、利用人性。之所以许多励志"大师"现如今已经被大多数人遗忘，关键的一点就在于这些大师给普罗大众提供的比较对象实在是太过高大上，不是比尔·盖茨就是爱因斯坦，不是扎克伯格就是爱迪生。尽管听的时候觉得荡气回肠，可回过神来好好一想，这些人都是天边的星星，根本就可望而不可即。总拿这些超级人精说事，如何能起到励志的效果？

　　那位说了：你这是歧视！连你自己都说人的潜力是无穷的，爱因斯坦和普通人根本没什么区别，为什么不能比？换句话说，正是因为这些人都是高大上的超级人精，所以才有了"励志"的可能。总拿身边的"小胖"和"小丽"说事，励志还有什么意义？

　　诚如此言。据说在爱因斯坦死后，科学家曾留下了一些他的大脑切片，希望通过研究其大脑构造来揭示这位伟大的科学家之所以会如此不凡的秘密，结果却令人失望，科学家们发现，爱因斯坦的大脑实在是平凡至极，几乎与普通人没有任何区别。这个典故举世闻名，许多人都将其视为励志的好材料，因为它似乎预示了"任何一个人只要肯努力都有可能成为第二个爱因斯坦"的美妙前景。我却有不同的看法。一方面，我承认人和人之间的差别极小，有些差别甚至可以忽略不计；可另一方面，也恰恰是这一点点微小的差别，对我们这些凡夫俗子来说往往是一个巨大的鸿沟，即便倾尽我们一生的努力也无法跨越。所以，不是说我们的潜力不够，而是说充分激发潜力的过程往往非常漫长，我们必须要对此做好充分的思想准备并拿出切实可行的应对方法。

不是说笑话，我确实相信我们每一个人都能追上爱因斯坦，但正因为我们的终极目标是爱因斯坦，我们才需要充分重视身边的"小胖"和"小丽"。因为只有我们能够不断地超越身边的"小胖"和"小丽"，才有可能最终赶上乃至超越爱因斯坦。

所谓"千里之行，始于足下"，说的就是这个道理。

事情就这么简单。

第六章

精神激励：
与员工相处是一门艺术

最后，再向大家介绍几个精神激励方面的小妙招。

其实，从本质上讲，激励是一件非常简单、信手拈来的事情，原本不需要经过策划、实施之类的程序。只要你是个有心人，能够将一些行为变成习惯，那么任何在你身边的人都会分分钟感受到你身上强大的正面气场，只要靠近你，就能被你激励。

美国历史上最伟大的总统之———富兰克林·罗斯福就是个中高手。他的一位手下曾经说过这样一句话，颇为耐人寻味：只要能和总统待上30分钟，出来后就算让我把一堆钉子吃到肚子里我也乐意！

可见，罗斯福的个人魅力有多大。我们虽然没有必要要求自己都能变成罗斯福，能够让下属为自己吞下一堆钉子，但只要我们愿意，我们绝对有潜力靠近罗斯福，至少能让下属为自己吞下一根钉子。

这不是说笑话，至少我自己就做到了这一点。在我还在企业界服务的时候，对员工而言，我办公室的门向来都是最容易被推开的。

曾经有不止一位员工这样说过：进领导的门之前心慌意乱、步履沉重，出领导的门之后神清气爽、步履轻松。

要知道，领导的门向来是最难推开的，更别提神清气爽、步履轻松了。那么，我是怎么做到这一点的呢？

简单，一些雕虫小技而已。

1. 沉重的"施恩"与"感恩"

首先让我们重温一下这个词：巧言令色。这个词的百度释义如下：巧言令色，指用花言巧语和媚态伪情来迷惑、取悦他人。

简而言之，花言巧语说的是嘴要甜点儿；媚态伪情说的是要有眼力见，要眼里有事，手上有活儿。

一个人要是能做到这个地步，尤其是一个领导要是能对自己的下属做到这个地步，还怕你的下属得不到激励？恐怕受宠若惊、感激涕零才是他们的心声吧！

当然，这种话只能私下说，当面说就不灵了，会让唾沫星子活活淹死。

举几个例子。

我向来信奉一个真理，那就是吹捧领导可耻（尽管我自己也没少吹捧领导，却始终对之有种负罪感，觉得自己干的事见不得光）、吹捧下属光荣。在下属面前，我从来不吝赞美之词，为他们的每一个小小闪光点大声喊赞。不只是工作上的表现，即便是生活中的一些小细节我也不放过。比如说，即便是在楼梯上擦身而过，眼角的余光发现对方换了一个发型，我也会脱口而出：今儿的发型真精神！

不但嘴要甜，态度和行动也要跟得上。如果哪个员工精神萎靡，我总会问问原因，看看有没有自己能帮上忙的地方；如果哪个员工不小心崴了脚，我一定会俯下身来，挽起他的裤腿看看情况，然后善意地叮嘱几句；如果有哪位员工趴在桌上睡着了，我绝不会走上去摇醒他并严厉地训斥一通，而是悄悄地帮他披上一件外套（至于是非对错，等他醒了再说）……其实，在旁人眼里，这些事情基本上可做可不做，甚至有时堪称矫情、多余，可人的心情和感觉这个东西就是很奇怪，有的时候明知一些事情完全无用，却难免从中感受到一股浓浓的暖意。这就足够了。**所谓醉翁之意不在酒，有没有用不重要，感不感动才真正重要。**

有些团队领导可能会对此感到不屑：你这点儿雕虫小技算什么？早就被我玩剩下了！我老人家做的，比你可要多得多！不信你到我公司看看，哪一个员工没有接受过我的馈赠？哪一个员工没有参加过我做东的豪华饭局？哪一个员工没有和我的家人一起逛过街？别说这些，我还经常自掏腰包请员工旅游，住的都是五星级的宾馆！所以说你的那点儿伎俩实在是上不了台面，整天价要耍嘴皮子，摆弄一些小恩小惠没什么意思，要真想对员工好，就得扎扎实实地放点儿血！抠抠搜搜地有什么大出息？！

显然，持有这种质疑的人一定对自己在员工面前的魅力颇有自信。他们一定会觉得自己和罗斯福有一拼，下属为了自己能毫不犹豫地吞掉一公斤钉子。可坦白说，绝大部分做下属的人看了上述观点之后，都不可能对这样的领导产生任何的好感，更不要说魅力了。

为什么会这样？

就是因为分寸没有掌握好。

对一个团队领导尤其是企业老板来说，无论你自认与员工的关系处理得多好，彼此之间有多么亲密，你与员工的关系属于上下级关系这一点也不会有任何的改变。对于这层关系，或许你本人未必会有多在意，但请务必记住，你的员工一定会在意，至少远远比你在意。

这就意味着，在他们的心目中，你的任何亲密乃至亲昵的举动都是有特殊意义的，绝不可能太单纯。

比方说，老板请吃饭，老板本人可能会无拘无束，员工心里却一定会战战兢兢、如履薄冰，生怕有哪句话说错、哪件事做错，从此给老板留下一个坏印象。

老板送厚礼，老板可能会无所谓，甚至会有一种居高临下的"施恩心理"，员工却会忐忑不安、心惊肉跳，不知道这份厚礼的背后意味着什么：这份礼物是否意味着老板希望我能向他表态效忠，抑或是否代表了我自己的卖身契？

陪老板的家人逛街游玩，老板可能会认为这是一种亲民的表现，甚至会为自己的"平易近人"颇感得意，员工的心里却未必会这么想，他们会不由自主地想入非非：老板给我这种待遇是什么意思？难道说他已经把我视作自己的心腹？可俗话说"伴君如伴虎"，这样的待遇对我是福还是祸呢？

…………

也许你会觉得这些奇奇怪怪的心思有些莫名其妙，甚至荒唐可笑，可如果你是一个曾经为人下属的人，相信你一定会对这些心思没有丝毫陌生感，因为你自己就曾经是它们的主人。

所以我们说领导和下属的立场不一样，对待彼此之间亲密关系的心态也会不一样。总体来说，"亲密无间"这四个字对领导而言意味着轻松，对下属而言则往往意味着沉重。因此，**对员工示好没错，可分寸一定要把握好，如果把握不好，这样的示好就会变成一种施舍，甚至是一种强迫。而这种姿态是居高临下的，只能让人觉得不被尊重并由此产生强烈的抵触情绪。**

从这个意义上讲，也许"亲密有间"这四个字，才是一个健康的上下级关系的写照。亲密而不亲昵、轻松而不轻浮，这一点应该成为衡量这一职场中最重要人际关系的唯一标准。**所谓"君子之交淡如水"**，在绝大多数情况下，小恩小惠、巧言令色之类的雕虫小技足矣，太过反而会有副作用。

其实话又说回来，即便是雕虫小技，长年累月的坚持也是一件了不得的事情。这个世界上没有几个人能做到这一点，如果你能做到，一定会占得先机，彻底迷倒你的员工，让他们为你五体投地。

尽管我没有见过罗斯福本人，可是我想即便我早生100年，能够有幸见到这位伟大的人物，他给我留下的总体印象，也只能是"亲密有间"这四个字。

话说到这里，我想起了一个真实的案例。

在我的职场生涯中，曾经遇到过这样一位"奇葩"老板，给我留下了永难磨灭的记忆。

他是一个极为豪爽的人，豪爽到公司的每一个员工几乎都接受过他的厚礼：不是名牌包，就是名牌领带、西装，总之，价值上千元是小意思，价值上万元甚至数万元的礼物也是常事。

他是一个极为好客的人，好客到每次来公司必请员工下馆子的程度。而且每次的饭局都绝对称得上高大上，少于1000块钱绝对拿不出手。

他是一个旅游爱好者，成天价天南地北满世界飞。而且重点在于，"独乐乐不如众乐乐"是他的座右铭，每次商务旅行和私人旅行他都要带上几个下属员工，请他们住豪华酒店、吃豪华料理，并以此为乐、乐此不疲。

…………

相信话说到这里，许多人早已流出了口水：这老板可是真够"奇葩"的，真敢放血啊！你能碰到这么好的老板，真是你的运气！可我怎么听你这口气，似乎是想抱怨点儿什么呢？

此言不假。照理说如此慷慨的老板，应该是打着灯笼都找不着才对，下属员工绝无可能抱怨。可事实正好相反，这位老板的下属没有一个不是牢骚满腹，每当遇到老板送礼、老板请客抑或老板邀约外出旅行的时候，无不绞尽脑汁回绝，竭尽全力脱身。

下属员工的这种反应令老板勃然大怒，直斥他的这帮员工"没良心！""白眼狼！""敬酒不吃吃罚酒！"。

那么，到底是什么原因让这些做下属的人把老板的好心当成驴肝肺了呢？

理由其实也很简单，我们只要简单看一下这位老板的做派即可：

但凡他送礼，下属员工只能接受，不能拒绝。只要后者的脸上表现出一点儿难色，他便会厉声斥责，威胁对方如果不接受他的馈赠的话，他就将把这些东西像垃圾一样扔出门去。这一招果然有效，只要是老板送的礼，员工没人敢不接受。但如果你认为老板这些礼物是白送的，那你可就太天真了。只要你收了老板的礼，从今往后就会被这位老板讹上，并且永世不得翻身。因为他会隔三岔五地敲打你，不停地唤醒你的记忆：千万别忘了我昨天给过你一个包，是什么什么牌的；前天给过你一部手机，是什么什么价位的；大前天给过你一件西装，花了我多少多少钱……以后应该怎么对我，你应该心里有数。做人应该有感恩之心，不懂得感恩的人简直猪狗不如！

如果某人背叛了他，他也会破口大骂：这个没良心的畜生，忘了我曾经送过他一条价值两万多的领带了！

…………

你看看，这种老板的礼物，你怎么能收得不纠结？！

源自礼物的纠结还算好的，说到这位老板的饭局，则更是令人纠结。

这位老板给公司上下人等定下一个死规矩：但凡他的饭局，全体员工必须到场，少一个人都不行。哪怕你家里着火，也得参加完饭局再去救火，否则就会被老板以"不积极参加集体活动"的罪名"格杀"。

想想看，在这种情况下，任你拿出何等美味佳肴，又怎么能让员工吃得放心、笑得开心、心里充满感激之情呢？

最后，与陪同老板周游世界相比，老板的礼物和饭局给员工带来的烦恼和纠结，只能算是小儿科了。

不夸张地说，被宣告"老板决定选你陪他去某某地玩几天"这个消息，对这位老板的下属来说几乎与被医生宣告得了绝症一样令人惊慌恐惧，以致产生某种近似于恶心反胃的生理反应。

那位说了：你说得这也太夸张了吧，哪儿有这么邪乎？！

实话实说，这种说法一点儿也不夸张，甚至还有些保守。

让我告诉你这样的消息意味着什么。

首先，这意味着睡不好觉，甚至睡不了觉。

这位老板有个习惯，那就是睡觉没点（很随意，没有具体时间的意思）。凌晨三四点钟睡觉是常事，甚至有时在酒店咖啡厅一泡就是一晚上，而所有陪同人员必须陪他一起熬夜。

另外，这意味着吃不好饭，甚至吃不着饭。

这位老板有着极为恶劣的饮食习惯，吃饭没点不说，吃饭的次数也飘忽不定。兴致来了一天吃个四五顿，没兴致的时候一天能吃上一顿都算好的。这可就苦了跟着他的这些小随从，尽管有饭吃的时候都是些"饕餮盛宴"，但没饭吃的时候只能以方便面充饥，经常过着饥一顿饱一顿的日子。

那位说了：想吃你们可以自己下馆子吃去啊！自己舍不得花钱，凭什么要埋怨老板？！

如果你这么想，你可真是误解了这些小喽啰了。他们还真不是舍不得花钱，而是老板定下了一个不成文的潜规则：只要是下馆子，必须他本人请客，他本人必须到场，否则一律以"不重视集体活动"抑或"不尊重老板"的名义"格杀"。这就意味着，只要他老人家不动窝，其他人或者跟着一起饿肚子或者只能用方便面果腹，没有其他的选择。而且，即便是吃方便面，你还得瞒着老板偷偷地吃，以免老板觉得尴尬，好像他请不起你吃好东西似的。

这份纠结，简直无法用语言形容！

最后，这意味着无休无止的精神折磨。

在旅途中，这位老板可能一整天都会无休无止地听同一首歌，而你必须陪他一起听；这位老板也许会一整夜无休无止地看同一部电影，而你必须陪他一起看；这位老板可能会一个星期无休无止地谈论同一个话题，而你必须和他一起聊……

旅行结束，老板也许很尽兴，而你的感觉只能是无穷无尽的疲劳，当然，也有一个大大的解脱……

总之，事情的真相很清楚了。与其说老板找人陪游是给下属员工谋了一个福利，不如说是他强迫下属为他自己谋了一个福利。一切以他自己必须尽兴为目的，其他人的存在只能是一个陪衬，一个让他能够达成这一目的的棋子。

既能玩得爽，又能炫耀"对员工够意思"，这位老板的如意算盘，不可谓打得不精。可问题是员工不傻，知道什么叫福利，什么叫折磨。因此，员工心里留下的情绪到底是感恩还是痛恨，答案一目了然。

看了上面的描述，你还会对这位老板的慷慨豪爽心向往之吗？答案恐怕是否定的。如果我没猜错，你的真实想法一定是不寒而栗，外带一些幸运感——庆幸自己遇到的老板虽然不尽如人意，起码也比这位老板强上100倍。

无独有偶，我曾经在某本专业管理杂志上看到过这样一篇文章，是一篇报道中国某位著名地产大亨神奇的发迹史以及"卓越"的管理手腕的文章。

文章中的这样一些内容吸引了我的注意力：

首先，这位老板爱才如命、出手大方。只要能进他的公司，年薪至少十万元，如果你是一个高端管理人才，那么几十万元乃至几百万元的年薪都不新鲜。所谓"重赏之下必有勇夫"，这位老板靠着不一般的豪爽大气，成功地从竞争对手那里挖掘了无数人才，一举确立了自己公司在业界的竞争优势和卓越地位。

但是，这位老板身上有不少怪癖，算得上一位不折不扣的"奇葩"老板。比如说，这位老板喜欢琢磨事，而且一琢磨就睡不着觉。于是索性给下属员工定下一个规矩：所有人等手机必须保持24小时开机，因为老板没准儿什么时候高兴了就会把大家招到家里来开会，而且一开就是一个通宵。即便你还在被窝里睡觉，也得随叫随到，否则"格杀勿论"。再比如说，这位老板嗜酒如命，只要一沾酒便必然会一醉方休。而且更要命的是，因为自己嗜酒，所以他认为天底下没有不能喝酒之人：酒这个东西，一仰脖就灌进去了，何来"会喝"与"不会喝"之说？！因此，他又给公司上下定了一个死规矩：所有人等，必须"会喝"！但凡公司举办的饭局上有哪个胆大包天的主儿以"不会喝"为名拒绝饮酒，这位老板就会拿着一杯酒走到这位员工身后，掀开后者的脖领子把酒灌进去——我让你小子不喝，这就是对你的惩罚！

看完这篇报道，我平静地说了一句：混账东西！

然后对明显带着崇拜之情写下这篇文章的作者也说了一句：混账东西！

这样的老板，简直玷污了"人精"的称呼，而是一个不折不扣的人渣！

我相信，在他的下属心目中，这位老板早已声名狼藉，要不是看在钱的分儿上，他肯定早就成了孤家寡人。

不过，我也为他感到可悲。如果一个人的事业成就和社会地位是靠钱来维系的，而当他失去钱之后将一无所有，彻底沦为一介乞丐，而且身边没有一个真正尊重他、真正愿意向他伸出援手的人，那么他还有什么可值得骄傲的，又有什么狂妄不羁的理由呢？

无论是我前面提到的那位老板还是这位地产大亨先生，相信这样的老板所有的职场人士都或多或少地遇见过、经历过，应该不会觉得陌生。

有意思的是，无一例外地，这些老板都喜欢将"感恩"二字挂在嘴边，在内心深处渴望着来自员工的回报。因为他们认为自己付出了许多，理应得到回馈，他们有这个资格。

不过很可惜，事实的真相是，他们干了一件"肉包子打狗"的事情，即便他们做出了这样大的付出，他们的下属员工对他们也不存在丝毫的感恩之情。何止不感恩，更准确地说，员工心里有的只能是痛恨和厌恶。

其实，这些老板心中的逻辑都很简单：我是领导，你是下属。领导向下属示好是给你脸，你怎么能给脸不要脸呢？拒绝领导的好意，你也忒大胆了，眼里还有没有王法？！

可见，在这些人的心目中，从来不懂得"尊敬"二字怎么写。他们在意的，永远是自己的尊严，而不是别人的尊严。因此这样的人被鄙视乃至被抛弃实在是老天有眼、天经地义的事情。

因此，我一而再再而三地强调做老板的人一定不要把员工当傻子、当弱智，认为员工都是一些没有头脑和感知器官的木头人、机器人，这样的想法实在是太天真、太愚蠢了，迟早会害人害己。

2. "甜而不腻，乐而不淫"

当然，即使是上下级关系，在时间、地点、场合都合适的情况下，偶尔出现亲密无间的情况也未尝不可。毕竟从员工的角度来说，能够获得和领导亲近的机会不是一件坏事，希望讨领导喜欢的心理也根深蒂固地存在。所以，只要处理得当，把这件事变成一件双赢的事，也是美事一桩。

那么，如何做才算得上处理得当呢？

主要有如下几个要点：

要点一，**摆正心态**。

摆正心态非常重要。正因为上下级关系对员工一方而言具有更大的心理影响力，所以相对来说，上司对下属示好反而是一件更为困难的事情，需要做领导的人付出更多的细心与耐心。更为充分地体谅下属的心情，感受下属的难处，这依然是一种尊重他人人格的表现。换个角度说，也只有能够做到这一点的上司，才配得上下属的尊重乃至崇拜。

要点二，**允许员工说"不"**。

下属也是人，也会有自己喜欢做与不喜欢做的事情。如果是工作范围之内的事，领导当然有强迫下属的权力；如果与工作无关，领导则必须尊重下属所有的"不喜欢"，因为下属有这样的权利，而且这个权利不容被他人剥夺。只有这样，领导在下属心目中才会有威信、有地位。

所以，如果当你向员工示好的时候发现对方面露难色，说话吞吞吐吐，你可千万不能霸王硬上弓，一定要做到适可而止。总之，你要给予对方跟你说"不"的权利。这么做非但不会让你尴尬，令你颜面尽失，相反只能让你在员工面前挣足面子，让他们对你心服口服。

　　遗憾的是，我们中国的团队领导或企业老板往往容易忽视这一点。也许是受中国几千年封建思想流毒的影响，中国的团队领导往往喜欢用一种家长制的态度与手段和下属员工打交道。他们一厢情愿地认为，下属员工在自己面前没有说"不"的权利，因为对方的所有权属于自己：自己不但拥有员工八小时以内的所有权，甚至八小时之外的所有权也属于自己；不仅如此，他们还认为自己不但拥有对员工本人的支配权，甚至在一定程度上拥有对员工家人的支配权。

　　正因如此，在制定出所谓"个人手机必须24小时开机""无论几点开会员工必须随叫随到"之类荒谬绝伦的管理政策且绝对化地剥夺员工对此说"不"的权利时，他们才会显得那么理直气壮，不以为耻、反以为荣。显然，对这种团队领导而言，说他们有"封建思想"的残余都是客气的，即便说他们有"奴隶思想"的残余也不为过。因为在他们的内心深处，下属员工就是自己花钱买来的奴隶。既然自己花了钱，也便自然而然地拥有了随心所欲支配他们乃至折腾他们的权利。

　　那位说了：哪家公司、哪位老板没有点儿特殊情况？真碰到事的时候难免会发生侵犯下属员工私生活的事情，可这也是迫不得已的，怎么能说老板们有封建思想甚至奴隶思想的残余呢？这也太离谱儿了吧？！

　　诚如此言。世事多变，难免发生意外。当意外发生时，让下属员工牺牲一下自己的私生活也未尝不可。现在的问题是，这样的"意外"，在绝大多数中国公司和中国老板那里都实在是太过频繁、太过普遍，已经完全不能以"意外"论之了。因此，除了思想根部的问题，不可能对这种现象和行为给出第二个合理的解释。

　　很显然，当你希望下属员工为公司或自己做出牺牲的时候，正确的做法应该是这样的。**第一，你要请求对方这么做。**因为对方并没有这么做的义务，既然你希望对方付出代价，至少要发出请求。这是起码的礼貌。**第二，要对对方说谢谢。**既然对方为你做了本无义务做的事情，那么向对方表达真诚的谢意也是起码的礼仪和一个人应该具有的基本素质。**第三，哪怕有一线可能，也要尽量减少这种事情发生的概率。**哪怕是小孩子都知道"不给别人添麻烦"是做人的基本准则之一，更何况你是一个大人。

　　其实，即便以上几点你不能面面俱到，只要稍微表达一些类似的心情就足以挽回下属的心，让下属对你的做人原则以及你的自律精神刮目相看。而所有这些，都是让他们对你心生崇敬的重要诱因。

要点三，**掌握一定技巧。**

既然上司讨好下属殊为不易，那就一定要掌握必要的技巧。这样的技巧需要遵循如下原则：

其一，私密原则。

正因为上下级关系极为敏感，所以这种示好行为一定要尽量私密，切勿公开。毕竟所有人都睁着眼睛在看，竖着耳朵在听（哪怕他们在表面上装作一副无所谓的样子，心里也一定是极为在意的）。如果领导公然对某个特定下属员工表达出非同寻常的善意或亲密举动，一定会在这位下属员工的身边引发轩然大波或至少是涌动的暗流，这些情况将极大地扰乱他的人际关系和正常工作秩序，所以一定要尽力避免。

也许有人会对这种担忧不屑一顾：我觉得你是想多了，完全没必要做到这种程度的谨小慎微。搞好干群关系有什么不对，又不是做坏事，用得着那么做贼心虚吗？再说了，如果怕群众议论什么，切实做到"一碗水端平"不就得了？见者有份儿，每个人得到的好处完全一样，这不就解决问题了？！

如果你这么想，那么你就太天真了。你完全低估了我们中国人在人性方面的复杂性。

举个例子。假设你送给张三一条领带，同时送给李四一件西装。也许领带的价格与西装完全一样，你并没有厚此薄彼，但是你的这两件礼物一定会得罪他们中的一个人，甚至会让这两个人之间互生猜忌，彻底搞乱他们的关系。当然，在送礼时多留一个心眼、多做解释工作等方法可以让你尽可能减少一些麻烦，可减少麻烦的过程本身就是一个麻烦，因为它会牵扯你大量的时间和精力。所以，尽量私底下进行，做到"天知地知你知我知"，是减少麻烦的唯一捷径。

不过，有一点需要特别注意。尽管你自己希望做到私密，你的下属员工却很有可能给你泄密，他会有意无意地炫耀领导给自己的好处，以在同事面前博得某种优越感。一般来说，这种人都是在职场中没什么前途的主儿，迟早会吃大亏，可是这些人以及这些事毕竟会给身为团队领导的你带来许多不必要的困扰，因此，在日常生活中尽量观察下属的为人，学会看人下菜碟，对一个做领导的人而言也是一门必修的功课。

不过，也正因如此，我向来主张团队领导在对下属示好的时候，应该采取另一种更便捷有效，且完全不必顾及私密性的方式，那就是我在前面提到过的"巧言令色"的方式。如果你有一双慧眼，善于发现下属员工的闪光点和切身需求，不停地赞美他们、安抚他们、鼓励他们，那么你和下属员工之间的亲密程度一定会令人羡慕。

其二，底线原则。

无论多亲密，必要的底线也要留出来。

这种底线体现在如下几个方面：

第一，**不要送太贵重的礼物。**

这一点前面已经详细说过，这里不再赘述。

第二，**不要让员工知道太多自己的隐私。**

许多老板都喜欢让下属员工尤其是自己的心腹员工分享自己的隐私，甚至是一些有悖社会道德和常理的隐私。他们一厢情愿地认为，只要让自己的下属知道自己的私密事，甚至是那些连自己的亲媳妇儿都不知道的私密事，那么下属就会彻头彻尾地成为自己的人，今生今世都不会背叛自己了。殊不知这种想法是极其危险的。

首先，**你的员工未必会和你拥有同样的感觉。**他们并不一定对你的隐私感兴趣，如果你强行告知他们，反而会让他们产生一种不被尊重的感觉。这种感觉就像吃了苍蝇一样让人恶心，长此以往，只能让员工的心离你越来越远，而不是相反。

其次，**所谓人心隔肚皮，你根本不知道员工到底是怎么想的。**由于你的"上司"立场，你的任何一位下属都会在你面前表现得忠心耿耿，恨不得为你两肋插刀，可这种令人感动的场面也很有可能是一种表演，而非内心世界的真实展露。所以，把自己"搏到尽"是极其危险的赌博，一旦发生意外你将无所遁形、追悔莫及。这样的案例实在是太多了，足以达到"警钟长鸣"的程度。

当然，有一种情况例外。

如果你只是希望偶尔能把自己变成一介普通人，能够和你的下属进行完全平等的沟通（比如说遇到家庭矛盾之后的苦闷倾诉），而这种沟通里面也许会涉及一些你的隐私，事情则另当别论。事实上，这样的沟通能够在一定程度上起到让领导走下神坛的作用，使员工产生一种"领导也是人，和我一样的人"的亲切感，而这种亲切感对融洽上下级关系是极为有利的，且不会对领导的威信产生一丝一毫的负作用。总之，这是一种值得鼓励的行为。不过即便如此，这种方式的沟通也是有底线的，有些过于隐私的东西一定要彻底封存，千万不能拿出来招摇过市，甚至将其作为某种炫耀的资本。那样只会适得其反，引发下属的反感情绪。

第三，**尽量不要把家人牵扯进来。**

许多团队领导和企业老板为了向员工展示自己的亲民作风，往往喜欢将自己的家人扯入上下级关系中来。他们似乎认为，如果员工和自己的家人实现了零距离接触，那么自然也会和自己更贴心，更没有距离感。必须承认，这种可能性确实存在，可却未必像他们想象的那样理所当然。事实上，这种情况很有可能是一个小概率事件，家人的介入往往会令上下级关系变得更紧张，让下属的心与上司更为疏远。

为什么这么说呢？

原因很简单。

上下级关系是一个硬指标，无论你采取何种软化措施，它依然坚硬如铁。这就意味着，上司家人的出现，非但不能在下属心中淡化上下级关系，相反只能强化这种关系，并让这一关系变得更僵硬，甚至更尴尬。

打个比方。如果你邀请你的下属员工和自己的家人吃饭，你觉得他们会变得更轻松吗？如果你这么想，那你就太天真了。

事实上，在这种场合，你的下属只能变得更拘谨、更不自然、心理负担更重。因为如果他们需要面对的对象仅仅是上司一个人，场面还比较好把控，但是如果需要面对的对象除了上司本人还有他的家人，这个事情就麻烦了。他们的心里会像打翻了五味瓶，什么滋味都有，各种念头在脑海中交错出现，令他们疲于应付：很明显上司这样做是为了让自己放松，可自己真的能放松吗？抑或将上司和他的家人区别对待就好，对待上司还是要毕恭毕敬，对待他的家人却可以适度放松？可甭管怎么说，上司的家人还是要奉承的吧？不过上司的家人到底喜欢听什么奉承话呢？揣摩上司的好恶已经够耗神费力了，现在还得揣摩上司家人的好恶，实在是累人啊！

有人也许会说：这些人想得也太多了，至于吗？既然上司让你放松，你就尽情放松好了。即便有什么出格的举动，上司也不会怪你的！

如果你真的这么想，那么恰恰是你自己太天真，太不了解人性的复杂了。诚然，上司既然敢邀请你参加他的家庭活动，自然是做好了预防不测的某种心理准备。不过，这种心理准备往往极其脆弱，连上司本人都会大大地高估它的可靠性。也就是说，即便上司以为自己会不介意员工的放松，甚至表现出对这种放松的欢迎，但是如果你真的放松了，你一定会发现自己掉进了一个深不可测的陷阱。

不信你可以试试看。但凡你做出某种冒犯他的家人的言谈举止，尽管你完全是无意为之，你的上司也会在嘴上说"没关系"，可我敢拿我所有值钱的东西跟你打赌，这件事一定会深埋在他的心底，迟早有一天他会找借口对你进行报复，哪怕你已经为此事磕头如捣蒜，不止一次地表达过你的忏悔之意。所以，真的不是我以小人之心度君子之腹，故意贬低上司的胸怀，有些事情受困于人性、感性，完全不靠理性支配，这是没有办法的事情。其实也不仅仅是上司，即便是做下属的人也会有这样的感情倾向，那就是"得罪我没关系，得罪我的家人万万不可"。此乃人之常情，不足为怪。

因此，无论你怎么努力，上下级关系就是上下级关系，只要这一层关系存在，就不可能有真正意义上的"家人间的交流"。不信我们可以做一个简单的小实验：假设你的孩子和自己上司的孩子一起玩，然后两个孩子为争抢一个玩具发生了矛盾。这个时候，你和你的上司会有什么反应，能够做到以完全客观公正的态度对待孩子们之间的争执吗？

如果你的答案是肯定的，那么至少在上司眼里，你恐怕已经没有前途了——尽管在嘴上他也会对你的这一选择表示赞赏，不过在心里，他一定会有另一番感受和盘算。

事情就是这样。真相往往令人反感，却是赤裸裸的真实。

当然，如果下属员工本人有这方面的愿望，希望能够和领导的家人有比较亲密的交流机会，事情则另当别论。但是，对于这一点的准确判断与把握往往并不容易，有时下属员工即便表现出了这方面的愿望，也极有可能是讨好的成分居多，真诚的成分很少，客套话的成分居多，真心话的成分很少。如果你不能很好地解读下属的心声，贸然将其引入自己的私生活，你将会明显地感到对方的尴尬和无所适从，从而极大地破坏正常的上下级关系。这还算好的，如果碰到个别别有用心的人，妄图通过交好领导的亲人来为自己谋取私利，直接或间接地影响领导的某些决策，侵害领导本人乃至整个团队的利益，那就更加得不偿失了。

总之，虽然上下级之间偶尔拥有亲密无间的瞬间未尝不可，甚至处理好了还会有锦上添花的妙用，但是上下级与彼此的家人之间还是应该保持适度的距离感，严格遵循"君子之交淡如水"的原则行事，否则将有把上下级关系人为地复杂化的风险，实在是画蛇添足、得不偿失之举。

而且，对我们的团队领导和企业老板来说，还有一点也许是他们未曾考虑到的，那就是他们的家人的切身感受：不错，也许你的本意是通过家人的出场显示自己的亲民作风，可问题是你的家人会怎么想？他们是否喜欢自己的私生活被完全不相干的人打扰呢？即便他们同意你这样做，也很有可能是为了支持你的工作而做出了牺牲。现在的问题是这样的牺牲是否有必要？如果这样的牺牲并没有取得预期的效果，恰恰相反，只能让所有当事人都感到郁闷和尴尬，你的这一行为岂不是"一举多失"？！

常言道"三思而后行"，作为一个团队领导抑或一个企业的掌门人，理应对这句话的真意拥有超乎一般人的认识。

其三，"适度身体接触"原则。

要做到亲密无间，自然少不了身体上的接触。

有一位国外的管理专家说过这样一句话：这个世界上有六种最廉价的激励方式，那就是竖大拇指、握手、摸头、拍打肩膀、鼓掌和拥抱。

这几种身体语言大家都不陌生。喜欢看体育比赛，尤其是足球比赛的人，一定会对这些人类表达情感的特殊方式印象深刻。

很显然，体育比赛是一个最需要激励，激励的效果也最容易凸显出来的场合。在这种场合中频繁出现的东西，一定是激励的特效药，可谓一吃就灵。

人类归根结底还是动物，拥有天然的动物属性，而身体语言则是动物属性最直接的体现。谁能够很好地驾驭身体语言，谁就能轻松地驾驭人性，让人性淋漓尽致地为自己的利益服务。

我们可以简单地想象一下。假设你是一位下属员工，有幸碰到了这样一位领导：

每当你出了彩、意气风发时，他会毫不犹豫地向你竖起大拇指并给予你最热烈的掌声。

每当你遇到挫折、萎靡不振时，他会拍拍你的肩膀，或者摸摸你的头，用温柔而坚定的语气告诉你：没什么大不了的，不要放弃！

每当你受到伤害、悲伤落泪时，他会将你轻揽入怀，用温暖的语言告诉你你不是一个人，公司所有同事都站在你的身后。

…………

想想看，如果遇到这样的上司，你是否会产生至少吞下一根钉子的冲动？

其实，这样的场面，我们在影视作品中并不少见。每一个人都知道它的威力，每一个人也都曾被它深深地感动过，可就是一回到现实世界便立刻抓瞎，或者出于害羞，或者出于面子而不肯将那种感动在生活中再现。这实在是一件非常可惜的事情。

当然，身体语言，尤其是涉及身体接触的部分也有它的禁忌，需要我们的团队领导高度注意。

比如说，"摸头"这一动作在有些地方是一种善意的举动，在其他一些地方则意味着严重的失礼乃至挑衅，需要慎重对待；再比如说，"拥抱"这一举动一般来说在同性之间毫无违和感，在异性之间则略显不适。因此，面向异性下属的身体语言更需要慎之又慎，因为稍有不慎便会落入骚扰的陷阱。

说到骚扰这个话题，我想起一个亲身经历过的案例。

我曾遇见过这样一位老板，自称留美海归，拿的是美国某家著名常春藤高校的学历（后来才知道，此人留过美不假，学历却是花钱买来的）。

回国后不久，他便着手成立了一家公司，而我刚好是这家新公司的筹备组成员之一。由于文笔不错，学的又是管理专业，这位老板责成我起草公司的《员工手册》，而且特别指示我要加入反对性骚扰的内容。当时我的心中略感蹊跷，因为那时候至少在民营企业中，主动把这方面的内容列入规章制度的还是少数，可后来一想，毕竟这位老板是留美学子，见多识广，也许人家想开风气之先，将中国民营企业的这一块空白补上，总之是好事一桩，值得鼓励。这样想了，心中也便坦然，全力以赴地完成了领导交办的任务。

直到很久之后我才明白过来，我当时的直觉是正确的。这位老板将有关性骚扰的内容写入公司制度本身便包藏着祸心，或者说他的这个举动本身就是一种骚扰，他是通过这样一种与众不同的行为来满足自己下三烂的变态私欲。

公司正式运营之后，没过多长时间，我便意识到这位老板恶劣的人品。或者更准确地说，是这位老板主动自觉地将自己的恶劣人品昭示于天下。

比如说，只要有员工在场，尤其是漂亮的女员工在场，这位老板总是会有意无意地把话题往男女关系方面引。尽管脸上装出一副道貌岸然的表情，言语之间透露出的邪恶却令人作呕。再比如说，他经常以"鼓励"为由，对年轻女员工动手动脚，吓得这些女孩子见到他就躲，好像遇到瘟神一样。

尤为夸张的一件事是，有一次公司聚餐，这位已婚老板居然将自己与小三的私情乃至许多细节在餐桌上向所有员工公开炫耀，以便凸显自己的"型男魅力"。言行之突然、之露骨、之下流让所有在场的人大惊失色，大家面面相觑，不知如何反应才好……

在数次或委婉或直率的劝说无效之后，我愤然离开了这位老板。

一年后，据说他以"行为不当"的罪名被公安机关刑拘。得知这个消息，我长长地舒了一口气。因为在我的心目中，这种强势者强加给弱势者的骚扰行为实在是令人不齿。肆无忌惮地做出这种行为的人受到法律的严惩，实乃为民除害、大快人心的好事。

可见，**人品是一个领导者在群众中的立足之本，没有起码的人品，任凭你有多少钱和权，你都不可能得到下属的尊重，更不要提威信与威望了。**

当然，这种以上司的威权胁迫下属接受其骚扰行为的人渣老板毕竟还是极少数，绝大多数老板之所以能在江湖中长期立足，说明他们具有拿得出手的人品。不过，即便如此，好心办坏事，让人误解的可能性还是存在的。所以，在身体语言尤其是身体接触这方面严格恪守一定的分寸感，力争不给下属员工尤其是异性员工带来困扰，是作为领导者的一门必修课。

其四，"施恩不图报"原则。

既然给予了他人恩惠，当然希望能够有所回报，这一点本身并没有什么不妥。不过，任何一种回报都必须由自发产生，绝不可能通过强求得来。事实上，"施恩图报"的想法常常会适得其反。因为人性的复杂，你得到的许多回报也许未必真实，有可能掺杂着许多杂质。比如说，对许多善于见风使舵、投机钻营的人而言，他们在得到你的恩惠之后往往会迅速做出反应，对你感恩戴德甚至感激涕零，以此来博取你的好感，并通过这种方式为自己谋取私利；再比如说，有许多心地善良但笨嘴笨舌、不善于表达自己的人在得到你的恩惠之后也许不会做出什么明显的反应，可是他们却会把你的好深深地埋在心里，一旦机会来临一定会以满腔的诚意报答你的恩德。

正所谓"路遥知马力，日久见人心""种瓜得瓜，种豆得豆"，只要你不轻言放弃，持续不断地付出你的真诚，收获满满的回报是迟早的事。这种事情急不得。

其实，建设一种健康、积极的上下级关系远非绝大多数人想象的那般艰难，只需明白一件事就行，这就是"换位思考"。如果你是一位领导，当你想对员工做任何事的时候，只要想想如果是你的上司或前上司这样对你，你会怎样；如果你本人就是一位老板，上头已经没有人了，那就不妨想想如果是你的妻子抑或前妻这样对你，你会怎样。所谓"己所不欲，勿施于人"，说的就是这个道理。

遗憾的是，我们这个社会有一种根深蒂固的传统文化，那就是"好了伤疤忘了疼"，或者说"多年的媳妇熬成婆"，明明从前做下属的时候最烦的就是领导以某种方式对待自己，可一旦自己也当上领导，却会摇身一变成为那个自己曾经最讨厌的人，变本加厉地以同样的方式对待自己的下属。

人性之复杂、之善变，真是令人感慨万千。

曾经有位老板向我吐槽过这样一件事：他有一个得力助手，几乎以一己之力帮助这位老板打下半壁江山，令他极为器重。

他说，当初这位助手的表现并没有这么出色，总把一些事情办糟，惹得这位老板总是对其大发脾气，严厉斥责其办事不力。直到有一天这位助手鼓足勇气向老板吐槽，强调"成绩是鼓励出来的，而不是骂出来的"，才让这位老板如梦方醒，从那以后改变了自己的暴脾气，对待下属和善了许多——尽量发现对方的长处，而对他们的短处睁一只眼闭一只眼；尽量多说鼓劲的话，少说泄气的话。久而久之，公司的面貌果然焕然一新，他的这位助手也极为争气，在极短的时间内迅速崛起，成为公司首屈一指的顶梁柱。

但是，这位助手奇迹般地崛起之后，却好像变了一个人，开始对他自己的下属颐指气使、声色俱厉起来，惹得这些员工三天两头到大老板这里来告状，让这位老板疲于应付、头痛不已。

当然，我相信那位助手的崛起绝不仅仅是因为老板改变了态度这么简单，可即便如此，这位老板吐槽的故事也称得上"多年的媳妇熬成婆"的典型案例了。

那么，为什么这种现象在人类社会，尤其是职场江湖中如此广泛地存在呢？为什么换位思考这么简单的事情对大多数人而言却显得格外艰难？

这里面显然有如下两个原因。

第一，**僵化的角色认知。**

换位思考之所以艰难，首先和僵化的角色认知有关。成为什么人，就有权力做什么事，这样的思想在许多人心里根深蒂固。因此，甭管身处某种角色状态时受了多少苦难，只要角色一变更，人们便能神奇地在极短的时间内调整心态，迅速适应新角色的需要，对制造同样的苦难完全没有违和感，甚至能够做到变本加厉、乐此不疲。

第二，**潜在的报复心理。**

无论人们愿不愿意承认，在拥有潜在的报复心理这一点上，大家都是平等的。因为曾经受过苦，心灵遭受过极大的扭曲和创伤，所以人们必须为自己找一个发泄的对象，必须将同样的苦难强加到他们身上，才能在一定程度上抚慰自己受过伤的心灵，甚至从中享受到巨大的快感。

其实，寻求心理平衡的本能本身并没有什么问题，上述的某些做法之所以卑鄙，是因为这样的报复往往会被施加到无辜的人身上。也就是说，既然无法报复强者，那就只好把这一腔的怨气发泄到弱者身上。这就和在老板那里受了气，却无法报复老板，只好回家拿老婆、孩子撒气一样，从本质上说是一种下三烂的行为。

尤为重要的是，僵化的角色认知为这一下三烂行为成功地背了书，让施行这种行为的人更加理直气壮——他们处于强者的角色，自然有资格和权力做强者的事情。

这就是"多年的媳妇熬成婆"现象之所以真的能够延续数千年，以及换位思考这件本应十分简单的事情之所以对大多数人而言如此艰难的根本理由。可现在的问题是，如果你想真正服众，想成为一个富有魅力的团队领导者，你就必须要拿出超出常人范畴的眼光和勇气，去尝试着做一下这件早就该做的事情。你会惊奇地发现，这是一件性价比极高的好事——你失去的，无非是一些没有什么实用价值的面子；而你得到的，将会是货真价实的里子。

不过，我们也必须承认，每个人都不是完人，总会有这样那样的短板和不足。所以求全责备是不可取的，问题的关键是要多做加法、少做减法。只要持之以恒地坚持下去，迟早有一天会修成正果，让你在激励这码事上游刃有余，肚子里有掏不完的干货。

3. 玩的就是"形式主义"

最后，再让我们来聊聊"形式主义"与激励的关系。

我一向认为，激励这个东西离不开形式主义。比方说，每个人都觉得将"我爱你"三个字挂在嘴边非常不自然，真正的爱意应该留在心里，通过日常生活中的一点一滴体现出来。这种做法尽管没有什么不对，对激励而言却略显单薄。如果你能对一个人，哪怕是一个朝夕相处的亲人说出"我爱你"三个字，他所得到的温暖和震撼绝对会呈几何形状上升，没准儿会瞬间泪崩，觉得自己对你所付出的全部的爱和辛苦都是值得的。因为他已经从这三个字当中得到了最明确的答案和最充分的回报。接下来的事，不用我说你也能想象得出来：在今后的日子里，这个人将以何等的热情甚至是激情对你好，而且对你的付出将是无条件的、不计任何回报的。

这就是形式主义的威力。所以，**如果说细水长流、潜移默化是激励的源**

泉，那么形式主义就是激励的导火线，两者相辅相成、缺一不可。

打个比方。我们知道，至少在外人的眼里，军旅生活是枯燥而无趣的，照理说，离开军队的人，应该对那个地方没有多少留恋才对，可事实正好相反，所有退役或转业军人无不对离开部队这件事痛惜不已，对军旅生活充满了不舍和留恋。为什么会这样？就是因为在他们心目中，部队生活非但一点儿不枯燥，相反称得上一个快乐的天堂甚至是一个火热的大熔炉！而军队之所以能够成为一个熔炉，固然和军人身上神圣的使命感有关，同时也与部队生活的多姿多彩有关。任何有过当兵经验或至少看过军旅题材影视剧的人都会对火热的军旅生活留下深刻印象：天天都是大练兵、大比武、大联欢；大红花、大奖状、大锦旗……军装的颜色也许是单调的，军人的生活却绝不单调。可以不夸张地说，每一个军人每一天都生活在各种刺激当中，简直可用"应接不暇""乐此不疲"来形容这些刺激以及这些刺激所带来的兴奋甚至是亢奋情绪。

这就是形式主义的威力和魅力。

同样的例子也大量地存在于体育界，甚至是影视界。

比如说，对练体育的人而言，生活也十分枯燥，但是为什么能坚持下去？就是因为有大量的参加比赛和登上领奖台的机会，尤为重要的是，还有在赛场上享受万众瞩目、粉丝集体欢呼和顶礼膜拜的机会，而这些形式主义的东西，就是体育界人士能够支撑下去的重要精神支柱。

演艺界人士也是如此。他们也过着单调枯燥的生活，需要大量形式主义的东西给自己带来强大的刺激和继续做下去的动力。许多人也许对这一点不理解，他们会认为影视明星天天过着流光溢彩的日子，不可能有任何的枯燥乏味。其实不然，演艺明星也许是这个世界上活得最枯燥乏味的人群。原因很简单，除了"台上一分钟，台下十年功"的艰难困苦之外，天天囿于摄影棚那狭小的空间之中没日没夜地拍戏，即便离开剧组也不得不过离群索居的生活，生怕让路人认出自己的日子毫无疑问是孤独的，当然也必然是枯燥无趣的。显然，在这样的生活状态中如果没有其他的刺激，绝对会让人彻底疯掉，根本不可能坚持下去，更不要说乐此不疲了。所幸的是，演艺圈从来不缺形式主义的东西：各种走秀、各种颁奖礼、各种封面摄影、各种时尚大片、各种豪华派对……所有这些形式主义的东西都给演艺界人士提供了绝佳的刺激和继续坚持下去的强大动力，让他们对这个光怪陆离的世界流连忘返、不忍相弃。

因此，说形式主义是激励的导火线，应该绝不为过。我们的团队领导一定要清醒地认识到这一点，在日常管理工作中尽可能灵活多变地运用形式主义的手段，以便达到相对完美的激励效果。

这样的例子有很多，简直可以说俯拾皆是，只要你是个有心人，完全可以做到信手拈来。

举一个简单的例子。

我在日本打工的时候，对一件事留下了不可磨灭的印象——无论是在餐馆里刷盘子，还是在流水线上做工人，每一次发薪的时候，都是老板本人拿着一沓装着现钞的信封，一个个恭敬地送到我们这些员工的手里，而且是一边鞠躬一边带着感激的语调说："真是辛苦您了，以后还请多多关照！"

不仅如此，还有一个小细节值得特别强调一下：装着现钞的每一个信封上都会工工整整地写着员工的姓名，而且冠以"样"（发"撒吗"的音）的称呼。学过日语的人都知道，日语里有所谓"敬语"和"非敬语"之分，前者代表着最高级别的尊重，后者意味着较为随便、较为一般化的关系。在人的称呼方面，一般来说"桑"的用法最为普遍，代表着"先生""小姐""女士"的意思，是一种非敬语的用法；而"样"的用法相对较少，可以笼统地将其理解为"大人"，是一种典型的敬语的用法。比如说，日本人认为顾客是上帝的理念天经地义，所以称呼顾客为"样"；再比如说，皇室在日本具有至高无上的地位，所以所有皇室成员都会被冠以"样"的称呼。而这种至高无上的称呼，能够从老板的嘴里说出来，而且对象是他的员工，可以想见员工在老板的心中拥有何等的地位，而员工将从中受到何等的激励！

可是，事情在我们这里则有了根本的不同。我们的老板很少有亲自将现金发到员工手里的习惯，更别提当面道谢、说辛苦了。也许他们认为，这些行为都太过时、太落伍了，完全没必要——既然现在银行卡的使用这么方便，又有什么必要把钞票放进信封里发给员工呢，这也太老土了点儿吧？

这种想法看似有道理，其实却是极其有害的。要知道，现代科技也许代表了效率，却绝对无法代表人的感觉和感情。恰恰相反，科技的发达和时代的进步也许反而会伤害人的感觉与感情。电子邮件的兴起和书信的没落非但没有增进人与人之间的关系，相反却扩大了人与人之间的隔阂，这一事实就是一个强有力的例证。

当然，完全逆时代发展潮流行事也没有必要，我们可以采取一个折中的办法搞定这件事——钱还是打到员工的银行卡上，但是信封照发，只不过里面可以不装钱，而是以一张工资清单和一纸写着只字片语的感谢信代替现金。不过，这只字片语的感谢信必须是领导亲笔所写，打印出来的东西与废纸无异。

除此之外，团队里的形式主义还可以有许许多多的搞法。比如说模仿部队的做法，多搞一些大练兵、大比武、大联欢，以及大红花、大奖状、大锦旗之类的名堂。只要你操作得当并能够持之以恒，一定会让你的团队像军队那样呈现出一派热气腾腾的熔炉景象。

顺便说一句，红花、奖状、锦旗之类的东西现在有许多企业也在搞，可是却怎么也搞不起来，往往虎头蛇尾、莫名其妙地没了下文，让人说起这个话题就感到丧气。之所以会出现这种局面，就是因为领导者和操作者不上心，没有真把这些事情当回事，就是一副应付差事的态度。上头的人稀里马虎，又怎么能指望下面的人认真对待呢？这就是"上梁不正下梁歪"的道理。

之所以同样的东西在军队里管用，拿到地方上就不管用，就是因为一个真当事、一个不当事。所以，**要想在团队和企业中真正下好形式主义这盘棋，领导的意识、决心和手腕压倒一切地重要。**

不过，和部队的模式相比，也许体育圈和影视圈的一些形式主义的做法更值得我们的团队领导借鉴。

不是说笑话，我们不妨模仿一下世界杯（专指国际足联世界杯，下同）和奥斯卡的模式。

既然这两件盛事能够让全世界如醉如痴、疯狂膜拜，自然有它们内在的道理。

因此，比照它们的做法，我们可以采取如下措施：

针对集体和个人，设计一系列奖项以及相应的游戏规则。

先说集体奖。有如下几个要点：

要点一：**奖项的名目。**

可以设计一个终极奖项——部门大奖（如果是集团公司，可以在集团内部设立分公司大奖；如果公司里的部门规模够大，还可以在部门内设立小组大奖，以此类推）。至于奖项的名称，可以以老板或公司的名字命名。

要点二：**竞赛的标的。**

为了让业务性质截然不同的各个职能部门能够站在同一起跑线上竞争，竞赛标的可以选择"综合贡献度"之类的指标。指标细节以及数据的计算方式可以根据不同行业、不同企业的具体特征以及企业管理者重点关注领域的不同灵活处理，务求达到针对性效果最大化这一目的。

举个例子。如果某家企业的各个部门存在着非常普遍的违规操作问题，那么"严格贯彻操作流程"就可以在评价指标体系中占有一个比较重要的位置；又或者某家企业在部门间协作方面存在着极大的问题，那么显然应该将这方面的内容放在一个显要的位置。

随着管理水平的提高，企业在不同时期所面对的主要问题也会有所不同。从企业的实际出发调整竞赛标的的内涵是一个必须遵守的基本原则。

需要特别指出的一点是，一般来说，一提到"竞赛"，大家会本能地联想到业绩数字，也就是所谓的"硬指标"，比如说卖了多少货、挣了多少钱，等等。但我认为，在设计竞赛标的的内容细则时，尽管可以包括这些硬指标，却不宜过度夸大其作用。如有可能，**应尽量把硬指标的色彩淡化，重点强化软指标，也就是管理指标的重要性。**

这样做有两个好处。

第一，**过程决定结果。好的过程未必会带来好的结果，但持续不断的好过程必然会带来好结果。**反之，不好的过程尽管也有带来好结果的可能，不过从根本上来说，长期不好的过程必然会对结果带来巨大的伤害。许多公司乃至个人的业绩之所以会经常性地发生较剧烈的波动，尽管与市场大环境的变化有关，更大的决定性要素却往往是对过程的疏忽。所以我们说，管理是因、业绩是果。向管理要效益，说的就是这个意思。如果我们认可这个道理，那么在竞赛中更多地关注管理、相对地忽略业绩，也就是一件自然而然的事情。

有关这方面的细节，我们还将在其他文章中详述，这里便一笔带过。

第二，**比较上的便利**。硬指标很难在不同部门间进行比较，软指标则不然，它是一个放之四海而皆准的东西。所以，如果我们在竞赛体系中尽量多地引入软指标，就能让竞赛本身更具可操作性和公正性。举个例子。"最佳部门奖"或"最佳团队奖"怎么体现出来？都用业绩来体现吗？恐怕很难。不同部门、不同团队的业务属性不同，业绩这个指标很难做跨部门或跨团队的横向比较。这个时候，某些软指标，比如说团队配合度、默契度等等，就很容易上手，很容易进行横向比较。

要点三：**竞赛的规则。**

可以以一个月或一个季度为单位，引进小组赛、循环赛、淘汰赛等竞赛方式，甚至还可以有季前赛、季后赛乃至败者复活赛等玩法。总之要把整个赛制搞得风生水起、紧张热烈，让所有员工在整整一年内都必须上紧发条，不能有丝毫松懈。

为了做到这一点，还可以采取一个辅助性措施，即定期公布阶段性统计数据，让所有部门随时掌握自己在整个赛事中的状态和所处的位置，同时，还能够对本部门的短板进行有针对性的改革，以便摆脱在竞赛中的不利地位。

这样一来，就等于将整个公司或团队扔进一个煮沸的大锅里不停地搅拌，所有人想不拼尽全力都不行。

最后，冠军只有一名。而这个冠军既有可能是一马当先、表现一贯优秀者，也有可能是败者复活、后来居上者，可甭管怎么说，毕竟是经历了一年的鏖战，拼尽浑身解数才得到这个荣誉，因此一定会无比珍惜。当然，老板和公司对这个荣誉也绝无可能等闲视之，必然会赋予其极其可观的含金量：它也许是一份优惠的购房贷款；也许是一辆精美的小型汽车；也许是一次高大上的巴黎旅行……总之，肯定能够让所有冠军团队的参与者都感到物有所值。

大体上来说，这有点儿像足球世界杯的感觉。世界杯最吸引人，也最高明的地方，就在于它是一个团队荣誉。与中国企业传统上善于搞的个人竞争不同，**团队竞争其实更有利于刺激参与者的上进心和好胜心。**毕竟自己的一举一动不止关系着自身的利益，还关系着他人和整个团队的利益，那种神圣感和责任心是无与伦比的。因此，在这样一种体制环境下，人们会更愿意配合，也更擅长配合，而配合程度的高低以及质量的好坏对一个团队的综合竞争力而言是至关重要的，甚至说是唯一重要的也不为过。

不是我妄自菲薄，我向来认为，和西方的团队相比，中国的团队之所以普遍存在缺乏核心竞争力的问题，最大的原因就出在配合上面。我们太迷信个人英雄主义，太容易羡慕嫉妒恨、彼此拆台，这样的团队有战斗力才叫活见鬼。可是我们这里的团队还偏偏就喜欢刺激个人英雄主义，哪怕这种刺激已经反过来伤害到团队的整体利益也在所不惜，实在是令人费解。

所以，中国队一万年也打不进世界杯，这件事只能怪自己，怪不得别人。

但是，我们的男足搞不定的事情，我们的企业和团队却未必搞不定。吸取男足的教训，在企业和团队中大力培养集体主义精神，显然是我们的当务之急。

说完了集体奖，再来说说个人奖。

这个类型的奖项可以玩出许多花样。比如说最佳员工奖——董事长大奖，此奖用来表彰个人综合表现最优秀的员工；最佳新人奖——奖励表现优秀的新人员工；最佳进步奖——奖励进步幅度最大、进步速度最快的员工；最佳协作奖——奖励大家公认的善于配合兄弟部门工作的员工；终身成就奖——奖励服役年限最长的员工……

要点四：**竞赛规则形成的过程。**

为确保公平、公正原则的贯彻，所有竞赛规则均需由一个专属的竞赛组织委员会负责制定。该委员会成员必须由所有员工投票产生，也就是按照所谓"比例选举"的方法，以部门人数为基础确认候选人的数量，但每个部门至少要有一名成员代表本部门参加这个委员会。其他的一些规则，比如说人员变更的应对方法或改选期限的确定方式等，都可以根据实际情况灵活掌握。总之，只要方法是民主的、过程是透明的，就能够最大限度地确保公平，赢得所有员工的信赖。

当然，绝对的民主和绝对的公平是不值得也不应该追求的，那样做只能把一切搞糟，让事情永远在原地踏步。所以在具体执行过程中，少数服从多数的原则必须被恪守，不可越雷池半步。

既然玩游戏，就不能追求十全十美，而应该追求热辣刺激。

要点五：**注意事项。**

第一，**要有诚心——态度要端正。**

也许有人会说：你说的这套把戏早让我们玩剩下了。这么些年来，各种各样的奖项甚至是颁奖礼我们都玩过，可是根本就没什么效果！员工完全不把这些奖项当回事，顶多能有个三分钟的热乎劲儿，新鲜新鲜而已。等新鲜劲儿过去了，他们便会立马打回原形，该怎样怎样，让你整个儿没脾气！所以，你的这些小伎俩，根本就是劳民伤财，说得像那么回事似的，一落实准得歇菜！

对于这个问题，我的回答是：就像我在前面提到过的那样，如果你想玩游戏，起码要有一个端正的态度。对一个团队而言，这一点尤为重要。如果连一个领导者自己都对团队的游戏不上心，完全是一副可有可无、可好可坏的态度，那么又如何能指望自己的团队成员把这个游戏当真呢？

其实，如果我们回到近100年前世界杯和奥斯卡诞生的那个年代，也许会对这个事产生一些切身的感受。

想当初，创立世界杯和奥斯卡的那些先人，恐怕也无法想象有朝一日他们试图做的事情将会具有何等的全球性影响力。但有一点可以肯定，他们希望把这两件事做好的诚意，一定是无与伦比的。也就是说，尽管他们中间没有人知道这些事情到底可以发展到什么程度，可无论将来会发展到什么程度，他们都会倾注自己所有的热情和心血。因此，这些事情对他们而言绝不是玩票，更不是投机，他们是一心一意把它们作为终生的事业来对待的，心里盛满了神圣感和强大的动机。

试问，如果我们的团队领导也能够拥有这种程度的神圣感和动机，也能够把他们试图推行的游戏当作一个事业，而不是玩票去对待，对他们而言又有什么搞不定的事情呢？

第二，**要有耐心——坚持再坚持。**

　　即便是奥斯卡和世界杯的辉煌也不是一蹴而就的，在漫长的历史长河中一定经历过无数的挫折和磨难，但是，它们的组织者从不轻言放弃，必然以坚忍不拔的毅力挺过了这些难关，才亲手铸就今日的辉煌。

　　就像那首歌唱的一样"没有人能随随便便成功"，要想成功就得坚持。如果仅仅因为员工的三分钟热度，团队领导者自己就先泄了气，那么这样的团队领导就是一个不折不扣的投机者，本身也成不了什么大器。要知道，员工的三分钟热度是正常的，任何一个新鲜事物都会有一定的保鲜期，保鲜期一过人就会逐渐失去兴趣。因此，如何延长保鲜期，抑或彻底超越保鲜期，让自己大力推行的事物成为一个永远的经典，这些事情才是一个有出息的团队领导应该勠力为之的正经事。而在这一点上，显然奥斯卡和世界杯的创始者们走过的足迹，值得我们的团队领导好好研究。

　　想起了一个有趣的案例。

　　这些年随着中国电影市场的火爆，大量各种名目的电影节如雨后春笋般在各地涌现出来，个个都憋着劲儿地想要叫板奥斯卡，或至少能与威尼斯、戛纳、柏林等世界级电影节掰掰手腕。可不知大家发现了没有，一个有趣的现象是，这些电影节当中的九成以上，总是莫名其妙地被某些人发动，又莫名其妙地消失得无影无踪，令许多演艺明星丈二和尚摸不着头脑，不知该参加哪个好，于是只得这样做：或者干脆哪个也不参加，彻底图个清静；或者干脆哪个都参加，彻底混个脸熟。

　　当然，这么做的结果也很明显：中国的电影节多如牛毛、乱七八糟，你方唱罢，我又登场，到头来哪个都让人记不住，更别提具有世界级影响力，和奥斯卡、柏林、戛纳之类的大玩家叫板了。

　　为什么会这样？

　　就是因为这里面有太多投机因素：每个人都想在短期内一举成名，做第二个奥斯卡，因此个个都玩大手笔，恨不得一夜之间功成名就，可后来发现这个事并没有那么容易，不是说谁投的钱更多，谁玩的场面更大，谁请的人更牛，谁就能迅速脱颖而出、一举奠定胜局，于是立马意兴阑珊、变了主意，三十六计走为上计。

　　就是因为现在这种人太多，个个急功近利，满脑子的赌徒思维，所以白白扔掉了大笔的银子不说，还白白糟践了无数的资源和时间，让中国离奥斯卡的梦想越来越远。

　　这些前车之鉴，足以值得我们的团队领导再三咀嚼、再三反思。

4. 两个撒手锏

　　说起管理创新，还有两个经典案例不能不提。

　　这两个案例一个是中国的，一个是日本的。

　　先说咱们中国的。

　　《士兵突击》这部剧中有一个叫袁朗的人物，相信大家一定记忆犹新。这位人如其名、外形俊朗、个性鲜明的军中帅哥，要是按照今天女孩子们的审美标准来看，绝对够得上"男神"级别。可就是这样一位男神，在其刚出场的时候却给人留下一种不寒而栗的恐怖印象。对许三多以及所有与他一样的培训学员（希望进入A大队的各路尖子兵）来说，袁朗就是一个没有人性的家伙，一个天生的虐待狂，专以无所不用其极地羞辱、折磨下属为乐。按照他本人的话讲：只要有一天没想出什么新的幺蛾子折腾折腾你们，我就感到浑身难受！

　　让我们简单列举一下在学员考核过程中这位虐待狂的"恶行和罪状"。

　　其一，对学员进行肉体折磨。

　　长时间、超负荷的严酷训练；剥夺学员休整和睡眠的权利；随意体罚学员……

　　其二，对学员进行精神折磨。

　　剥夺学员的人权和姓名权，仅以"南瓜"的代号称呼他们；随意讥讽、呵斥乃至辱骂学员，肆意践踏他们的人格；"严于律人，宽于待己"，在残酷对待学员的同时，自己却享受着种种特殊的待遇，强行将某种不公平的印象灌输给学员，借此故意激怒他们，摧残他们的自尊心……

　　总而言之一句话，这位军中帅哥的恶形恶状几乎可以用"罄竹难书"四个字来形容。正如许三多所说的那样，袁朗已经"犯了众怒"，在所有参训学员心目中成了一个不折不扣的"人渣"。每一个人都在心里认准了两件事：第一，绝不能输。第二，一定要伺机报复。

不过，奇迹还是发生了。随着剧情的发展，袁朗的形象摇身一变，不但成了戏外一众女粉丝心目中光芒万丈的男神，也成了戏内众部下（包括最终通过考核的学员）公认的靠谱儿可亲的好领导。

这又是为什么呢？

原来，袁朗最初的种种残酷和不近人情，并不是出于对学员的轻视和虐待，而恰恰是出于对他们的重视和呵护。

他在剧中的一段话令人印象深刻。在答复吴哲（许三多的战友）对其提出的"是否以践踏他人的理想和希望为荣"的尖锐质疑时，袁朗是这样说的："在最绝望的情况下，在完全失去理想和希望的情况下……吴哲，我不会践踏你们的理想和希望，我不能，因为那是我最珍惜的部分，也是我选择你们的第一要素……我只是想你们在没有这些东西的情况下也能生存，在更加真实和残酷的环境里还能生存。我敬佩一位老军人，他说，他费尽心血却不敢妄谈胜利，他只想他的部下能在战场上少死几个，他说这是军人的人道。"

可见，袁朗的残忍是刻意装出来的，他的真实目的是锻炼部下的韧力和适应力，让他们能够更坚韧、更强大。

当所有残酷的考核结束之时，袁朗善良、温柔的一面便开始展露出来。他对自己的部下说："以后就要长相守了，长相守是个考验，随时随地、一生的考验。可我敢肯定，我会让你们过的每一天，都会不一样！"

袁朗说到做到。对这一点没有谁比许三多的体会更深了：当三多父亲欠下巨债，生活艰困，严重影响了三多的战斗意志时，袁朗倾其所有，为三多筹集了20余万元的巨资，替他父亲还上了这笔债；当三多由于误杀女毒贩，产生强烈的自责心理而萌生去意时，袁朗又拿出自己一个月的工资给三多，让他出去放放风，好好平复一下剧烈波动的心情；当三多执意要为袁朗所讨厌的成才（许三多的发小）求情而不得，一时冲动之下指责他"老眼光看人"时，尽管被激怒了，但最终却从谏如流，接受了三多的建议和成才这个一度走过歧路的小伙子……

总之，袁朗如实地兑现了"长相守"的承诺，诚心诚意地将自己的部下视为家人，在他们身上倾注了全部的情感，做了许多常人难以做到的事情。正因如此，他才会得到下属的衷心拥戴，按照军人的话说，"跟着这样的上司上战场，心里特踏实"。

不只是如此，袁朗真正厉害的本事主要还是体现在专业方面。他如实地兑现了自己许下的"我会让你们过的每一天都不一样"的承诺。具体地说，就是不停地折腾、不停地出招，而且每一次出招都让人匪夷所思、不知就里，充满了神秘感和新鲜感，让部下的心理体验永远不重样。

尽管身为军人，尽管是一个30多岁的成年人，袁朗却童心未泯，平日里最喜欢做的事情就是玩电子游戏。当然，电子游戏对他来说不仅是一种玩耍和放松，更重要的，是他极其善于从充溢于电子游戏中的种种不确定性中找到灵感，想出无穷无尽的幺蛾子折腾他的部下。这件事让他痴迷，却也给他的部下带来了不少困扰。但是，最终他的所有部下还是不得不折服，心甘情愿地做他的棋子，任由他随心所欲地摆布。毕竟能够长期生活在一个游戏般的世界里是一件充满无穷刺激与无穷魅力的事情，而这个世界上没有人能拒绝这些东西。

总之，浓浓的人情味加无穷无尽的刺激，是袁朗的两个致命撒手锏。老A之所以厉害，与袁朗的这些绝活有着直接的关系。

也许有人会说：你终于肯承认残酷的环境也可以锻炼人，也能提高人的生存能力，这不就证明了你所谓的"没人性管理模式"也有存在的价值吗？

诚然，没人性管理模式确实有一定的价值。这一点无法否认。但是，这种价值却是一种有毒的价值、一种极其危险的价值，不值得大力提倡，因为弄不好会伤及自身。原因很简单，在一种残酷的、毫无人性的环境中，人是容易受到磨炼，练就一身的好本领。但这种本领是被逼出来的，它往往会伴随着强烈的仇恨乃至报复心理。因此，虽然没人性管理模式确实能够造就出不少高手，但这些高手中的绝大多数都是不折不扣的冷血杀手，他们的心里不会有感恩、不会有温情，只有赤裸裸的杀机。显然，这样的高手越多，企业和团队的处境便越危险。所谓"养虎伤身"，说的就是这种事。

不错，《士兵突击》中的袁朗确实在最初的考核期间祭出了这种没人性管理法，也确实收到了良好的磨炼队伍的效果。但是这种做法潜在的代价也是显而易见的：学员们心中对袁朗这个人，以及A大队这个地方充满了愤怒。他们之所以能够咬牙坚持下来，就是为了有朝一日能够快意恩仇以及一雪前耻。

当然，对于这一点，袁朗也心知肚明。因为他知道他自己是什么样的人，A大队是个什么样的地方。这是一张底牌，而他迟早会亮出这张底牌。事实上，当他终于亮出这张底牌之后，学员们心中所有的怒气与怨气确实一扫而空，取而代之的是"值得"这两个字。

所以，如果你想锻炼你的员工，适当地没人性一点儿固然没有问题，但一定要知道适可而止，到了必要的时候必须要亮出你的底牌，那就是浓浓的人情味。可是，当我们审视四周，观察我们身边的那些企业和团队时，我们会蓦然发现，几乎所有的企业和团队都一以贯之地实行着没人性管理法。如果说这些企业的老板或团队的领导这样做的目的就是"锻炼员工"，那么这些员工也实在是太可怜了。连《士兵突击》中的老A，一个实行那么残酷管理模式的地方都会给学员一个盼头，一个毕业的期限，而我们现实世界中的许多员工却无法享受如此基本的待遇，因为只要他们进入企业和团队为他们量身打造的"没人性锻炼班"，便等于一脚踏进了火坑，永无出头（毕业）之日。

试问这样的队伍如何能与袁朗的老A相提并论？

也许还有人会提出这样的质疑：老A的参训学员可都是部队里的尖子，最后通过考核的学员更是尖子中的尖子，所以取得那样的成绩是无可厚非的。不夸张地说，如果一个团队里能有这么多优秀的尖子人才，即便完全没有管理也照样能成为强大的团队。所以说拿老A的情况和普通的团队相比本身就是荒谬的，因为两者之间根本没有可比性！

对于这个问题，我的回答是：如果你这么看老A和袁朗，那么你就太低估他们的能力了。诚然，他们招来的人都是尖子中的尖子，但这一条与管理的要求无关，完全是这支部队超高的业务技能门槛所决定的。换句话说，如果老A的队伍允许根据业务素质的不同划分出不同的等级，比如说第一梯队、第二梯队、第三梯队……那么我敢保证，他们会在所有同等级的队伍中做到最好，成为不折不扣的"梯队王"。

原因很简单，以袁朗的管理手腕，就算给他一堆废铁，他也能将这堆废料打磨成闪闪发光的尖刀。别忘了，连许三多这样的人都能在老A的队伍中拔尖儿，还有什么样的废物不能成才呢？

所以，问题的关键不在于没人才，而在于你没能为自己的下属创造成才的环境。常言道"天生我材必有用"，天下没有天生的蠢材，只有天生的蠢爹妈、蠢老师。

说完了中国人的故事，再讲一个日本人的故事。

日本的汽车圈里有这样一家企业，叫作"南国丰田株式会社"。它是丰田公司在日本境内规模最大的经销商，几乎以一己之力完成了丰田国内总销量的一成以上。这是一个惊人的成绩，尤其对日本这个举世闻名的汽车大国而言更是如此。

我们知道，一般来说能够在汽车销售行业取得垄断地位的公司，一定是顾客满意度水平超高的公司，而南国丰田就是这方面的典型。它长年盘踞全日本汽车销售业顾客满意度第一的宝座，公司的品牌影响力几乎已经与丰田这个品牌本身不相上下，在日本深入人心，几达妇孺皆知的程度。

这家公司最厉害的地方，在于它做到了两件一般情况下只能在理论的世界里成立的事情：第一，它的一线销售人员平均15分钟就能卖出一辆车；第二，它的销售人员能够轻松地令客户遵循自己的意志，亦即让客户买什么，客户就会买什么。

显然，做过销售的人都明白，这样的境界只会出现在教科书里，属于销售这行的终极境界。而南国丰田这家日本公司却在现实世界里不可思议地实现了这一境界。

那么，他们又是怎么做到这一点的呢？

秘诀全在老板这里。

这家公司的老板是一位年近七旬的老人，从20世纪70年代成立这家公司算起，他在这个行业里已经打拼40多年了。按理说，这样的老江湖应该算是见足了世面、历尽了风雨，早就达到波澜不惊、心如止水甚至萌生退意的阶段了。但这位白发苍苍的古稀老人却是一个异数，尽管已经入行近半个世纪，可他非但没有心生倦意，反而玩心大发、越玩越嗨，像个孩子一样对许多未知的事物充满了好奇，一天到晚满脑袋想的都是各种各样折腾员工的幺蛾子，在这一点上绝对和袁朗有一拼。

这位老板在一段采访视频中留下的两句名言令我至今印象深刻。

其一，在回答记者关于经营企业有什么秘诀的提问时，他是这样说的：我没有什么秘诀，如果一定说有，那就是几十年来我做到了一件别人不容易做到的事——我从不奢望我的员工能够一夜之间脱胎换骨，而是要求他们每天必须前进一小步，然后一直坚持下去。这样的话，即便中间偶尔也会发生进两步退一步的事情，但几十年下来公司就会有个翻天覆地的大变化。

其二，在记者当着他的面问一个员工"你觉得你们老板是一个什么样的人"的时候，这位员工挠了挠头，想了一会儿说道："这个问题真的不好回答。我确实不知道老板整天都在想点儿什么，可我敢肯定他每天一定都在想着点儿什么，因为他每天都会有许多出人意料的言行让我们大吃一惊。"这时，老板在旁边搭话："这位员工说的，是我最想听到的话。我最想达到的境界就是——你不知道我到底要干点儿什么，但肯定知道我一定会干点儿什么。我会让你每天都生活在一大堆悬念和刺激当中，抓心挠肝，不得安生，却会觉得每一天都过得无比充实，无比兴奋。只要我的公司能走到这一步，我所有的管理理念就都能圆满实现。"

套一句最近流行的网络用语，这位老板的座右铭就是："变着法儿地让员工每天都会不自觉地把这三个字挂在嘴上——什么鬼？"

看看，老爷子的理念是不是很独特，和老A的袁朗颇有几分神似呢？

至于说他到底玩了点儿什么样的鬼（花样），且听下回分解。

5. 全员老板制

下面，就让我们看看这位鹤发童"心"的老板到底都在管理创新方面玩了些什么样的幺蛾子，以至于让他的下属个个不由自主地泥足深陷且无法自拔。

其一，**全员老板制。**

这家公司有个特点，那就是没有管理层，每一个员工自己就是老板，可以自由决定自己的所有业务内容和业务动作。当然，管理层在形式上是存在的，只不过他们形同虚设，因为老板交代给他们的使命就是"让自己形同虚设"。这一点和一般的企业有决定性的不同。打个比方，如果某个部门的管理人员在本部门内极具价值，位置无人能替，一般的企业都会视这种人为"能人"，一定要重用才对；而南国丰田的老板则是一个异数，对这种所谓的"能人"深恶痛绝。在他眼里，这种人根本就是不折不扣的废物点心，必须第一时间坚决清除。也就是说，这位老板之所以在公司当中设立管理层，唯一的目的就是要让管理这件事在这家公司彻底销声匿迹，让他毕生的夙愿，即"全员老板制"的理念能够真正地落地生根，并开花结果。这就意味着，管理层唯一的工作就是消灭他们的工作，让他们的工作变得无关紧要，让他们的存在变得不再重要。谁越接近这一点，谁就是老板心中的最爱。

那位说了，既然如此，那管理层每天的具体工作都是什么呢？简单，给自己的下属打杂。比如说从别的店调一台样车过来，或者给一线员工复印个文件、打印个资料之类的活儿，就是管理层需要做的事情。还有一点很重要。由于"全员老板制"的理念过于新颖，许多新员工乃至一些保存着旧意识的老员工往往很难适应，对来自外部的管理过于依赖的他们往往会表现得无所适从，这个时候就需要管理层出面，去做一些纠正与调整的工作。简而言之，确保"全员老板制"不变形、不走调，也是管理层最重要的使命之一。

没有了外部管理这根拐杖，员工身上根深蒂固的惰性也便失去了藏身之地，取而代之的，是自我管理能力的极大提升。

以下是一些员工的心声（来自同一个采访视频），非常接地气。也许会给大家带来一些灵感：

——要搁以前，如果工作中遇到了什么问题，第一时间会想到找经理解决，自己基本上不会操心也不会动脑子想办法；可现在不同了，经理不管我们了，所有问题都得由我们自己去面对、去解决。刚开始的时候，觉得这是一件特别痛苦的事情，可是越到后来痛苦的感觉就越小，取而代之的是越来越真实、越来越明显的成就感。现在觉得自己就像是一个老板，什么事情都能拍板、做主，好像全公司的利益都扛在了自己的肩上，有一种强烈的"自己表现不好，大家都得倒霉"的感觉。那种感觉既神奇又自豪，充满了新鲜感。当然，也充满了沉重的压力。所以心里总是憋着一股劲儿，绝对不能在我这个环节上掉链子，让所有人受我的连累，那样可就太丢人了。

——以前工作中和同事的配合出现问题的时候，总是习惯于将责任推给对方，会本能地认为一切都是对方不好，自己是个充满委屈的受害者；还会时不时地跑到经理那里告状。现在不同了，现在没人管了，都得靠自己了，反而更能体谅彼此的不易。既然大家都不容易，那就不妨从自己做起，尽最大可能给别人创造方便、少添麻烦。因为只有你自己这样做了，别人才会以相同的做法对待你。

不只如此，还有一点很重要。从前工作中发生配合失误的时候，很少与同事沟通，总是本能地找经理介入，希望经理帮助沟通解决，而自己只需要坐享其成就行了。现在情况有了变化，无论遇到什么问题自己都不得不出面解决，一来二去不但深刻地认识了沟通的重要性，而且掌握了许多沟通的技巧。现在感觉同事之间的关系更亲密、更和谐了，配合水平也比从前默契了许多。虽然有时也会有争执，甚至是比较激烈的争执，但每一个人都清楚这些争执中几乎没有私人情绪化的东西，大家都是为了解决问题，可以做到坦坦荡荡——这真是一种久违的感觉！

…………

显然，"全员老板制"就像一种神奇的成长催化剂，让所有员工以不可思议的速度和方式从一个个自私而幼稚的孩子长大成人，变得更有担当、更有爱心、更有包容力了。从前的管理层即便磨破嘴皮子、操碎了心也未能实现的目标，在"全员老板制"的旗帜下奇迹般地——变成了现实。

那位说了：全员老板制？这玩意儿简直就是天方夜谭。让管理层失去作用，想什么呢？！我这儿一个劲儿地加强管理层的作用还压不住场子呢，要是让管理层失去了作用，那还不得彻底放鸭子，大乱套？！如果真那样的话，可就不是什么"全员老板制"了，而是"全员鸭子制""全员垃圾制"！

没错，"全员老板制"确实是一个不容易达到的境界，我并不鼓励国内的企业和团队盲目模仿。要知道，即便是南国丰田，也是经历了几十年的跌宕起伏之后才逐渐让这个理念有了实现的可能。

但是，我们至少应该先从解放自己的思想做起，要在内心深处相信这一理念的现实性。试问，如果你连想象的勇气都没有，又如何能够奢望自己拥有一支"梦之队"呢？

所以，首先要敢想，这一点无与伦比地重要。然后，我们可以借鉴南国丰田老板的做法，踏下心来，不奢望一夜之间脱胎换骨，而是拿出几十年的时间一点一滴地去打磨、去积累量变，只要你能坚持下去，翻天覆地的质变是迟早的事。

其实，我敢拿我所有值钱的东西跟你打赌。只要你这样做了，不出五年，你就能初步达到你的目的。美好的结果根本不会让你望穿秋水，求之而不得。

其二，无考核。

南国丰田的老板还有一个幺蛾子，那就是他的公司里没有考核，也没有所谓的"效益工资"。这一点恐怕也会出乎许多人的意料，大家不禁要问：没有考核，如何激励员工呢？或者退一万步讲，没有考核，如何做到按劳分配、多劳多得呢？

这个问题确实提得很靠谱儿，答案也确实出乎人的意料。事实上，按照我个人的看法，南国丰田株式会社是一家已然跨越资本主义甚至是社会主义阶段，极为接近共产主义阶段的公司。也就是说，"按劳分配、多劳多得"的理念已经是人家玩剩下的东西，人家已经接近"按需分配"的境界了。

这不是说笑话，而是一个活生生的事实。

从管理学的角度上讲，南国丰田已经跨越个人激励的藩篱，进入团体激励的阶段了。

这种激励方式有如下好处：

第一，**强调协作。**

由于没有了个人考核，团队的成绩就成为大家唯一追求的目标。这就容易在团队中创造出一种资源共享、互助互惠的氛围，所谓"人人为我，我为人人"。如果拿体育比赛做比喻，那么个人考核更像是田径项目，强大的是个人。而团体考核更像是球类项目，强大的是团队。显而易见，对企业老板和团队领导而言，后者要更具吸引力。

顺便说一下，这一点在汽车销售行业体现得尤为明显。

大家知道，顾客信息是汽车销售行业的命根子，顾客信息保留得越充分、跟踪得越彻底，就越有利于达成较高的成交率。所以对这个行业而言，资源共享、互利互助是极为重要的。可遗憾的是，由于行业内过于重视个人业绩考核，极度忽略团体考核工作，导致销售人员中"一匹狼"式的工作风气盛行。不但极难见到互相补位、互相配合的场面，甚至会时常发生互扯后腿、互挖墙脚、互相栽赃的现象。举几个典型的例子：有些销售人员掌握的顾客信息过多，根本就跟不过来，但他们宁可让这些宝贵的信息白白荒废掉，也不愿交给同伴处理；与此同时，有些销售人员明明自己的客户都没有很好地跟进，却无所不用其极地抢夺同伴的客户；更有甚者，当同伴不在公司，而他的客户又恰巧来访的时候，许多销售人员即便有空闲也不愿代为接待，即便勉强代为接待，也大多是敷衍了事，绝不肯倾注全力……相信这样的现象不仅存在于汽车销售行业，任何一个行业的任何一家企业都有可能发生相同的事情。而这样的事情之所以在我们身边频繁地发生，一个很重要的原因就是我们的管理模式常常过于强调个体的作用，而严重忽视集体的利益。这就容易造成员工的思维错位现象，常常误将团队的资源视为个人资源。因此，只有那些能为自己带来利益的资源他们才会珍惜，而没有这些利用价值的资源他们则会毫不犹豫地抛弃，完全不理会这些资源对整个团队意味着什么。

以我个人的分析，我觉得这种现象之所以会在我们中国的团队中表现得如此频繁、如此顽固，很大程度上可能是出于对"大锅饭"制度的反省。

说起"大锅饭"这个词，30岁以下的年轻人可能会比较陌生，对那些稍微有点儿年纪的国人来讲，这个词则可谓如雷贯耳，几乎是一个时代最鲜明的社会印记。

所谓"大锅饭"，说白了就是"干好干坏一个样，干多干少一个样"。往好里说，这种做法叫"有福同享，有难同当"；往坏里说，这是一种典型的养懒人的做法。曾几何时，由于"大锅饭"制度盛行，中国成了懒汉的天堂。懒人不思进取也便罢了，勤快人的积极性也受到极大打击，到头来大家一起懒、一起穷，终于导致国民士气不振、综合国力疲弱不堪的恶果。随着改革开放政策的实行，中国终于一扫之前的晦气，重新挺起了腰杆，鼓足了百倍干劲，无论是这个国家本身还是这个国家里的企业都发生了翻天覆地的变化，实在是可喜可贺。可现在的问题是，也许是"大锅饭"的亏吃得太狠，把我们的企业彻底吓怕了，打那以后再也不敢强调集体的作用，而是把个人的价值捧到了天上，无条件地将其奉为不可逾越、不可亵渎的圣典。这就是矫枉过正，为了改变这一局面，就必须对这种严重扭曲的价值观进行拨乱反正。

正确的做法是，在任何一个行业、企业和团队中，团队考核和个人考核要同时进行，而且前者的比重要大于后者。即便个人考核达标，但只要团队考核不达标，个人的业绩要进行减半处理。这就意味着，**如果考核达标的个人希望拿到全部奖励，必须无条件确保团体目标的达成。**

就拿巴西世界杯来讲，据说某个非洲国家的政府为了刺激球员多进球，专门用飞机将成捆的美元现钞运往巴西。可蒙此厚遇的那支球队却早早地打道回府，连小组赛都没有出线。

毫无疑问，那个非洲国家的政府如此大把撒钱是为了整个球队能获得好成绩，并且确实设定了球队出线的奖励金额。但是，这笔钱主要的奖励对象还是那些表现出色的个人，尤其是能够进球的球员。而且重点在于，即便球队没出线，对个人的奖励承诺依然有效。

事实上，对于这样的奖励安排，普通人的看法一定是"合情合理"，不觉得有任何不妥，实则不然，这里面的名堂可不小，我们可以简单分析一下。

不妨假设你自己就是这支球队的某位球员，并在某场决定球队生死的大战中获得了一个带球突入敌方禁区的机会。你想立即射门，却被对方的后卫飞身赶上封死了角度。这时，你听到了队友的呼唤，发现一名队友也已经飞奔到禁区边上，获得了一个比你更好的射门角度。这电光石火的一刻，你会做出怎样的决定？

如果我们假设球队获胜每个队员可以获得10万美元奖金，球员进球可以单独获得50万美元奖金，球员助攻成功可以单独获得20万美元奖金。那么，你将会面对这样几个选择：

选择一：不给队友传球，自己射门。

如能得分，且球队最终获胜。你将会独享60万美元奖金；如能得分，但球队最终失败，你也能独享50万美元奖金；如不能得分，且球队最终失败，你的奖金将会是零。

选择二：传球给队友，让他射门。

如能得分，且球队最终获胜，你的奖金将会是30万美元（那位射门成功的队友是60万美元）；如能得分，但球队最终失败，你的奖金将是20万美元（而那位射门成功的队友则可以得到50万美元奖金）；如不能得分，且球队最终失败，你（以及那位队友）的奖金将会是零。

显而易见，聪明人的做法一定是选择自己射门，而不是给位置更为优越的队友传球。道理很简单，只要自己能够射门得分，无论球队最终是胜是败，自己都能得到相当丰厚的奖励（60万和50万美元）；退一步讲，即便自己射门没有成功，有可能发生的潜在损失（球队获胜的10万美元）也几乎可以忽略不计——可见，这一结果意味着球队的利益对球员个人而言几乎无足轻重。

反之，如果传球给队友，情况则大不一样。如队友糟蹋了自己为其创造的机会，一切都会鸡飞蛋打；即便队友能够抓住机会进球得分，自己的获利与队友的获利相比也相去甚远，完全不划算（如球队赢，奖金比将是30万美元对60万美元；如球队输，奖金比将是20万美元对50万美元，两者的差距都至少有一倍）。

两相比较，显然第一种选择的性价比最高。

还不止于此，如果我们考虑到射门成功的种种潜在利益，如更多的媒体版面和曝光机会、更多的广告代言和捞金平台、更多的来自粉丝的欢呼和顶礼膜拜、更有可能在足球史上留下浓墨重彩的一笔等因素，选择"吃独食"便更是一件合情合理的事情了。

但是，可以想见，如果一个球队里的球员都选择这种"吃独食"的做法，彼此各自为战，完全不肯甚至不懂传切配合、互相补位，这支球队如何能在世界杯的白热化竞争中走得更远？

当然，在几达白热化的激烈比赛中，球员也许没有时间做如此精密的计算，不过日常生活中的惯例（亦即长时间鼓励"一匹狼"式的考核方式）已经让他们形成了某种固有的思维和行为方式，这种东西一旦形成，就会成为一种本能，想改都改不了。

所以，考核理念的改革极为重要。

对于前面那个案例，我们可以做这样一种假设。假设其他所有奖励条件均维持不变，只是加上一个补充条件：所有针对个人的奖励，只有在球队获胜的前提下才能全额兑现；如球队失利，则针对个人的奖励金额一律减半。

让我们看看这样做的结果会怎样。

选择一：不给队友传球，自己射门。

如能得分，且球队最终获胜，你将会独享60万美元奖金；如能得分，但球队最终失败，你的奖金将会直线下降到25万美元；如不能得分，且球队最终失败，你的奖金将会是零。

选择二：传球给队友，让他射门。

如能得分，且球队最终获胜，你的奖金将会是30万美元（那位射门成功的队友是60万美元）；如能得分，但球队最终失败，你的奖金将会降到10万美元（而那位射门成功的队友，奖金也会降到25万美元）；如不能得分，且球队最终失败，你（以及那位队友）的奖金将会是零。

直觉告诉我们，这种情况下第二种选择，即传球给队友才是唯一合理的做法。因为不管是谁来射门，最终球队获胜才是最重要的。只有在这一前提下你的利益才能得到最大化的保证，而一旦球队失败，即便你自己依然有通过进球或助攻获得奖金的可能性，奖金数额也将大幅缩水，对你来说得不偿失。所以，在这种考核模式下，你将会更加重视每个射门机会的成功率，而不是射门的人是谁。既然你的队友比你处于更有利的位置，显然把球传给他才是性价比最高的选择。

这才是一个"团队"应有的状态和做事方式。只有这样做，才能将个人利益和团队利益最紧密地结合起来，达到名副其实"双赢"的效果。

除此之外，一些潜在的观念也必须得到根本性的改变。一定要树立"善于配合他人的人才是真正优秀、真正伟大的人"的价值观，并将这种价值观切实落实在行动上。只要我们能够做到这一点，一定可以量产出无数强大的团队。

第二，水涨船高。

强调协作的价值可以推升整个团队的业绩，让团队变得更强大。团队强大了，自然里面的每个成员都会成为最大的受益者。这是一条非常简单的逻辑线。

当然，个人作用的相对淡化也许会让个人奋斗失去一些兴奋点和刺激要素，但是相对于整个团队的出色而言，个人的出色也有一个天然短板，那就是具有相当大的风险和不确定性。毕竟没有人可以永远保持一个最佳的竞技状态，当状态发生起伏尤其是较为剧烈的起伏时，个人利益将会蒙受较大的损失。显然，在这种情况下，优先确保团队的利益对个人利益而言也更为有利。既然兴利除弊是人类的本能，那么只要我们的团队领导者不用空洞无物的口号式管理压人，而是真正把这层道理给自己的团队成员讲通、讲透，让团队成员彻底接受这一崭新的理念其实是一件非常轻松的事情。

事实上，南国丰田的老总在这方面就做得很好。尽管公司内部不设任何针对个人的考核指标，甚至没有所谓"效益工资"一说，由于这家公司整体素质极其突出，综合业绩水平却长期凌驾于同业企业之上，员工的待遇自然好得没话说，让同行艳羡不已。试想，对一个已经实现"按需分配"的团队来说，那些依然以"按劳分配"为基本原则的团队又怎么能望其项背？

不过，即便是在这样的团队理念之下，个人的价值依然有发光发热的机会。而且操作方法异常简单明快，那就是彻底改造团队的价值观（当然，为了做到这一点，首先要改造团队领导的价值观），把"过程"的价值置于"结果"之上，把"协作"的价值置于"业绩"之上。因为后者源于前者，前者是因，后者是果，而因永远比果重要。

在这方面，南国丰田依然是光辉的榜样。尽管这家公司没有任何形式的考核，却设立了一个非常独特的奖项——最佳协力（合作）奖。说句实话，这样的一个奖项要是搁在我们这里，将会成为一个不痛不痒的鸡肋，几乎肯定无法受到我们发自内心的重视。可事情到了日本人那里则有了本质性的不同，南国丰田的员工对这个奖项的态度可以用"顶礼膜拜"四个字来形容，得到这个奖比得到诺贝尔奖还激动，登台领奖的人没有一个不痛哭失声的。可以这么说，这个"最佳协力奖"在南国丰田员工的心目中已经被彻底神圣化，基本上达到了"朝得奖，夕死可矣"的程度。

顺便说一句，这个奖项在南国丰田没有捆绑任何物质刺激的东西，就是一个定制的水晶奖杯而已，而且一年只评一次奖，每次只有一个人能获得这一荣誉，可就是这样一个奖，在南国丰田的员工心中却拥有着至高无上、千金不换的神圣地位，实在是令人称奇。

之所以他们可以做到这一点，显然与老板强力洗脑的效果是分不开的。正是这家公司的老板几十年如一日地给员工洗脑，向他们灌输"协作"比"业绩"重要、"助攻"比"进球"重要的理念，才成功地让他们的员工发自内心地认识到"合作"的价值，甚至将这一价值推向了神坛。

可见，尽管表面上看似"简单明快"，但为实现这种"简单明快"，南国丰田的老板付出了多么巨大的努力！有人说过这样的话，"真理永远是简单的，追求真理的过程则往往是无比艰难的"，诚然此言。

也许有人会感到好奇：既然这个奖项这么重要，那么它是怎么评选出来的呢？要知道，如果评选程序出现问题，不能做到公平公正，奖项的权威也会受到极大的伤害。所以说，如果南国丰田的员工真的做到了将这个奖项奉为神圣，那么他们肯定有一套非常牛、非常厉害的评选方法。这个方法是什么呢？

坦白说，这样的好奇心与疑问具有非常鲜明的"中国色彩"，对日本人而言，这个看似复杂的问题其实极其简单——把评选的权力彻底交给团队成员自己就行。既然是"协力"，那么唯一有发言权的只能是团队里的同事——张三配合我，李四不配合，那就把票投给张三，就这么简单。这个过程中不会存在太多的猫腻。

不过，必须承认的是，这种评价模式非到一定的境界是不可以轻易模仿的，因为中日之间文化背景不同，人际关系的复杂性亦存在极大的差别。有些事情放到日本人那里很简单，到我们这里则会衍生出许多莫名其妙的猫腻，让同样的措施在实施过程中的效果大打折扣。因此，南国丰田的某些经验作为一种有益的营养补充虽然应该受到我们的重视，全盘照抄却显然有风险。

但是，不管怎么说，南国丰田的经验为团队建设工作树立了一个难以逾越的标杆，这一点是毋庸置疑的。除了业绩方面的彪炳战果外，这种管理模式在其他一些方面所取得的成果也值得大书特书一番。

比如说，几十年来这家公司从未开除过一个员工，也从未有人主动离职，即便在20世纪90年代初日本的"终身雇佣"制度彻底崩盘之后也是如此。

比如说，几十年来这家公司从未流失过一个客户，即便某些年老的客户故去，他们的子女乃至孙辈依然会成为这家公司的忠实顾客甚至是铁杆粉丝。

比如说，当地人以这家公司为荣，都喜欢没事时到这家公司坐坐。他们的口头禅是：只要晚上能看到这家公司橱窗里的亮光，就会感到生活中充满了正能量。

不仅如此，这家公司在其最拿手的领域——员工合作方面所取得的成就也令人叹为观止。

举几个例子。如果洗车的客人太多，洗车房前排起了长队，连公司的会计都会暂时放下手头的工作，主动跑去帮忙；如果展厅里客人太多，销售人员接待不过来，连公司保安都会自觉充当临时接待员；如果盥洗室里待洗的咖啡杯太多，所有偶尔路过的员工看到了都会主动搭把手……

按照员工们自己的话说，他们不觉得这么做有什么不妥，恰恰相反，如果不这么做他们反而会觉得浑身不自在，总觉得缺了点儿什么，就跟早上起来忘了刷牙就来上班一样。

看看人家，再想想我们，我们应该颇有感慨。

换了我们，如果遇到上述那些场面，我们会做何反应？答案地球人都知道，我们一定会这么做：即便别的部门忙翻了天我们也会装没看见，因为我们会想"这关我屁事？这是别人的工作！"；同理，即便地上倒了一个酱油瓶子我们也不会将它扶起来，顶天了会将这个情况反映给保洁员，因为我们认为"扶瓶子是保洁员的本分，与我无关"。

总之，我们信仰的是大工业化生产（管理）模式，而这种模式的核心思想就是"分工"：每个人都有自己的本分，大家各自做好自己的本分就行，没有必要操心别人的事。

不过讽刺的是，在我们这里，这种大工业化模式似乎只对别人管用，而对自己不管用：我们不配合别人是有道理的，因为这符合"现代化分工"的理念，但别人不配合我们则是没道理的，因为他们没有"团队意识"，因此属于典型的"自私自利"。也就是说，我们在不自觉中奉行着一种双重标准：只允许自己对别人冷漠，不允许别人对自己冷漠。

这种双重标准是极具杀伤力的，因为它会损害人与人之间的团结和信任，让我们的团队成员彼此之间更为疏离，且彼此充满猜忌、怨恨与潜在的报复心理。长此以往，最终会不可避免地导致互扯后腿的窝里斗现象。我们的团队往往表现得"个人强、集体差"，不是没有理由的。

其实，我们也是有些死心眼，误读了现代化管理模式的精髓。不错，在现代社会里，"分工"确实是一个无可争议的基本制度框架，但是"分工"之外还有"合作"。没有一个现代化管理制度会只强调分工，却把合作排除在外的。同理，即便是"制度"本身，也具有极大的局限性。因为无论多么完善的制度，也是相对僵硬的，不可能完美应对所有突发性事件，因此，在制度框架之外保留一定的流动性和灵活性，在"例内"之外保留一定的"例外"空间，永远是团队必不可少的一个关键选项。

弄明白了这一点，一个团队才能达到"随心所欲、顺其自然"的超然境界。

一旦到了这个境界，制度框架的作用也会逐渐消失，最终仅仅凝结为一两张纸，甚至一两句话。

尽管没有确凿的证据，但是据我的推断，南国丰田这家公司应该不会有在我们这里非常常见的那种比字典还厚的制度文件，它的制度框架应该是非常简练的，甚至有可能简单到只有一句话，那就是"配合高于一切"。

愿我们的团队能够从中得到有益的启发。